U0043716

# 漢代哲學

周紹賢著

中華書局印行

# 目錄

# 自序

人類必須過羣體生活，第一重要問題，即人對人之問題，小而家庭，大而社會、邦國，以至於世界；仁愛禮讓，天下和平；鬥爭殘殺，人禍最慘；皆爲人對人之問題。中國先哲最重此一問題，其對此問題解決之方，端在啓發人之理性，順乎人情，由親及疏，定爲五倫，人與人各有相對之義，建立社會倫理秩序。由家庭六親之愛，推而至於社會人羣之愛，不但家齊國治，「忠臣出於孝子之門」，即庸碌之人，亦知違禮犯義，不但辱及身家，且難立足於社會。

以五倫爲綱領，構成倫理人生，倫理社會。五倫之制，非自堯舜開始，而堯舜之政教，以五倫爲本，儒家稱之曰王道，歷代一貫相承，倫理思想，倫理制度，人羣習爲自然，爲共信共守之道，朝代雖有變更，政權易人，而倫理法度，數千年前後映輝，其揆一也。

春秋時，列國互相侵伐，紀綱漸亂，孔子承先啓後，修「內聖外王」之道，一面收徒講學、分科設教，一面整理文獻，訂爲六經，爲往聖繼絕學。荀子儒效篇謂：百王之道，統歸於詩書禮樂；莊子天下篇謂：道術之本，見於詩書禮樂，「鄒魯之士，多能明之」，鄒魯之士，即孔門後學。詩書禮樂，非孔子所造，孔子述而不作（論語述而篇），將先王之道，輯爲六經，傳於後世。戰國時，道術分裂，百家之學興，稱孔門之學曰儒家，儒家之學，由歷史傳遞之經驗，人情事理之研究，其人生哲學、政治哲學，已有完美之體系，治平大事，非其他一曲之說所能奏功也。雖然諸子爭鳴，各執一說，例如法家反對儒家，只是政治方術反乎儒家，倫理常軌，未能廢也。秦始皇嚴行法治，戕害儒者，而於社會倫理未敢破壞，觀其會稽刻石，可見一斑。古諺云「王道不離乎人情」，倫理、王道，出自理性，眞理永不變也。暴秦燔書坑儒，造成大亂，以致速亡，漢朝繼起，一反秦之所爲，於是儒學復興，乃有一代之盛治，四百年之祚運。

漢高帝用張良以黃老兵術平天下，然「馬上得天下，不能以馬上治之」（漢書陸賈傳），故過魯以太牢祀孔子，已顯然尊重儒學；及惠帝文景，雖用黃老淸簡之治術，然奬勵孝弟力田、求遺書、策賢良，置論語、孝經、孟子等博士（見漢書藝文志序及注）；政體敎化，仍必以儒學爲本。漢初開國奠基，高帝用兵，文景致治，皆得力於黃老之學，故漢朝尊重道家，名儒碩學，大都儒道兼綜，甚至特崇道家，如司馬遷「崇黃老而薄五經」（後漢書班彪傳），班嗣「雖修儒學，然貴黃老」（漢書敍傳）。蓋儒家之政敎禮法，在傳統中普及人羣，習爲常道，而黃老之學，應用於當時，在軍事政術方面，發生特殊之奇用，而且其言論爲非常時期藥石之訓，漢初其學大盛，文帝時，宮闈之中亦皆讀黃老之書。其學與儒家不相悖，因此儒道合流，成爲兩漢學術風尙。然此中有人以爲不滿者，爲陰陽學說亦參在內，謂其有迷信色彩；其實陰陽家之本意，以天道設敎，以禨祥警人，「其要歸必止乎仁義節儉，君臣上下六親之施」（史記孟荀列傳），有助於儒家之政敎，因而爲儒家所容納，藉之以警世勸善，用之以君臣互相惕勵，朝廷論政處事，雖每引其說以爲依據，然大抵用作規過勵行之箴，其施行於政令者，皆爲細枝末節，附和普通人之心理，遇災異，皇帝則下詔罪己，大臣則上疏自劾而已。

漢初君臣英明，文景好黃老，亦重儒臣，武帝崇儒學，亦重道家，復採納董仲舒天人相與及陰陽家之說，以成其睿思遠謀之大略。政治足以促進學術，學術足以輔弼政治，儒、道、陰陽，三家相融，爲兩漢學術思想之特色。陰陽家之說，玄虛幽渺，「牽於禁忌，泥於小數」（漢志），論者病之，然於漢代之明君賢臣並無影響。漢朝文德武功之盛，八荒賓服，官吏之淸廉，民生之安樂，風俗之美淳，皆爲儒道兩家思想之實現；觀兩漢之史實，及學者之著述，可以想見。

連年來講授「漢代哲學」，缺乏現成之資料作參考，只以兩漢學者之著述爲依據，闡述其概要，寫成此編，其深義妙旨，非余之譾薄所能道也。

中華民國七十二年二月　　周紹賢序於輔仁大學哲學研究所

# 漢代哲學

## 第一章　漢朝儒學之興起

周紹賢　著

中國文物制度，社會禮俗，至唐虞而大備，雖云「五帝殊時，不相沿樂，三王異世，不相襲禮」（樂記），代有變革，然至周朝文化大盛，詩書禮樂，蔚爲大觀，皆承往代之緒，由先王之道，發揚而成者也。周朝以前，道術渾一，無派系之別，及至戰國，始有學派之分，莊子天下篇評天下之道術，分爲儒、墨、道、法、名五家；荀子非十二子亦總括此五家，皆指學派大者而言。漢司馬談分先秦學說爲陰陽、儒、墨、名、法、道德六家（太史公自序），劉歆則於六家之外又加農、縱橫、雜家、小說四家，共爲十家。曰「其可觀者，九家而已」（漢書藝文志），然此九家之中，於人生哲學及治平之道，有具體之理論者，惟儒道墨法而已。戰國時百家爭鳴，韓非子顯學篇謂「世之顯學，儒墨是也」。呂氏春秋有度篇謂「孔墨之弟子徒屬充滿天下」，儒家既爲學派之大者，徒屬又如此其盛，然而在當時得意者，並非儒家，而是法家、縱橫家、陰陽家，皆各逞其說，見用於諸侯，取得權勢而致富貴，儒家則堅持王道，反對功利，與時君之心不相合，故道不得行而未能有所作爲。秦孝公用商鞅變法，鞅斥儒家之禮樂詩書孝弟爲六蝨，謂「好用六蝨者亡」（商子靳令篇），秦昭王時荀子西入秦，昭王一見便謂「儒無益於人之國」（新序卷五），秦國歷代蔑視儒家任法爲治。及至始皇遂徹底行法家之術，焚詩書坑儒生，欲將儒家之道消除盡淨，儒家厄運如此，而至漢朝居然被尊爲正統，其故安在？略述如下：

## 一、儒家之哲學極高明而道中庸

儒家之人生哲學，全部由理性開發而出。聖人以爲人類之重大問題，不在乎物質生活問題，而在乎人與人相處之問題。蓋物質生活無論如何簡陋，人類總可生存，甚至「堯有九年之水，湯有七年之旱，而國無捐瘠」（漢書食貨志），雖然天災流行，而人類有惻隱之心—仁心，患難相恤，總有補救之策。假如人類自身發生問題，喪其天性，互相磨擦，致成仇敵，釀成戰亂，自古及今「伏屍百萬，流血千里」，慘痛之禍，皆爲人類自造之孽。聖人有見及此，故專於爲此問題而勞心焦思，以求解決之道。如此則唯一辦法，即啓發人之理性，使人類互愛互惠，方能共存共榮。

人人皆有理性，亦即皆有仁心，此出自天然者也，何以言之？「孩提之童，無不知愛其親也，及其長也，無不知敬其兄也。親親仁也，敬長義也」（孟子盡心篇），此不待學而後知，不待教而即能者也。此爲孝弟之道，亦即仁義之本，人人皆知愛其親，即人人皆能盡孝道，聖人即利用人之天然良知，使之由愛親開始，以發揮其仁心，而完成其孝道。由父子之愛，擴而爲人群之愛；由家庭之愛擴而爲社會之愛；「老吾老，以及人之老；幼吾幼，以及人之幼」（孟子梁惠王篇）。孝心愈大，則仁心愈大，不惟仰事俯畜，使父母享家庭溫飽之幸福；而且進而行道濟世，揚名顯親，人格愈高者，地位愈榮，功名事業愈大，亦即其所盡之孝道愈大，此其人生之向上無止境，亦即仁心孝道無終極也，此即所謂大孝。然而欲盡大孝，或限於才能，或限於境遇，未必人人能之，則修身自勵，安分守己，勤儉治家，菽水承歡，庸言庸行，無榮無辱，亦可謂孝矣，此人人所能者也。故由仁心而弘揚德性，大之而為聖賢偉人，最低限度亦為堂堂正正之善人。

孝道為仁愛之本。博愛之德，即由孝道擴充而出。愛人即所以自愛，如不愛人，則「殺人之父，人亦殺其父；殺人之兄，人亦殺其兄。然則非自殺之也，一間耳」（孟子盡心篇）。由德性而言，人皆有同情心，由親親而仁民，推己以及人，此為自然之事；由慾性（惡之所由出）而言，人人皆知趨利避害，害人即所以自害，利人亦所以自利，此亦為自然之事。有子云「孝弟也者，其為仁之本歟」！孟子云「道在邇而求諸遠；事在易而求諸難，人人親其親，長其長而天下平」。中庸云「仁者人也」，仁乃為人之道，仁愛為公德，由孝道而擴充到仁愛，亦即由私而公；能遵公德方能盡孝道，亦即由公而私，如此公私兩利，互相關聯，平易近人，人人皆能實行，誠可謂極高明而道中庸。

## 二、倫理制度政教合一之妙

人不能離群體而獨立生活，最親近之人，莫若家人父子，儒家即依此天倫之至性，而倡導父慈子孝，建立家庭倫理，作到修身齊家。孝子慈父，必思崇德廣業以善其家，於是由家庭倫理擴大而為社會倫理，總其要領曰：「父子有親，君臣有義，夫婦有別，長幼有序，朋友有信」，此之為五倫。父子相親，夫婦和樂「而家道正」。君為首長，臣為部屬，此不僅指國君及群臣而言，引申其義，朝廷以下之官府，以及其他各單位，各團體，乃至商店工廠，各有首長，各有下屬，各有其相與之義，此為君臣之倫。全社會之人，大體可分為長幼兩輩，敬長慈幼一倫，可以通行天下，凡長輩皆有輔導後輩之義，後輩皆有尊重長者之義；互助相善者為朋友，朋友一倫亦甚廣，學友，僚友、同事同業之人，皆爲友好。親戚之親戚，皆爲親戚，朋友之朋友，皆爲朋友，如此，則人情關係，縱橫相聯，使社會倫理化，亦卽使社會家庭化，而構成休戚相關天下一家之溫暖人間。

不但社會倫理化，其政治亦倫理化，政治依倫理而立制度，君爲一國之長，父爲一家之長，「天子作民父母，以爲天下王」（洪範），子對父亦有「家君」之稱（易、家人卦），故君父列爲一倫，臣子列爲一倫，「以孝事君則忠」（孝經），臣民忠於君，君對臣民，當然必以仁。乃至對行政長官，人民稱之曰父母官，以父母之禮對長官，長官應盡愛民如子之義，父母官對民事，最重敎導方式，最忌機械制裁。如此，政治依倫理而行事，倫理中亦含政治之要求。弟子入則孝，出則悌，家庭之敎訓，社會之風尙，皆以倫理爲本，而庠序學校之中所敎者，亦爲忠孝仁義之道，此之謂政敎合一。政敎合一，易於實施，易於奏效，而倫理由理性開發而出，亦易於實行，此乃自古先王一貫相承之道，故稱曰王道，亦卽儒家之道，其在人心已有傳統之信仰，周末至秦，遭受破壞，故世道亂而人民苦，秦之焚書坑儒，正所以自速滅亡，至漢朝，上下人心，思先王之治，懲暴秦之亂，儒家之道，益爲人所崇慕，於是遂應運而興。

## 三、儒家與諸子之比較

先秦學說，惟儒道墨法四家，對人生哲學及治平之道，有具體之理論。此外，如農家只主張注重農事，君民並耕；名家則專講飾辭巧譬，辯論之術；陰陽家只用禁忌術數，警勵人心；縱橫家只爲外交辭令，策謀之士；雜家則採摭衆說，漫無所歸；皆所謂「不該不徧一曲之士也」（莊子天下篇）。然道家陳義過高，其淸虛超然之思想，非衆人所能悟，其「上德無爲」之政治，有時難以實施。墨家以自苦爲極，其兼愛之論過偏，不能實行，故莊子評之云「其道大觳使人憂，使人悲，其行難爲也」（天下篇）。法家則以爲人性皆惡，非繩之以嚴法不可，抹煞人之善性，使人民蒙昧聽法律之管束，不啓發人生向上之美德，只求人民不犯法而已，此之謂消極政治主義。儒家由人之理性，開發出人生哲學，由修身齊家以至治國平天下，有一貫之道，有周密之理論，爲其他諸家所不及，有典籍爲憑，秦朝毀滅儒家，漢朝一反暴秦之所爲，故儒學乃興。

## 四、儒家之道衆心所歸故武帝獨尊儒術

或曰：自漢武帝罷黜百家，獨尊儒術，是以儒家得居正統地位，直傳至今。此實不然！夫武帝爲何獨尊儒術？曰：以儒家之尊君主義，爲專制帝王所喜故也。然於專制帝王最有利之學說，爲法家而非儒家。管子之明法解，商鞅之修權篇、韓非之人主篇，皆主張人君須有極權，操生殺之威，以御群臣。儒家則主張「君使臣以禮，臣事君以忠」爲相對之義，「君之視臣如土芥，則臣視君如寇讎」，君若無禮，則臣可以不忠，君若暴虐，則臣可以革命。君爲一國之元首，總理國事，臣可以不忠乎？即今之民主制度，國家之元首，主持政務，官吏可以不忠乎？故忠君乃古今之通義，豈容曲解！

如言儒家之道爲武帝所喜，故推尊之；此尤不然。漢初帝王大臣，皆好黃老，而武帝兼好神仙，爲何特倡儒學？爲何立五經博士，而不立黃老、神仙博士？蓋自戰國儒墨之徒已滿天下，此兩家最爲群衆所信仰，繼而墨家後學流爲名家之詭辯，至秦末又流而爲犯禁之游俠，墨學漸歸消沉。而儒士則「守先王之道，以待後之學者」，仍持其修齊治平之旨，以研討經世之學，「祖述堯舜，憲章文武」，自唐虞而後之文物典籍，皆儒家所保存，而他家不與焉。承歷史之傳統，纘前聖之緒，繼續宏揚，有

充實之理論，有睿明之理想，經國濟世之道大備，他家無此完美之文獻，故成爲中國文化之主流。他家學說，雖「皆有所長，時有所用」（莊子天下篇），然只能作輔助之功，而無獨立之力，故秦皇實行法家之術，亦只用之以控制政權而已，其坊民正俗，維持社會秩序，仍不能違儒家之道，故其泰山刻石云「男女禮順，愼遵職業」。碣石門刻石云「男樂其疇，女修其業」。會稽刻辭云「飾省宣義，有子而嫁，倍死不貞。防隔內外，禁止淫佚，男女絜誠。夫爲寄豭，殺之無罪，男秉義程。妻爲逃嫁，子不得母，咸化廉淸」。史記貨殖列傳：巴蜀寡婦淸，能守先人之業，始皇以爲貞婦而禮之，爲之築台以示褒揚。此卽旌表節婦，樹立牌坊之濫觴。蓋男貞女節，收斂情慾，雖爲苦事，然總較淫風流行，慘案百出爲愈也。儒家所定一切禮法，蓋思之深，慮之熟矣。始皇雖反對儒家，亦不敢壞其禮制。文景黃老之治，亦只用道家淸靜化民之作風，而政教制度，仍爲儒家之道。武帝雄才大略，英明有爲，好文章，擧賢良，親問群臣，集思廣益，知儒家之道爲衆心所歸，故遂表章六經，獨尊儒術，於是儒學大興。

故漢時儒學之興，原因頗多，戰國諸子爭鳴，其說俱在，得勢最盛之法家，在秦時作徹底之實驗，而歸失敗。至漢時儒學興起，乃諸子爭鳴之歸結，亦儒家受考驗之結果。人有智慧，亦有理性，擇善而從，乃自然之趨勢。儒家之學，既由歷史源流，發揚光大，而充實完美，對修齊治平之道，有具體之理論，有深遠之思想，「極高明，而道中庸」，諸子不能與之相競，至漢時百家之爭已息，儒家遂應運而興，漢高帝過魯以太牢祀孔子，已顯示尊崇儒家，儒家爲衆心所歸，武帝深明政治之理，因事制宜，故獨尊儒術，儒術用世，因而有漢朝之盛治，照耀千古，爲後世所景慕。故儒家之得居正統，乃其本身具有應受推崇之道，並非武帝獨裁行事，既能强當時之人服從，並能强後世之人服從，直至于今其威風尙存也。

# 第二章　黃老之學

## 一、齊學

自黃帝時，神州大陸，已有九州之劃分（尙書禹貢傳，孔疏），及大禹奠高山大川，九州之疆界，更爲確定。冀、兗、青三州，交互相連，此爲中國文化之發祥地，周朝始有齊、魯兩國之稱，齊爲青州之地，魯爲兗州之地，齊都臨淄，魯都曲阜，其地自古爲文化興盛之區，古帝王大庭氏、神農氏、皆建都曲阜，黃帝生於壽丘（在曲阜城東北），黃帝子少昊氏，建都曲阜，顓頊建都帝丘，帝堯初封於陶，其地皆屬兗州。舜耕歷山，倉頡爲壽光人，其地皆屬齊。周武王封太公於齊，封周公於魯，太公問何以治魯？周公曰「尊尊而親親」（漢書、地理志），此即孝悌之道，亦即倫理之教。周公留相王室，命長子伯禽代己就封於魯，伯禽承父志，積極推行禮樂教化，故周朝文化，魯爲最盛。襄公二十九年，吳公子季札至魯觀周樂，曰「至矣，大矣，觀止矣」！昭公二年，晉卿韓起至魯觀書，曰「周禮盡在魯矣」！（左傳）。齊國强大，魯國已衰之時，齊景公猶與晏子入魯問禮（史記魯世家、昭公二十年）。春秋之末，「孔子閔王道將廢，乃修六經，以述唐虞三代之道」（漢書地理志第八下）。孔子收徒設教，以弘揚儒學，及至戰國，乃成爲一大學派，莊子天下篇云「其在於詩書禮樂者，鄒魯之士，搢紳先生，多能明之」，是爲儒家，儒家之發祥地爲魯，亦可稱爲「魯學」，自周而後，文物制度，皆以儒家爲宗。然而魯學之外，尙有齊學。

齊地「東有淄川、東萊、琅琊、高密、膠東，南有泰山、城陽，北有千乘，清河，以南勃海之高樂、高城、重合、陽信，西有濟南、平原，皆齊分也。少昊之世，有爽鳩氏，虞夏時，有季崱，湯時有逢公、柏陵，殷末有薄姑氏，皆爲諸侯國」（漢書地理志第八下），齊魯爲古帝王久治之地，當然有古傳之文化，伯禽治魯「變其俗，革其禮」，而推行周公之政教。太公治齊，則「因其俗，簡其禮」、「修道術，尊賢智」（史記、齊魯世家及漢志八下），可知齊國存留古傳之道，此即後來「齊學」與「魯學」之分野。

齊國所存之古道惟何？不可詳考，只可就太公之史事言之：殷末亂世，太公爲隱士，文王聘以爲師，紂王三分天下，文王有其二，太公之謀居多。武王繼文王，尊太公爲師；佐武王伐紂，建立周朝，乃受封於齊，都於營丘（故城在今山東昌樂縣東南），修國政，通商工之業，便漁鹽之利，而人民多歸齊，齊乃爲大國（史記齊世家）。太公治齊「因其俗，簡其禮」，此即後來道家之政治主張，其著述有六韜，答文武所問治國用兵之言，有陰符，講天道人事相與之義，後來道德經中之語，多與之髣髴。凡一學說之成立，皆有其淵源，儒家以孔子爲宗，而孔子則以周公爲宗，亦曾師老子而學禮。道家以老子爲宗，老子之師有常樅、商容（見說苑卷十及高士傳），老子傳古之道術，其書中屢稱聖人治世化民之道，太公以道術治齊，成爲富強之邦，則老子所稱之聖人，其中必有太公。周公、太公皆爲周初之開國元勳，周公傳述古之禮樂，而加以改制；太公傳述古之道術，而加以變通；禮樂盛於魯，道術盛於齊，故「魯學」即儒家之學，「齊學」即道家之學。

## 二、道家

司馬談論六家要旨，始有道家之稱。因老子「著書上下篇，言道德之意」（老子列傳），上篇開端曰「道可道」，下篇開端曰「上德不德」，故稱其書曰道德經，亦曰道德論，簡稱曰道論（司馬遷傳、「習道論於黃子」），其學說稱為道德家，簡稱曰「道家」（史記陳相國世家）。

道家源流，上溯至黃帝、太公，史記封禪書云「泰山東萊，黃帝之所常游」。泰山東萊皆齊地。太公生於東呂，故姓呂，呂亦齊地，即今之莒縣。齊魯為帝王久治之區，為古之道術之根據地，太公自幼受其陶冶，及封於齊，遂因固有教化，而治之以道術，道家之學，即由此而建立。周以前之古書，尚書為政事紀載，商頌為樂章，此二者在儒家六經中。其餘如伊尹、辛甲、鬻子等古書，漢志皆列之於道家。

清儒魏源論老子云「老子道、太古道、書、太古書也」。老子「執古之道，以御今之有」（十四章），古學即道家之學，太公治齊以道術，道家之學盛於齊，史記卷四十六：至齊宣王時，稷下講學之風復盛。稷下齊城西門外地名，設館於此，以招待學者，當時學者聚會於此，多至數百千人，其中多為治黃老之學者，所謂復盛，足徵以前即曾興盛。老子雖為陳人，然其學則為齊學，古人家學相傳，子孫繼先人之志，習為自然，漢文帝崇黃老，老子之十一代孫假，仕於文帝，假之子解，為膠西王卬太傅，因家於齊（卬為高帝子齊悼惠王之子，文帝十六年封為膠西王）。先是趙人樂臣公、因趙被秦滅，乃亡之齊，修黃老之學，成為一時之賢師，其弟子蓋公設教於膠西，為曹參之師（史記樂毅傳）。而老子之裔，亦以先人之學術，為膠西王太傅，因家於齊，蓋有由也。

道家之學，源於齊國，故黃老之學起自齊國，而由道家所衍出之陰陽家，亦起自齊國，由陰陽家所衍出之神仙家，亦起自齊國，故道家（黃老）、陰陽家、神仙家，其初之主要人物，皆為齊人，此有史可考者也，故曰齊學即道家之學。至漢時齊學爲黃老、陰陽、神仙三派，至東漢，神仙派乃變爲道教。

## 三、黃老何以並稱

黃老之稱，首見於史記申韓列傳，及曹相國世家、陳丞相世家。黃老何以並稱？中國文化，自黃帝時，始有文字記載：軍事、政治、敎化、天文、曆法、數學、醫學、音樂等，一切文物，皆自黃帝時衍傳而來，何以惟老子之學與黃帝並列？蓋政敎制度，一切實用之學，實施於日常行事，沿革流傳，未有文字記載。而人生思想，義理言論，重在實行，古之學術，多憑口傳，而無著述。唐虞夏商之文獻、典、謨、訓、誥，皆爲記載政事之官書；個人之思想言論，實乏專門之著作。至周時，學者始注重著書，孔子專重經世之學，整理六經，成爲有系統之文敎巨典。然六經不能概括古傳之一切學術，孔子所略而不談者，仍然有人傳授，道家之學，即其一也。

黃帝政敎之術，源遠流傳，融合後世之文化中，唐虞之政敎，即由黃帝之政敎演變而來，然唐虞有較詳明之典籍記載，故儒家之學只溯及唐虞，罕論黃帝。然黃帝之政治、兵法、修身養生之術，儒書所未及者，仍有人傳說之。

易繫辭，論帝王之世系，謂「庖犧氏沒，神農氏作，神農氏沒，黃帝堯舜氏作」；左傳昭公七年；孔子學官於郯子，郯子論官，謂「昔者黃帝氏以雲紀官，故爲雲師而雲名」；管子五行篇，述黃帝作五聲正天時，得六相而天下治；大戴禮記，五帝德，述孔子對宰我贊美黃帝之盛德；尸子卷下，記子貢與孔子問答黃帝之軼聞；此皆述黃帝之史事。戰國時，百家爭鳴，著書立說之風益盛，記述黃帝之言論者漸多，據漢書藝文志所載道家類，有黃帝四經四篇、黃帝銘六篇、黃帝君臣十篇、雜黃帝五十八篇。此書雖爲六國時人所輯錄，然不可謂爲僞造，猶之論語、孟子，亦非孔孟所自著，公羊傳至漢景帝時始著於竹帛，皆不可謂僞造也。自戰國而後，各家之著述，每好引黃帝之言，略舉數則如下：

「聲禁重，色禁重，衣禁重，香禁重，味禁重」。——此言寡欲（呂氏春秋、去私）。

「帝無常處也，有常處者，乃無處也」。注「無常處，言無爲而化乃有處也。有處、有爲也；有爲則不能化，乃無處爲也」。（呂氏春秋圜道篇）；有爲而不見功，實際乃等於未爲，故曰乃無處爲也。又呂氏春秋應同、遇合、審時諸篇，皆有黃帝之言。

「日中必熭，操刀必割」，——言時不可失也。見賈誼新書宗首篇，文，修政上篇云「道若川谷之水，其出無已，其行無止」。

「精神入其門，骨骸反其根，我尙何存」？（列子天瑞篇）。

「茫茫昧昧，從天之道，與玄同氣」。（淮南子、繆稱訓、泰族訓）。

漢志所載黃帝之書，今已失傳，散見於各家著述中，所引黃帝之語，其義與老子相通，由上舉之例，可見一斑。莊子書中，如胠篋、在宥、天地、天運、山木、田子方、徐无鬼、盜跖各篇，以及韓詩外傳卷五卷八，劉向新序第五，各家書中，述黃帝之事，引黃帝之言者，不勝歷舉，皆道家之所本也。劉向之說苑（卷十），劉劭之皇覽，皆載金人銘，金人銘卽黃帝六銘之一。銘詞中如「綿綿不絕，或成網羅。毫末不札，將尋斧柯」四語，汲冢周書亦有之。「盜憎主人，民怨其上」，左傳成公十五年，晉伯宗之妻，曾言之，蓋自黃帝時傳來之古語也。而銘詞中與老子之旨相合者尤多，如：「誠能愼之，福之根。謂此何傷，禍之門」，即老子所云「禍兮福所倚，福兮禍所伏」。其云「強梁者，不得其死」，老子亦有此語。其云「知天下之不可上，故下之；知衆人之不可先，故後之」。即老子所謂「欲上民，必以言下之；欲先民，必以身後之」。其云「執雌守下，人莫踰之」，即老子所謂「後其身而身先，外其身而身存」。其云「人皆趨彼，我獨守此」，即老子所謂「知其雄，守其雌；知其榮，守其辱」。其云「人皆惑之，我獨不徙」，即老子所謂「處衆人之所惡」，「衆人皆有餘，而我獨若遺」。其云「內藴我智，不示人技」，即老子所謂「衆人昭昭，我獨昏昏；衆人察察，我獨悶悶」。其云「江海雖左，長於百川，以其卑也」，即老子所謂「江海所以爲百谷王者，以其善下之，故能爲百谷王」。其云「天道無親，常與善人」，老子亦有此語。而老子「谷神不死」章，列子天瑞篇中直稱爲黃帝書中之語，可知柱下史之言，本之於古，又可知黃老並稱之由矣。

漢志載有黃帝君臣十篇，班固謂「與老子相似」，此書漢後失傳，然顧名思義，知爲君君臣臣治道之書。文子精誠篇、尸子卷下，皆述及黃帝治天下之道。黃帝有兵法傳世，漢志兵家，列有「黃帝十六篇」，六韜兵道篇，述黃帝之言。隋書經籍志、唐書藝文志，俱載黃帝兵法。老子亦講治國用兵之道，故漢志謂老子之學爲「君人南面術」；於此可知黃老合一之由。

漢初，曹參爲惠帝相，陳平爲文帝相，二人皆好黃老，故其爲政，以清靜安天下。若夫法家，以嚴刑制民，與道家無爲之旨相反，然而史記申韓列傳，謂申不害「學本於黃老，而主刑名」；韓非「喜刑名法術之學，而其歸本於黃老」。「刑名」原作「形名」，按實以定名，循名以責實，以別是非；至戰國時，法家出，「形名」乃演而爲「刑名」，荀子正名篇云「刑名從商」，秦行嚴法，自商鞅開始，自此「刑名」成爲刑罰之名稱。漢後古書多散佚，不見黃老有刑罰之說；管子任法篇云「黃帝置法不變」，管仲爲前期法家，黃帝所置之法，其時必然尙有傳述。漢武帝時，軍法官引「黃帝理法」以決獄（漢書胡建傳）其時必然有文可據，惟漢志所載黃帝諸書，後世不得見耳。

今一九七四年，黃帝四經於湖南馬王墓出現，此書爲墨筆寫於細帛，裝於漆盒，墓爲漢文帝十二年建，書當爲漢初所寫，四經之後爲老子，黃老自戰國時成爲一家之言，故二書合爲一編。四經之篇目：經法、十大經、稱、道原，書中所述治國用兵之道，及成敗禍福之理，與老子相似；稱篇謂「善爲國者，太上無刑」，又謂「待表而望則不惑，案法而治則不亂」。經法篇講道法形名，謂「道生法，法者引得失以繩，而明曲直者也。執道者生法而不敢犯也，法立而弗敢廢也；能自引以繩，然後見知天下而不惑矣」。又屢稱道形名之功用，謂「形名立，則黑白之分已」，此即法家所取爲依據者也。所謂「太上無刑」，即老子所講無爲之治，然因時制宜，非常時期亦可任法爲治，此申韓之所以學本黃老而主刑名也。孔子稱舜「無爲而治」（論語衞靈公篇），然堯舜亦不能廢刑罰，故有「五刑」之設，「刑期于無刑」也（尙書舜典大禹謨）。——總上所述，可知黃老之所以並稱，及法家之附會黃老。

## 四、黃老要旨

夫黃帝時代之學術言論，豈止道家所承述之一派而已乎？其在儒家者，爲政敎治民之方，儒家以堯舜之道括之；其在他家者，如法家、兵家、醫家、天文家等等，各派專門之學，溯本探源，皆「歸宗於黃帝」。老子當衰周之世，見天下將亂，乃提出古之道術中：體天理、順自然、守常道、通變化，秉要執本，淸靜自持之道，著道德經，以作亂世之寶訓。及至戰國，學術思想愈盛，乃有人繼老子之學，輯黃帝之遺言，筆之於書，卽漢志所載黃帝之書是也；古書之流傳，大都如是，猶之佛家三藏教典，十二部經，皆爲弟子「如是我聞」而追述之，並非釋迦親手所著，黃帝之書，亦猶是也。黃帝書中之言論，亦卽老子所祖述者。惟至戰國始著成專書而已；故黃老之學，卽道家之學，漢時稱道家之學曰黃老之學。無論後人如何疑古，謂古人之言論，後人著於文字，皆爲僞書；而古人學說之淵源，有前人一貫之傳述，不能由懷疑而杜撰異說，妄加臆斷。

人生之道，處世之方，自帝王以至庶人，皆必以修身爲本。儒家講愼獨克己；道家之戒懼自惕，尤爲謹嚴，於金人銘文，可見一斑。又如黃帝巾几銘云「毋弇弱，毋俷德，毋違同，毋敖禮，毋謀非德，毋犯非義」。（路史）。「武王問師尙父曰『五帝之誡，可得聞乎』？尙父曰『黃帝之戒曰：吾之居民上也搖搖，恐夕不至朝』！」（皇覽）。武王問黃帝顓頊之道，太公答以道書之言云「敬勝怠者吉，怠勝敬者滅；義勝欲者從，欲勝義者凶」（大戴禮記卷六）。道德經中所講不爭、不盈、居後、守柔，言之尤切。蓋天下之事，大而治國，小而齊家，對己苟能嚴以自律，對人苟能謙恭克讓，對事苟能兢兢業業不敢怠傲；放勳重華之業，不外是也，此西漢明君賢臣，所取黃老之要義。至於黃帝醫藥養生之道，有方士作專門之宣傳；觀象法天之說，陰陽家演而爲禨祥之論；方士與陰陽家，皆出於齊國，皆爲「齊學」，此可謂黃老之別派。

莊子天下篇云「天下大亂，聖賢不明，道德不一」。古者道術渾一，無儒、道之分。「猶百家衆技，皆有所長」，各有所用，不相矛盾；故文武合一，軍政合一，有共同之思想，發齊等之功用。是以周公能制禮作樂，亦能征叛平亂；太公佐武王克商，有兵書傳世，人皆知其爲軍事家，然而試觀文王問治天下之道，武王問不戰而勝之策，問賢君之治國，問法令之變更，問舉賢賞罰之措施（說苑卷

七、卷十五、卷一），太公所答又為千古不易之政論。周公以禮樂治魯，太公以道術治齊，道並行而不相悖，齊魯在周朝為文化最盛之邦，魯學齊學，演為儒道兩家，為中國文化思想之本。儒家自孔子而上，源自周公；道家自老子而上，源自太公；太公為齊學之祖也。

## 五、黃老在西漢之功用

道家與黃老之稱，皆起自西漢。老子之書與黃帝之書同義；道家由老子而溯及黃帝，因而專治老子之學者，亦稱為黃老。黃老實道家之別稱也。

我國數千年之歷史，西漢可與三代之盛世媲美，國運之昌隆，民生之安樂，「周云成康，漢言文景」，傳為美談。世事之成功，因素固多，然必須有主要之因素為根本；方能決定成功。秦末天下大亂，豪傑群起，逐鹿中原，六國競立，各據疆土，漢高帝起兵於沛，初不過一縣令耳，勢不及諸侯之將，兵不如項羽之强，而其所以成功，固由其為人「豁達大度，寬仁愛人，好謀能聽，知人善任」。而其所知之人，首推子房，子房黃老之徒也；所聽之謀，子房之謀也，子房之謀，黃老之術也。人皆言文景之治，出自黃老，而豈知高帝之得天下，其成功之主因，亦出自黃老哉！茲分述於下：

### ▲高帝之成功

高帝之得天下，由於能用張良之謀，良字子房，史記留侯世家，言其事甚詳；其先世五世相韓，秦滅韓，子房懷亡國之痛，散千金之產，以圖報仇，刺始皇於博浪沙，誤中副車，始皇大搜天下，子房九死一生，幸而脫險，乃更姓名，亡匿下邳，其苦悶可知，一日於圯上遇老人，老人蓋暗知其為刺秦之英勇青年也，是以故意折其鋼銳之氣，使之橋下取履，並伸足命之代爲著履，曰「孺子可教也」！後復使之三次候教，始以一書贈之曰「讀此書，爲王者師矣！後十年興，十三年，孺子見我濟北穀城山下，黃石即我矣」！遂去。子房視書，乃太公兵法也，此老人不言姓名，故稱之曰黃石公，其書名曰素書，穀城爲齊地，黃石公即齊人，蓋深於齊學者，當暴秦之世，隱姓埋名，流浪草野，以傳其道。太公爲「齊學」之祖，其書即黃老之學也。

子房得書，習誦不怠，後十年，陳涉等起兵，子房亦聚少年百餘人，此時楚將秦嘉立景駒爲楚王，子房欲往投之，時高帝爲沛公，將數千人，略地下邳，子房遇之，以太公兵法說沛公，沛公善之，常用其策，然爲他人講此兵法，而皆不能省，乃曰「沛公殆天授也」，故遂從之不去。此後主謀軍事，高帝常稱其能「運籌帷幄之中，決勝千里之外」。不惟擊敗秦軍之重要戰役爲子房之謀，即與項王爭天下，轉危爲安，轉敗爲勝之策，亦皆子房之謀，茲擧數事如下：

秦兵拒嶢關（陝西藍田縣東南），沛公將兵兩萬人，欲擊之，子房曰「秦兵尙强，未可輕」，乃助沛公於諸山張旗幟，設疑兵，以威脅秦軍，並派人以重寶啗秦將，秦將果叛，出而連和西襲咸陽，沛公欲從之，子房曰「此獨其將欲叛耳，若士卒不從，必危，不如因其懈，擊之」！沛公乃引兵擊秦軍，大破之，再戰再勝，遂至咸陽，秦王子嬰出降。

沛公入秦宮，宮室帷帳，狗馬重寶，婦女以千數，意欲留居之，樊噲諫，不聽，子房曰「夫秦爲無道，故沛公得至此，今始入秦，即安其樂，此所謂助桀爲虐也！願沛公聽樊噲言」！沛公乃出宮，還軍霸上。

沛公既入咸陽，聽鯫生之計，欲據關王秦，項羽大怒，欲擊沛公，子房與羽之季父項伯有舊，知沛公不能敵項羽，乃介紹項伯與沛公爲友，託其解說，以息羽怒。沛公往見項羽，范增爲羽設計，宴沛公於鴻門，欲乘機殺之，此時沛公已入彀中，幸子房施妙計，得以脫險。

項羽范增對沛公懷疑不釋，以巴蜀道險，且秦之遷人居其中，問題多端，乃立沛公爲漢王，王巴蜀漢中，而三分關中，王秦降將，以拒塞漢路，漢王就國，子房勸其燒絕所過棧道，以示固守漢地，無東還之意。時田榮自立爲齊王，叛楚，子房以書報項羽，謂：「漢王遵約，不敢東」，又以齊梁謀反之事告之。羽以漢王已不足慮，乃北擊齊，漢王遂乘機東還，平定三秦，與項羽對峙。

項羽急攻漢王於滎陽，漢王聽酈食其之謀，欲立六國之後，樹黨以撓楚權；子房以不可止之，蓋立六國之後，則天下人才各歸其主，漢王便陷於孤立，不能與項羽相爭矣。

韓信破齊，而欲自立爲王，漢王發怒，見於辭色，子房陳平躡王足，附耳諫之謂：「漢方不利，既不能禁信之自王，不如因而立之，使自爲守，不然，恐變生」。王從其言，遂立信爲齊王，以固其心。

漢王追擊項王至固陵，齊王韓信，魏相國彭越，期會不至，漢軍大敗，堅壁自守，王謂子房曰：「諸侯不從，奈何」？子房復設計，於是信越皆引兵來。

項王既滅，漢王即帝位，大封功臣二十餘人，其餘未得封，日夜爭功不決，帝在洛陽，望見諸將往往相與坐沙中語，帝曰「此何語」？子房曰「陛下不知乎？此謀反耳」！帝曰「天下已定，何故謀反」？子房曰「陛下起布衣，以此屬取天下，今爲天子，而所封皆蕭曹故人所親愛，而所誅者皆生平所仇怨。今軍吏計功，以天下不足徧封，此屬畏陛下不能盡封，又恐見疑生平過失被誅，故相聚謀反耳」！帝曰「爲之奈何」？子房曰「陛下平生所憎，群臣所共知，誰最甚者」？帝曰「雍齒與我故，數嘗窘辱我，欲殺之，爲其功多，故不忍」。子房曰「今先封雍齒以示群臣，則人人自安矣」。帝從其言，封齒爲侯，群臣皆喜曰「雍齒尚爲侯，我屬無患矣」！於是群心始安。

上述數事，皆爲高帝成敗存亡之關鍵，而子房能運籌設計，轉危爲安，轉敗爲勝者，以善用黃老之術也。太公六韜明傳篇云「柔而靜，恭而敬，强而弱，忍而剛。此四者、道之所起也。故義勝欲則昌，欲勝義則亡」。老子云「柔勝剛，弱勝强」，「故堅强者死之徒，柔弱者生之徒」。「吾不敢爲主，而爲客；禍莫大於輕敵」。素書云「柔能制剛，弱能制强」。「軍國之要，察衆心，施百務，危者安之，懼者歡之，卑者貴之，貪者豐之」。「敗莫敗於多私」。老子云「以奇用兵」，是以能以柔制强，以少勝多。此子房輔高帝用兵之術也。至於入咸陽，不取貨寶，知多私必敗，故能以義勝欲。順韓信彭越之心，而封之爲王，知貴之豐之，方能滿其欲，而得其忠。不計雍齒之怨，而封之爲侯，卽老子所謂「報怨以德」也。以德報怨，爲孔子所反對（論語憲問篇），以爲此乃顚倒是非，孔子之言，皆爲經常之理；而老子之言，乃多論非常之事，高帝此時，若不以德報怨，則懷疑不安之徒，起而造反，戰禍又起，豈非所謂「小不忍，則亂大謀乎」？

所謂「忍而剛」、「弱勝强」，高帝乃善用此術者，彭城之戰，漢軍大敗，項王虜帝父太公，其後項王置太公於鼎俎之上，告漢王曰「若不降，吾烹太公」，帝曰「吾與項王北面受命懷王，約爲兄弟，吾翁卽若翁，必欲烹若翁，則幸分我一杯羹」！恬靜之度，不驚不懼，項王無可如何，乃作罷。滎陽之戰，漢軍大敗，帝僅以身免，其後兩軍久峙，項王請速戰以決雌雄，帝笑曰「吾寧鬥智，不鬥力」，項王集全力，屢挑戰，帝每避其剛銳，以敗爲勝，老子所謂「知其雄，守其雌」，「善戰者不怒，善勝敵者不爭」，項王逞其強力，百戰百勝，輕用其鋒，而終歸失敗；高帝以柔制強，敗而不餒，養其全鋒，而待其敝，故贏得最後勝利，此子房教之也。乃至奠都長安，任蕭何爲相國，皆取決於子房。史稱高帝「好謀能聽」，故能定天下，蓋能聽子房陳平黃老之術也。

子房眞深明黃老之道者也。既佐高帝平天下，可以安享富貴矣，而乃曰「家世相韓，及韓滅，不愛萬金之資，爲韓報仇，強秦天下震動，今以三寸舌，爲帝者師，封萬戶，爲列侯，此布衣之極，於良足矣，願棄人間事，欲從赤松子遊耳」。乃杜門學導引辟穀之術以終身。老子所謂「知足不辱，知止不殆」，「功成、名遂、身退」，子房實深悟其旨而能篤行者也。

陳平亦漢之開國元勳也，史稱其「少時家貧好讀書，治黃帝老子之術」。初事項王，後歸高帝，勸高帝取項羽恭敬愛士之長，去己身嫚士少禮之短。以巨金縱反間，使項王部將離心，君臣相疑；以反間使項王罷范增，而失謀臣。與張良共勸高帝立韓信爲齊王，以固其心。設計救高帝滎陽脫險，設計解高帝白登之圍。乃至擊陳豨、擊黥布，皆與其役，曾六出奇計，解高帝重大之急難。其後繼曹參爲丞相，亦承參意無爲而治。以及與周勃合謀誅諸呂，立文帝，爲功甚多，而功成不居，讓位於勃，其機變之巧，後人或加貶抑，當時彼亦自感不滿，故曰「我多陰謀，道家之所禁」，自知其爵位不能久傳，至曾孫何，果以犯法而被黜。夫兵不厭詐，以奇取勝，乃兵家之要道，以陰謀克敵，不爲悖德，而平乃自咎自責，足見其深明黃老之學矣。

## ▲文景之治

高帝生平處心行事，未必本乎道家，而「明達好謀」，其成帝業，則實以能用良平黃老之術；甚至文景之治，亦由其預作安排，何也？曹參陳平皆治黃老之學者，帝臨終時，呂后問「蕭相國死後，令誰代之」？帝舉曹參，復問曹參而後，帝舉王陵，謂必須陳平助之。曹陳學黃老，當然恭身忠職，且高帝生前所定之宰輔，嗣君亦深信無疑，因此，君臣同心同德，而實現文景之盛治。

曹參秦時與蕭何並爲吏。高帝爲沛公，參從起兵，攻秦監公軍，大破之，此後擊秦主力軍章邯，東擊東郡，南擊王離（秦將），西攻武關，直入咸陽，平定三秦，參皆與其役，戰功僅次於韓信。高帝卽位，以長子肥爲齊王，賜參列侯，並爲齊相國，後復助平陳豨黥布之亂。惠帝元年，復以參爲齊丞相，天下初定，參盡召長老諸先生，問所以安百姓，而齊故諸儒以百數，言人人殊，未知所定，參蓋夙信黃老者，聞膠西有蓋公，善治黃老言，使人厚幣聘之，蓋公對參言：治道貴清靜，而民自定。參乃奉蓋公爲師，以黃老之術治齊，九年齊國安集，大稱賢相。蕭何卒，參聞之，告舍人，趣治行，曰「吾將入相」，尋，果召參，參去，囑其後相，曰「獄市愼勿擾也」！後相曰「治無大於此者乎」？參曰「不然，夫獄市所以幷容也，今君擾之，姦人安所容乎？吾以是先之」！按左傳襄公二十八年「反陳于獄」，獄市卽獄市，乃齊國闤闠繁華之區，爲莠民寄生之所。昔秦集游食之民於閭左，以便監督，其後發成漁陽，而陳勝吳廣在其中，竟起而造反以滅秦；所謂「困獸猶鬥」，而況人乎？姦人如無所容身，是迫其鋌而走險也。社會須善惡兼容，自古爲然，老子云「我好靜而民自正」，曹參以道化爲本，齊既大治，姦人亦相安無事，不必擾之也。

惠帝既承高帝之遺旨，有成竹在胸，蕭何病，帝親自視疾，因問曰「君百歲後，誰可代君」？對曰「知臣莫如主」，帝曰「曹參何如」？何頓首曰「帝得之矣，何死不恨矣」！始參微時，與蕭何善，及爲將相有隙，而何臨終，推參爲賢，參代何相國，擧事無所變更，壹遵蕭何之約束，選郡國吏訥於文辭，謹厚長者，爲丞相史，以其歷事多，且親見秦法酷烈之害，必能事事順民之情也；吏之言文深刻，欲務聲名者，輒斥去之。對人取其大德，有細過者，輒掩匿之。府中無事，飲醇酒以爲樂。惠帝怪相國不治事，以爲參對其有所不滿，參子窋，爲中大夫，帝謂之曰「汝歸試私從容問之曰：高帝新棄群臣，帝富於春秋，君爲相國，日飲，無所請事，何以憂天下？然勿言吾告汝也」！窋歸，乃從帝意而諫，參怒笞之，曰「趣入侍，天下事，非乃所當言也」！至朝時，帝讓參，曰「何笞窋？乃我使之諫君也」！參免冠謝曰「陛下自察聖武，孰與高皇帝」？上曰「朕乃安敢望先帝」！曰「陛下觀參孰與蕭何賢」？上曰「君似不及也」；參曰「陛下之言是也！且高皇帝與蕭何定天下，法令既明，今陛下垂拱，參等守職，遵而勿失，不亦可乎」？帝曰「善」！參爲相三年薨，百姓歌之曰「蕭何爲相，較若畫一，曹參代之，守而勿失，載其淸靜，民以寧一」。皇帝垂拱，群臣守職，即秉要執本，無爲之治也。

惠帝六年，曹相國薨，遵高帝之遺命，以王陵爲相，陳平助之，於是置左右二相，王爲右而陳爲左。惠帝崩，呂后欲立諸呂爲王，問王陵，陵謂不可，呂后不悅；問陳平周勃，皆以目前違呂后意，適足敗事，不如陽順陰違，而徐圖之，故當時皆答曰「高帝定天下，王子弟，今太后稱制，欲王昆弟諸呂，無所不可」！太后喜。退朝後，陵斥平勃阿意於呂后，無顏見高帝於地下，平曰「面折廷爭，臣不如君；全社稷，定劉氏，君亦不如臣」。後呂后遷陵爲帝太傅，實奪其相權也；陵怒，謝病歸，杜門不朝，乃徙平爲右丞相。

平爲相，不治事，日飲醇酒，呂后聞之，私喜。立諸呂爲王，平僞聽之，及后崩，平與太尉周勃，合謀誅諸呂；立文帝，亦平之主謀。諸呂之亂平後，平欲讓位於勃，乃謝病，文帝疑而問之，平曰「高帝時，勃功不如臣；及誅諸呂，臣功亦不如勃；願以相讓」！於是乃以勃爲右丞相，平爲左丞相。帝既益明，習國家事，一日朝中問勃天下一歲決獄幾何？勃謝不知；又問天下錢穀一歲出入幾何？勃又謝不知，汗流洽背，愧不能對；帝又問平，平曰「各有主者」，帝曰「主者爲誰」？平曰「決獄之事，以問廷尉；錢穀之責，問治粟內史」！帝曰「苟各有所主，而君所主何事也」？平曰「宰相者，上佐天子理陰陽，順四時，下遂萬物之宜，外鎭撫四夷諸侯，內親附百姓，使卿大夫各得任其職也」！帝稱「善」！後周勃自知其能弗如平，乃謝病免相，平乃專爲丞相。總觀平之處事，誠如老子所云「爲而不爭」，「不自伐，故有功」，至其對文帝所論官吏責任，職權之分，實乃「無爲而治」之術也。

自春秋末世開始，道家獨成一家之言，爲政主淸簡，修身在寡欲，處事持戒愼，對人居卑下，此皆亂世必遵之道。儒家不反對富貴榮顯，而道家則以富貴爲可畏，視名利爲蠱物，是以薄勢力而輕王侯。秦皇以暴政宰天下，自致禍殃，是以子孫斬絕；而其虐待人民，焚書坑儒，皆李斯爲之謀，李斯與趙高爭權，身被腰斬，並滅三族。趙高教二世嚴法刻刑，誅滅大臣，又且恃恩跋扈，恣意殺人，最後弒君奪位，亦遭滅族之禍，秦之君王宰相，如此自相魚肉，而同歸於盡。總其主因，皆因貪迷富貴名利所致。曾國藩謂「風俗之厚薄，由於一二人之所向」（原才），其實天下之興亡，亦由於一二人之所爲，秦之亡，爲李斯趙高所促成；高帝之興，文景之治，由於張陳蕭曹所輔成也。

明哲之士，鑒於秦之慘禍，益感黃老之道爲處世之眞理。素書云「絕私禁欲，所以除累」，「敗莫敗於多私」，是以老子教人「少私寡欲」，寡欲少私，始能神智精爽，坦然大公，德行功業，以此而立，漢之開國元勳，皆深明此道者也。張良不戀萬戶侯，功成而身退。蕭何「買田宅於窮僻處，爲家不治垣屋，曰：令後世賢，師吾儉；不賢，勿爲勢家所奪」。陳平曹參之榮爵高位，皆爲有功不伐，順乎自然而致，其自身堅守清靜之德，故其爲政，能致清靜之治。

有如此之臣，恰逢如此之君；有如此之君，始能用如此之臣。高帝成功，得力於黃老，開國之初，啓迪嗣君大臣之作風，故自惠帝即任曹參爲相，實行黃老之治。陳平蓋知代王慕黃老，故主謀立之，是爲文帝。富貴爲人之所欲，富貴莫若帝王，故爭帝位者，每不擇一切惡劣手段；若夫受群臣之擁戴，而虔心辭讓如文帝者，誠千古之佳話也。惠帝崩，大臣既議定迎文帝繼位，而帝自言：「此重事也，寡人不足以稱，願請楚王計宜者（楚王交，高帝弟也），寡人弗敢當」！西向讓三，南向讓再，群臣固請，帝不得已，乃即位。於時陳平爲相，君臣協議，實行清靜化民之政，略舉其事如下：

元年三月，詔令振窮養老。鰥寡孤獨，加以振貸。賜老者以布帛酒肉之養。六月、有獻千里馬者，帝不受，並詔令四方，無復來獻。

二年春，帝親率民耕。　十三年春、帝親耕，皇后親桑，以勸農。　十二年春，詔天下孝弟力田。又、減農民租稅之半。　十三年除田之租稅。賜天下孤寡布帛。

二年五月，十四年冬，後元六年冬，匈奴三次入寇，皆擊而退之，未嘗窮兵出塞。帝親自勞軍，欲身率軍旅擊匈奴，群臣諫，不聽；皇太后固要，乃止。

後元二年，丞相張蒼免。帝以后弟竇廣國賢，有行，欲相之，曰「恐天下以吾私廣國」，久念不可，乃以申屠嘉爲相，嘉曾從高帝擊項羽，爲人廉直，不受私謁。

帝躬修玄默，懲恨亡秦之政，議論務在寬厚，恥言人之過失，化行天下，告訐之俗易，吏安其官，民樂其業，禁網疏濶，罪疑者予民自新，是以幾致措刑。

帝衣綈履革，器無琱文金銀之飾。貴廉潔，賤貪汙。吏之坐贓者，錮而不用。賞善罰惡，不阿親戚；罪白者，伏其誅，疑者以與民（與民同疑，乃赦之），無贖罪之法，故令行禁止，海內大化（漢書貢禹傳）。

帝在位，宮室苑囿，狗馬服御，無所增益，有不便，輒弛以利民，嘗欲作露臺，召匠計之，直百金，帝曰「百金，中民十家之產，吾奉先帝宮室，常恐羞之，何以臺爲」？帝常衣綈衣，所幸愼夫人，令衣不得曳地，幃帳不得文繡，以示敦樸爲天下先。治霸陵皆以瓦器，不以金銀銅錫爲飾。吳王詐病不朝，賜以几杖。張武等受賂，覺、乃發御府金錢賜之，以媿其心（史記卷十）。

匈奴入寇，帝不欲以武力結怨，乃遣使與之和親。下詔自責曰「朕既不明，不能遠德，是以使方外之國，或不寧息。夫四方之外，不安其生，封畿之內，勤勞不處，二者之咎，皆自於朕之德薄而不能遠達也。間者累年匈奴並暴邊境，多殺吏民，邊臣兵吏，又不能諭吾內志，以重吾不德也。夫久結難連兵，中外之國，將何以自寧？今朕夙興夜寐，勤勞天下，憂苦萬民，爲之怛惕不安，未嘗一日忘於心，故遣使者冠蓋相望，結轍於道，以諭朕意於單于」。

道家主張無爲而治，論語衞靈公篇，孔子云「無爲而治者，其舜也歟！夫何爲哉？恭己正南面而已矣」。「恭己南面」，即論語雍也篇所謂「居敬而行簡，以臨其民」。「居敬」即謹身崇德爲民之則；「行簡」，即秉要執本，以簡御繁，此無爲而治之術，文帝實能踐之。老子云「吾有三寶，持而寶之，一曰慈，二曰儉，三曰不敢爲天下先」。「我好靜而民自正，我無事而民自富，我無欲而民自樸」

。是故文帝恭身節儉，愛民恤孤，親課農桑，百姓樂業，天下富庶。不受千里馬，不以金銀爲飾，即「不貴難得之貨，使民不爲盜」也。匈奴三入而三拒之，即「用兵有言：吾不敢爲主而爲客」也。「民之飢，以其上食稅之多，是以飢」，「民不畏死，乃何以死懼之」？（以上所引皆老子語），是以文帝貴廉潔，減租稅，省刑罰，除肉刑，罪人不孥，法網寬疏。堯舜之世，不能無兇頑，刑罰不能廢也，素書云「賞不服人，罰不甘心者、叛」，是以文帝賞善罰惡，不阿親戚。帝臨終遺詔令吏民薄葬短喪，曰「死者天地之理，物之自然，奚可甚哀」！此眞深得黃老之旨者也。總之文帝在位二十三年，清靜寡欲，以身作則，「以正治國」，以德化民，是以海內安寧，達乎郅治。

景帝承文帝之業，其輕許傳位於梁王，啓其驕心，而兄弟之好不終；不聽周亞夫之言，而反疾之，以致之死；其對親屬及大臣，固有慚德；然其治術承文帝之作風，減田租，寬刑罰，崇儉德，勸農桑，與文帝之治，前後映輝，亦一代之賢君也。

蓋自戰國之混亂，繼以暴秦之虐政，二百餘年以來，四海沸騰，民生困苦，高帝平定天下之後，人心思治，若久旱之望雨，黃老清簡之治，正如對症而下藥，故文景行之「循古節儉」（貢禹傳），恭身率下遂能移風易俗，黎民醇厚，「周云成康，漢言文景，美矣」！（漢書景帝紀贊）。

## 六、漢朝黃老之盛衰

道家之學爲古學，源自黃帝，黃帝生於魯之壽丘，與齊地比鄰，而齊之泰山、東萊，爲黃帝所常遊，故齊國可謂道家之發源地。周初，治道家之學，最著者，爲太公鬻子，二人皆爲文王師，鬻子封於楚，太公封於齊，齊本爲道家之聖地，而太公又用道術爲治，是以齊國道家之學特盛，鬻子在楚國亦傳其學術，如戰國時環淵、屈原、南公，皆楚國著名習道術者也。老子爲陳人，南近楚，北通齊，莊子爲魏人，與齊尤近，環淵屈原皆曾至齊。至西漢，黃老之學仍以齊爲根據地。

黃老之學，自戰國始盛，惟習此學者，多崇尚恬淡自然之人生；其志不在乎用世，故多隱而無名。當日齊國稷下講學風盛，四方之士，來此硏討黃老者，猶如儒者之遊魯邦，佛徒之朝天竺，史記述西漢黃老之傳授者謂：

樂毅之子「有樂假公、樂臣公。趙且爲秦所滅，亡之齊高密。樂臣公善修黃老之言，顯聞於齊，稱賢師」。

樂臣公學黃帝老子，其本師號曰河上丈人，不知其所出。河上丈人敎安期生，安期生敎毛翕公，毛翕公敎樂假公，樂假公敎樂臣公，樂臣公敎蓋公，蓋公敎於齊高密、膠西，爲曹相國師」（以上俱見樂毅傳）。

樂臣公自趙來齊留學而成名。河上丈人即最先注老子之河上公，安期生與蒯通爲友，與申公培同時，皆爲戰國末年人，至漢文帝時尙存。河上公、安期生、毛翕公、蓋公，皆爲齊人，黃石公亦爲齊人，黃石公敎張良，蓋公敎曹參，田叔爲齊之田氏，治黃老之術，文帝初立，便召而問事（漢書列傳第七），其餘避世隱居之黃老大師，皆不顯名，而總之西漢時，黃老之學，仍以齊爲最盛。

高帝滅强秦，平天下，建立漢朝；文景以德治安萬民，四海淸平；皆善用黃老之術，數十年來與民休息，政通人和，國富民殷，試看漢書食貨志所記云：

「至武帝之初，七十年間，國家無事，非遇水旱，則民人給家足。都鄙廩庾盡滿，而府庫餘財。京師之錢累百鉅萬，貫朽而不可校；太倉之粟，陳陳相因，充溢露積於外，腐敗不可食。衆庶街巷有馬，阡陌之間成羣，乘牸牝者，擯而不得會聚」。

因此，黃老之學大盛。文帝時，宮闈之中，亦皆讀黃老之書，文帝之后竇氏係齊之清河人，為皇后二十三年，為太后十六年，為太皇太后六年，始終奉黃老為神聖，因而漢視儒學，儒者在此情形之下，附屬於黃老，累擧其事如下：

史紀孝武紀、封禪書、郊祀志、儒林列傳，皆言「竇太后治黃老言，不好儒術」。漢書外戚傳「竇太后好黃帝老子言，景帝及諸竇，不得不讀老子書，尊其術」。

史記列傳第六十一：『清河王太傅轅固生者，齊人也。以治詩，孝景時為博士。與黃生爭論景帝前。黃生曰「湯武非受命，乃弒也」。轅固生曰「不然，夫桀紂虐亂，天下之心，皆歸湯武，湯武與天下之心而誅桀紂，桀紂之民亦不為之使而歸湯武，湯武不得已而立，非受命為何」？黃生曰「冠雖敝，必加於首；履雖新，必關於足。何者？上下之分也。今桀紂雖失道，然君上也；湯武雖聖，臣下也。夫主有失行，臣下不能正言匡過以尊天子，反因過而誅之，代立踐南面，非弒而何也」？轅固生曰「必若所云，是高帝代秦卽天子之位，非耶」！於是景帝曰「食肉不食馬肝，不為不知味；言學者無言湯武受命，不為愚」。遂罷』。『竇太后好老子書召轅固生問老子書，固曰「此是家人言耳」。太后怒曰「安得司空城旦書乎」？乃使固入圈刺豕，景帝知太后怒，而固直言無罪，乃假固利兵，下圈刺豕，正中其心，一刺，豕應手而倒。太后默然，無以復罪，罷之』。

當時儒者與黃老學者理論之爭，史書未詳，上述之事，可見一斑，然黃生之言，不足代表道家，老子云「民不畏威，則大威至矣」！以嚴法酷刑，威嚇人民，及人民忍無可忍，起而反抗，衆怒難遏，則大威臨於暴君之頭上矣。故太公佐武王伐紂，道家並不反對湯武革命，黃生在景帝面前強調絕對尊君之論，如無諫君之意，即爲順從俗說。當日武王伐紂，夷齊叩馬而責武王，謂不當以臣伐君，世人盛傳其事，贊美夷齊之忠，然亦未嘗非武王之仁。絕對尊君，乃法家之主張，儒道兩家皆反對之，有人問孟子，湯武以臣弒君可乎？孟子答曰「聞誅一夫紂矣，未聞弒君也」（梁惠王篇）。咸丘蒙問孟子：舜爲天子，其父瞽叟亦北面而朝拜之，誠然乎？孟子曰「此野人之語也」（萬章篇）。景帝爲賢君，既喜黃老，而亦不反對儒家，故當時對此二人之爭論不加是非，只以輕鬆之語以止息之曰：對湯武受命之事不加評議，不爲無學問，不必爭辯矣。　太后則崇黃老，而抑儒家，漢以司空兼理刑徒勞役，城旦爲徒刑之罪名，每日早起服整理城郭環境之勞役，太后怒轅固生評老子書爲家人平常之言，故曰：「汝何處得到司空之刑書，而妄加判斷乎」？據占書云「此日不宜擊豕」，太后乃罰轅固下圈與豕鬥，幸景帝賜之以利刃，故未被豕所傷。

竇太后當日勢力頗大，然黃老至武帝初年，已達於極盛，盛極當衰；武帝好儒術，儒學大臣趙綰王臧等，爲帝所寵信，然太后則不悅儒術，故趙綰請帝毋奏事於太后，太后知之大怒，綰與臧皆下獄死，因綰、臧係丞相竇嬰（太后從兄之子）與太尉田蚡（武帝之舅）所薦，故薦舉人亦遭免職之處分。漢書云：

「申公魯人也。蘭陵王臧既從受詩，已通，事景帝爲太子少傅，免去。武帝初即位，臧乃上書宿衛，累遷，一歲至郎中令。及代趙綰亦嘗受詩申公，爲御史大夫。綰臧請立明堂以朝諸侯，不能就其事，乃言師申公，於是上使使束帛加璧，安車以蒲裹輪，駕駟迎申公，弟子二人乘軺傳從，至，見上，上問治亂之事。申公時已八十餘，老，對曰「爲治者不在多言，顧力行何如耳」

。……太皇竇太后喜老子言，不悅儒術，得綰臧之過，以讓上曰「此欲復爲新垣平也」！上因廢明堂事，下綰臧吏，皆自殺，申公亦病免』（漢書卷八十八申公傳）。

『嬰蚡俱好儒術，推轂趙綰爲御史大夫，王臧爲郎中令，迎魯申公，欲設明堂，令列侯就國，除關，以禮爲服制，以興太平，擧適諸竇宗室無行者，除其屬籍。諸外家爲列侯，列侯多尚公主，皆不欲就國，以故毁日至竇太后。太后好黃老言，而嬰蚡趙綰等，務隆推儒術，貶道家言，是以竇太后滋不悅。二年，御史大夫趙綰請毋奏事東宮，竇太后大怒，曰「此復欲爲新垣平耶」？乃罷逐趙綰王臧，而免丞相嬰、太尉蚡』。（漢書列傳第二十二）。

武帝六年，竇太后卒，帝好儒學，即位之初，即擧賢良文學之士，即深納大儒董仲舒之言。趙綰王臧，得罪太后下獄死，因其二人乃竇嬰田蚡所引進，故連坐免職。太后卒後，武帝復以田蚡爲丞相，令郡國擧孝廉，屢擧文學之士而親策之，於是儒者公孫弘等一時競進。漢書儒林傳云：

『竇太后崩，武安君田蚡爲丞相，黜黃老刑名百家之言，延文學儒者以百數，而公孫弘以治春秋爲丞相封侯，天下學士靡然嚮風矣』

自此儒學興起，黃老之學漸衰，然所謂衰，亦只不若在文景時政治中力量之大而已。丞相田蚡雖排斥黃老，亦不過在朝廷言論方面，未有若以前黃生與轅固之辯論而已，其實黃老之徒，以不爭爲德，志不在乎祿位，故多隱而不顯，然而王生（見張釋之傳），鄧章（鼂錯傳），皆治黃老之言，在武帝時，依然名重公卿間，而黃子爲司馬談之師（史記太史公自序），曹羽及郎中嬰齊皆有道家著述傳世（漢書藝文志）。

當時有楊王孫者，學黃老之術，及病、將終，囑其子裸葬，其友人祁侯勸其勿固執所聞，王孫發長篇之論以明其理，友人服焉（漢書列傳第三十七）。猶如文帝臨崩，遺詔薄葬之義相同，其實黃老未主張裸葬，此乃反對儒家喪禮之繁重，而實踐道家倩儉之德者也。

文景時之黃老大臣，如直不疑、鄭當時等，武帝之世，仍皆在朝。朝廷雖重儒臣，而黃老之徒，志亦不在乎登庸爲政。然此時仍有以黃老爲治者，帝亦未嘗不重視，例如：

汲黯學黃老之言，爲東海太守，治官理民，好清靜，擇丞史任之，責大指而已，不細苛。黯多病，臥閤內不出，歲餘東海大治，稱之，上聞，召爲主爵都尉，列於九卿，治務在無爲而已。引大體，不約文法。武帝方召文學儒者，曰「吾欲如何，如何」！言欲上希堯舜也；黯對曰「陛下內多欲，而外施仁義，何欲效唐虞之治乎」！帝怒變色而罷朝。公卿皆爲黯懼，黯曰「天子置公卿輔弼之臣，寧令從諛承意，陷主於不義乎！且已在其位，縱愛身，奈辱朝廷何」！漢以黃老起家，武帝並不反對黃老，故當時雖怒，而事後對黯，依然禮敬如故，嘗稱汲黯爲社稷之臣。時帝之舅田蚡爲丞相，中二千石拜謁，蚡弗爲禮，黯見蚡未嘗拜揖之。時公孫弘甚受帝寵，黯常面觸弘等，謂其「懷詐飾智，以阿人主取容」。本傳云「黯常毀儒」，即謂其常毀弘等，非謂其毀儒家之道也。——漢書列傳第二十。

當時儒學雖盛，而黃老之學術思想並不受影響，蓋儒道同源，各有其特點，兩家之徒，雖有言論之爭辯，而其道則並行不悖，故其時博學家如司馬遷亦「崇黃老而薄五經」（後漢書班彪傳），此後儒者亦兼習黃老，例如：

疏廣少好學，明春秋，宣帝時爲太子太傅，兄子受爲少傅，叔侄並爲師傅，朝廷以爲榮。在位五年，皇太子十二歲，已通孝經論語。廣引老子語謂受曰「吾聞知足不辱，知止不殆，功遂、身退，天之道也。今任宦至二千石，宦成名立，如此不去，懼有後悔，豈如父子相繼出關，歸老故鄉乎」？受叩頭曰「從大人議」！即日叔侄藉病辭職。帝賜黃金二十斤，公卿大夫設祖道供帳於都門外，送者車數百輛，道路觀者皆曰「賢哉二大夫」！廣歸鄉，日設酒食，宴族人故舊以相娛樂，族人或勸其以餘金爲子孫置產業，廣曰「吾豈老誖不念子孫哉？顧自有舊田廬，令子孫勤力其中，足以供衣食與凡人齊。今復增益之以爲贏餘，但教子孫怠惰耳。賢而多財，則損其志；愚而多財，則益其過。且夫富者衆人之怨也，吾既無以敎子孫，不欲益其過而生怨。又此金者，聖主所以惠養老臣也；故樂與鄉黨宗族人共饗其賜」。族人悅服。此眞深明黃老之道者也——漢書列傳第四十一。

又如杜林（鄴之子）長於文字學，而清靜好古，著名當時（漢書列傳第七十），馬融亦悟老莊之道（後漢書列傳第五十），耿弇之父況與王莽之從弟伋，俱學黃老於安丘先生（後漢書列傳第九），范升於王莽時家居不仕，以易經老子敎授後生。楊厚順帝時，屢徵不就，家居修黃老，敎授門生三千餘人（後漢書列傳第二十六，第二十）。可知直至東漢黃老之學不但未衰，而且傳道受業者愈衆。

總上所述，漢初自高帝至文景，君臣皆崇黃老，黃老在政治中之功業，彪炳一時，及武帝崇儒術，黃老在朝廷之聲勢，似見絀，然從來習黃老者本不及儒生之多，武帝時雖儒臣多，而黃老之臣少，然黃老之學術思想並未衰微。陰陽家爲黃老之別系，自武帝時儒者與陰陽家開始合流，儒與黃老本不相悖，黃老之徒亦習儒學，至東漢學者，多爲儒道兼綜之思想，惟自此黃老之名稱漸爲老莊所代替，繼之而玄學風起，道家在魏晉又放出異彩。

# 第三章　陰陽家之說

凡一種學說，大抵非突然而出，或得自師傳，而加以弘揚；或對原有之說，別有所見，而加以增損，或改變；此人便爲其學說之發明者，或代表人，如老子爲道家之代表，孔子爲儒家之代表，皆如是也。是以漢書藝文志，謂諸子出於王官，皆有所本。蓋吾國開化最早，學術思想淵源甚古，古昔政教合一，學優登仕，從政者，各就其所長而任職，官師不分，官所掌理之事，有其學術，以其學術施政，便爲官；以其學術敎人，便爲師。尚書周官云「學古入官」，古指前人所傳之學術而言，入官者必須學古，學術高深者，大都登庸於朝廷，故王朝之官，卽爲學術之傳授者，是以漢志謂：諸子出於王官。

春秋以前，道術渾一，及至戰國，天下紛亂，諸子爲救世之弊，乃各述其所見，各發其理論，莊子天下篇所謂「天下多得一察焉，以自好」，學者多就心得之一說，察驗研究，自以爲重，於是百家爭鳴，極一時之盛。西漢整理典籍，劉歆尋諸子之源流，漢志述其評陰陽家云「陰陽家者流，蓋出於羲和之官，敬順昊天，歷象日月星辰，敬授民時，此其所長也。及拘者爲之，則牽於禁忌，泥於小數」。陰陽家以鄒衍爲代表，尚書堯典「乃命羲和」，傳「羲氏和氏，掌天地四時之官」。羲和之官，自黃帝時卽有之，其職務爲測驗天象，頒布曆書，亦卽天文學家。漢書郊祀志謂「鄒衍以陰陽主運；顯於諸侯」。孟荀列傳，所述衍之學說爲觀陰陽消息，推測機祥「稱引天地剖判以來，五德轉移，治各有宜」。因此，鄒衍爲陰陽五行學說之代表，簡稱曰陰陽家。——陰陽指天道變化而言，消息指盛衰而言，人稟天地之氣以生，人之稟氣與天地之氣，各有相應，陰陽變化主宰人生，即俗所謂「時運」或「運氣」。五德即五行，五行相生相尅，循環相勝，如水生木，木生火，火生土，土生金，金生水，水又生木，此五行相生之序也。如木尅土，土尅水，水尅火，火尅金，金尅木，木又尅土，此五行相尅之序也。史稱炎帝以火德王，黃帝以土德王，小昊以金德王，此五行相生之說也。淮南子齊俗訓，高誘注云「鄒子曰：五德之次，從所不勝，故虞土、夏木、殷金、周火」。此五德終始之義也。

陰陽家以陰陽五行推測禨祥，與羲和之天文學不同。然而史記天官書所記觀星象以驗軍事之勝負，望雲氣以定年歲之豐歉；至漢時已將陰陽家之說，列入天文學中，因此，漢志直以陰陽家出於羲和之官。其實就學說之要旨而言，其警世勸善之義，似乎與道家較近。

## 一、鄒衍之學

陰陽家為「齊學」，鄒衍為齊人，太史公將其生平事蹟，附述於孟荀列傳中，甚為簡略。謂衍晚於孟子，齊宣王時，稷下講學之風盛，「鄒衍見重於齊，適梁，梁惠王郊迎，執賓主之禮。適趙，平原君側行襒席。如燕，昭王擁篲先驅，請列弟子之坐而受業，築碣石宮，身親往師之」，鹽鐵論、論儒篇謂「鄒子以儒術干世主，不用，即以變化終始之論，卒以顯名」。漢志所載陰陽家鄒子四十九篇及鄒子終始五十六篇，其書皆已失傳，其學說不可得而詳，只孟荀列傳中述其概要云：

> 騶衍覩有國者益淫侈，不能尚德，若大雅整之於身，施及黎庶矣。乃深觀陰陽消息，而作怪迂之變（辨）—終始、大聖之篇十餘萬言。其語閎大不經；必先驗小物，推而大之，至於無垠。先序今，以上至黃帝，學者所共術，大並世盛衰，因載其禨祥制度；推而遠之，至天地未生，窈

冥不可得而原也。先列中國名山大川通谷禽獸，水土所殖，物類所珍，因而推之及海外，人之所不能睹。稱引天地剖判以來，五德轉移，治各有宜，而符應若茲。以為儒者所謂中國者，於天下乃八十一分居其一分耳。中國名曰赤縣神州，赤縣神州內，自有九州，禹之序九州是也，不得為州數。中國外，如赤縣神州者九，乃所謂九州也。於是有裨海（小海）環之，人民禽獸莫能相通者。如一區者，乃為一州。如此者九，乃有大海環其外，天地之際焉。其術，皆此類也。然要其歸，必止乎仁義、節儉，君臣上下六親之施。始也濫（流行）耳，王公大人初見其術懼然顧化，其後不能行之。

由此可知：鄒衍因見當時國君淫侈不尚德，思有有以糾正之，起初以儒術說世主，不見用，與孟子同樣失敗，於是乃迎合世主功利幻想之心理，以陰陽神異之說，取得時君之信仰。衍乃博學之士，所謂其語閎大不經，即其言玄遠，超出當前尋常之事實，老子云「為之於未有，治之未亂，合抱之木，生於毫末；九層之臺，起於累土；千里之行，始於足下」。「天下萬物生於有，有生於無」。一切事皆由無而有，由小而大，先驗小物，推而大之，至於無垠，即就當前之因，而推及未來之果；就當前之果，而推及以往之因；故推而上之至於黃帝，歷代之盛衰，有史可述，學者所共知；而衍之本意則在論其機祥之因，以演盛衰之果。其理之幽深玄妙，「窈兮冥兮」，可以追至萬化之原，天地未生之時，此乃「惟恍惟惚」，不可得而窮其本原。其論實際事物，則述中國名山大川所有禽獸草木，由人所共睹者，推而至於海外絕域，人所未見之蹟。謂宇宙乃五行合和而成，五行之德，迭相轉變，朝代之更替隨之而各有所應，皆有符瑞朕兆以作徵驗。儒者稱中國九州為天下，不知四海之外尚有大九州，中國不過為一州耳。──其談理由近而遠，由小而大，由有形而無形，逐步進入玄妙，引人入勝，使人信仰，而其目的則在乎以陰陽怪迂之變，五行終始之運，禨祥禍福之論，以警惕國君，使之去淫侈，而歸節儉，故王公大人聽其說悚然心服。固然其深明天文之學，好談氣象之理，是以鄒奭繼其學而著名，人稱之曰「談天衍」，然其談天之主旨，在乎使人效法天道，並非單純之天文學家，故如謂其學說出自羲和之官，不若謂其爲道家之支流。

以上所述鄒衍之學說，太簡略，然其書已佚，清馬國翰搜輯各書中所引衍之遺語，共十一條，編爲一卷，名曰鄒子，其語亦不外孟荀列傳及封禪書集解所引，例如：

封禪書「鄒子之徒，論著終始五德之運」。注「如淳曰：今其書有五德終始，五德各以所勝爲行，秦謂周爲火德，滅火者水，故自謂之水德」。又、如淳曰「今其書有主運，五行相次轉用事，隨方面爲服」。——按史記、始皇本紀云「始皇推終始五德之傳，以爲周得火德，秦代周德，從所不勝，方今水德之始」。索隱「秦以周爲火德，能滅火者水也，故稱從其所不勝於秦。」漢書郊祀志曰「齊人鄒子之徒，論著終始五德之運，始皇采用」。

今所存鄒衍學說最早之資料，略如上述。其全書十餘萬言，漢時猶存，三國時注漢書之如淳，猶及見之。因知兩漢陰陽災異之說，即鄒子之學說。總之其學說推論至黃帝，講天道玄遠之理，有道家之義，至秦時演出神仙之說，至東漢遂即託於道家而成立道教，「然要其歸，必止乎仁義、節儉，君臣上下六親之施」，則又可助儒家之政教，是以兩漢儒學與陰陽家融爲一體。

## 二、陰陽五行學說之起源

古之學說，多憑口傳，至周時著書之風始盛，故先秦典籍，大都爲周朝之著述。因此，疑古派對周朝以前之歷史，皆予以抹煞，不但黃帝時所傳之學說不足信，甚至以黃帝並無其人。似乎先秦之學術思想完全自周朝突然而出，對於周人所追述黃帝時之文獻，概以爲僞造。夫語文本各獨立，古人之學術，口語相傳，及周時著之於書，便謂爲僞造，不相信著書人薪傳之依據，似乎疑古者本身之閱歷，更早於著書人，確知黃帝本無其人，更何有某種學說？

蓋周人去古爲近，其稱引黃帝堯舜之言，皆爲古之傳述，後人何可妄斷其爲僞—史記曆書謂「黃帝考定星曆，建立五行」。史公之言，乃傳自古史，並非杜撰。泥於考據者，以某一事物之名詞，首見於某時之書，便謂其起於某時，以前並無其事物；學說名詞首見於某時之書，便謂其起於某時，以前並無其學說；此不可固執以爲定義也。夫先秦之書，無茶字，無棉字，能曰爾時無茶無棉乎。陰陽家之名稱出於戰國，而陰陽五行之說，必非發端於戰國，蓋自遠古即有其說，如淮南子氾論訓所述「昔者萇弘周室之執數者也，天地之氣，日月之行，風雨之變，律曆之數，無所不通」。此可謂鄒衍以前之陰陽家。惟遠古之記載缺乏，其學說必無後來之繁雜，此徧覽典籍，可以推論者也。

陰陽二字，本爲解釋事物之代名詞，如男爲陽，女爲陰、日爲陽，月爲陰，晝爲陽、夜爲陰，前爲陽，後爲陰，煖爲陽，冷爲陰，剛爲陽，柔爲陰，整箇宇宙，可以陰陽二字括之。陰陽本爲事物相對之名詞，高下、顯隱、強弱、有無，事物相對，在草昧時期，人類即有此感覺，由感覺而生理想，月落日出，晝往夜來，爲陰陽循環；炎夏烈暑，爲陽盛陰衰；隆冬祁寒，乃陰盛陽衰；暴熱則思納涼，酷冷則思取煖，因知陰陽必須調和；陽光杲杲，忽然傾盆大雨，陰雲沉沉，而竟豁爾放晴，因知陰陽變化莫測，非人力所能如何。此自原始人類，即有此感覺，有此理想，由簡單之觀感而進入複雜之觀感，由淺近之理想而進入幽深之理想。及至黃帝時，陰陽已成爲說理之名詞。

五行與陰陽，兩說之起因相似，惟五行不若陰陽之顯明，且較陰陽為複雜。以直覺作用認識事物，進而探求其理，此乃自然之法則。蓋宇宙之實體為五行之和合，此人所共見者也；人生日用，不離乎五行，此人所共知者也；由五行相生相尅淺顯之見解，進而推理立論，至黃帝時，五行與陰陽，同為說理之名詞，凡天文、曆法、醫學、音樂等等，皆用陰陽五行，生尅變化之名詞以說理，此純屬於學術義理者也。

太古之民，將天地萬物歸之於神權，雖然人智日開，神權思想，漸趨淡薄，但宇宙萬有之理，永不能盡知，其不可知之奧妙，每用神秘思想以解釋之，如一年四季之運行變化，不知其力量由何而出，只得歸之於神；春神為青帝，居東方；夏神為赤帝，居南方；中央之神為黃帝，行於四時；秋神為白帝，居西方；冬神為黑帝，居北方（周禮天官、大宰、祀五帝注）。五帝各行其命令，使萬物隨時生成，故稱歲時日時令。

天子奉天承運，以治萬民，當法天道，天道為陰陽五行變化之理，天子一切行事，皆須依其理則，禮記月令，於一年每月之中，按天時景象，對於應舉行之政令，應禁止之事端，乃至天子居舍之方向，衣飾之顏色，皆有規定。若政令失度，感召咎戾，天必降災，此可謂古昔之宗教思想。司馬談論六家要旨云「夫陰陽、四時、八位（八卦方位）、十二度（歲星周天十二次，即十二月）、二十四節（即農曆立春、冬至等二十四節），各有教令，順之者昌，逆之者不死則亡，未必然也，故曰使人拘而多畏」（史記、太史公自序）。漢志云「及拘者為之，則牽於禁忌，泥於小數，舍人事而任鬼神」。是故占候、祈禳、星命、相人等說，皆由陰陽學說演出。只就占卜一術而言，至漢時，有五行家，堪輿家、建除家、叢辰家、曆家、天文家、太乙家，七派之多（史記一百二十七、日者傳）。其取信仰者，術數靈驗之力量少，而以神道勸善懲惡之力量大，此屬於宗教思想者，即道教之前身。

總上所述，由觀察宇宙自然現象，而生出陰陽之說，由著明之實徵，如陰陽變化、五行生剋之義，應用而爲學術談理之資；由探虛索隱，如禨祥之預測，未來之休咎，演而爲方外神異之說，此即陰陽家之特點，而在諸子中獨成一家之言。

## 三、古書中之陰陽五行

先秦之典籍，既多散佚，其殘缺不全者，經漢儒之整理，不免有補苴竄入之文。只按文字考證，遂分古書有眞僞之別；若按義理思想，古之學說，後人著之於書，不可視之爲僞；就大義言之，先秦典籍皆爲正史。前已說明，宇宙現象、陰陽五行變化之徵，人所共見，爲普通之觀念，其在學術中，爲說理之名詞，此一義也。由普通觀念而生出特殊感想，以陰陽五行解釋宇宙之神秘，此又一義也。古書中陰陽五行之語，於上述兩義，兼有之，略述如下：

易經—陰陽爲事理相對之代名詞，事物變化無常，猶如陰陽之變化無窮。易爲古卜筮之書，卜筮所以推斷事物之變化，陰陽爲說理之名詞，莊子天下篇云「易以道陰陽」。易之經文，雖無「陰陽」一詞，却談陰陽之理，乾坤二卦代表陰陽之義。傳文（十翼）無論爲孔子所作，或非孔子作，必爲精於易理者所譔，其說必有來歷。乾坤兩卦之象傳，否泰兩卦之彖傳，皆講陰陽，以及繫辭「一陰一陽之謂道」，「陰陽不測之謂神」，皆爲顯明說理之義。繫辭中講陰陽隱奧之義，亦頗多，如「易與天地準，故能彌綸天地之道，仰以觀於天文，俯以察於地理，是故知幽明之故，原始反終，故知死生之說，精氣爲物，游魂爲變，是故知鬼神之情狀」。「易有太極，是生兩儀，兩儀生四象，四象生八卦，八卦定吉凶，吉凶生大業」。易以道陰陽，由陰陽之理，可以知幽明，知生死，知鬼神，可以知吉凶而成大業，此卽陰陽家之所宗。——易經爲儒道兩家之要典，孔子雖云「未知生，焉知死」？雖不語「怪力亂神」，然並非孔子時無其說，有其說，儒書中亦不妨記之。

尙書——天地萬物爲五行所構成，故人之生活不能離却五行，大禹謨「政在養民，水火金木土穀惟修」。左傳文公七年，亦引此語。襄公二十七年「天生五材，民並用之」。昭公十一年「且譬之如天，其材有五」。五材卽五行，重視五行，爲顯明之事，爲普通之觀念。五行爲天地之實體，故能配合一切，如五方、五音、五色、五味等等，皆可以五行配之（見月令），東方屬木，爲春，其色靑；南方屬火，爲夏，其色赤；西方屬金，爲秋，其色白；北方屬水，爲冬，其色黑；中央屬土，其色黃。舜典載：帝於仲春東巡守，仲夏南巡守，仲秋西巡守，仲冬北巡守；與月令所述：孟春、迎春於東郊；孟夏、迎夏於南郊；孟秋、迎秋於西郊；孟冬、迎冬於北郊；同爲以五行配時空，而作此規定。甘誓「有扈氏、威侮五行」。晚近考據家堅持古無五行之說，謂此五行，非陰陽家所說之五行；如爲陰陽家所說之五行，則甘誓之作、必在鄒衍以後。然洪範之「五行」「庶徵」，確爲陰陽五行之說，且明言此篇爲箕子所講，而洪範之說，乃傳自夏禹；考據家必以五行爲戰國時之說，因而謂洪範亦戰國時之作品。

三禮——儀禮、覲禮云「諸侯覲於天子，爲宮方三百步，四門。壇有十二尋，深四尺，加方明於其上。方明者、木也；方四尺，設六色；東方靑，南方赤，西方白，北方黑，上玄、下黃。設六玉：上圭、下璧、南方璋、西方琥、北方璜、東方圭。……天子乘龍，載大旆，象日月升龍降龍，出拜日於東門之外，反祀方明，禮日於南門外；禮月於與四瀆於北門外；禮山川丘陵於西門外。周禮、春官、大師掌六律六同，以合陰陽之聲」。六律爲陽，六呂爲陰。考工記、畫繢、亦以五行配五采、配四時與四方。禮記曲禮、謂行軍之旗章，「前朱鳥而後玄武，左青龍而右白虎」。禮運篇云「故人者、其天地之德，陰陽之交，鬼神之會，五行之秀氣也」。故一切事，皆必循陰陽五行之理。

論語—陽貨篇「鑽燧改火」，古時鑽木取火，燧爲取火之木，一年四季，所用之木不同，周而復始，故云改火。集解引馬融說云「周書月令有更火之文，春取榆柳之火，夏取棗杏之火，季夏取桑柘之火，秋取柞楢之火，冬取槐檀之火，一年之中，鑽火各異木，故曰改火也」。皇疏云「改火之木，遂五行之色而變也。榆柳色青，春是木，木色靑，故春用榆柳也。棗杏色赤，夏是火，火色赤，故夏用棗杏也。桑柘色黃，季夏是土，土色黃，故季夏用桑柘也。柞楢色白，秋是金，金色白，故秋用柞楢。槐檀色黑，冬是水，水色黑，故冬用槐檀也。

古書大抵皆有陰陽五行之語，如爾雅之釋天，逸周書之小開武解、時訓、左傳、國語中所言尤多。其說由遠古人類對宇宙之自然觀感，及神權思想而來，其對事物分陰陽，以五行配四時、配四方，乃至用於醫學配五臟，用作其他代名詞以說理，此無所不可者也。既有神權觀念，而祭天地、祭四時，祭法當有規定，則迎春於東郊，迎夏於南郊，「祭日於東，祭月於西」（禮記、祭儀），亦無所不可。天子君臨天下，一切須有儀則，服裝顏色春青、夏朱、秋白、冬黑，亦無所不可。此所以儒書中亦有陰陽五行之語，決非自鄒衍出，始將陰陽五行散播於儒書之中。

陰陽家之所以獨成一家，則在其災異之說，災指水旱風火等災而言，異者反常也，如史記秦孝公二十一年，有馬生人；魏襄王十三年，魏有女子化爲丈夫（漢書廿七之上、五行志）。自古天災非人力所可如何，商湯桑林禱雨，爲無可如何之辦法，不可誣爲迷信。雖然天道難知，但總有人精思設想，作預測之言；雖無可如何，亦總有人作祈禱之術，以慰人心；此陰陽家所研討者，此卽漢時所謂災異禨祥之說，此種思想，古書亦有記載，略述如下：

易經——繫辭云「聖人設卦觀象，繫辭焉而明吉凶，剛柔相推而生變化」，「知變化之道者，其知神之所爲乎」。易本爲卜筮之書，其辭由天道而人事，恍惚其語，隱含奧義，如乾卦「龍戰于野，其血玄黃」。睽卦「見豕負塗，載鬼一車」，每用象徵之語，使人尋味其意而測吉凶。一切事皆可占卜，災異尤爲必占之事，故西漢孟喜，京房，專以易理談災異，兩家之學，盛行一時。

尚書—洪範篇謂：人君有美行，則天應之以休徵，風調雨順；若有惡行，則天應之以咎徵，旱乾水溢。金縢篇述周公遭讒，成王未悟，故有大雷暴風之現示，及成王閱金縢之書，知周公之忠，出郊禮迎周公、天災乃息，歲仍大熟。

周禮—春官：大祝、小祝、掌福祥，順豐年，逆時雨，寧風旱，彌兵災等事。司巫掌禳災祛旱各種祭舞。禮記月令，每月皆有禁忌之事，例如仲春之月，宣禁令曰「雷將發聲，有不戒其容止者，生子不備，必有凶災」。禮器云「饗帝於郊，而風雨節，寒暑時」。——祈福禳災之術，後來合併於陰陽家，習其術者爲方士。

中庸——中庸第二十四章有云「國家將興，必有禎祥；國家將亡，必有妖孽；見乎蓍龜，動乎四體，禍福將至，善，必先知之；不善，必先知之」。此卽祥瑞災異之說，善事有吉兆，與人以鼓勵；惡事有凶兆，與人以戒愼；此種心理，自古有之。卜以決疑，蓍龜所示吉凶之象，使人作可行則行，可止則止之決斷。四體動作，當有規律，行爲不愼，動輒得咎；國家興亡，人事禍福，皆有其前因後果之關係，故陰陽家用禨祥災異之說，使人禁忌邪念，而勵善行。

論語——易繫辭上「河出圖，洛出書，聖人則之」，漢書五行志謂：伏羲受河圖畫八卦，大禹受洛書，陳洪範；尚書益稷篇謂：帝舜時「簫韶九成，鳳凰來儀」，帝王世紀曰「國安，其主好文，則鳳凰翔」，故相傳文王時，鳳鳴岐山。自古傳說：聖君御世，必有瑞應，庸君亂世，必有災異；瑞應即禎祥，災異即妖孽，陰陽家每用此言以警王侯。孔子嘆生不逢時，曰「鳳鳥不至，河不出圖，吾已矣夫」！（論語子罕篇）；不作憤世之言，而引古語輕鬆之意味以抒懷。——陰陽家之說，非自戰國時創始也。

總之陰陽家之言，由遠古人生之自然觀感，及神權思想而來，故「牽於禁忌，舍人事而任鬼神」。其思想在古昔甚爲普遍，其言論在學術未分派系之前，亦無人非議，因其總於世道人心有裨益也。禮記郊特牲云「萬物本乎天，人本乎祖」。論語爲政篇云「非其鬼而祭之，諂也」。儒家欲使人將祈禱鬼神之信念，變而爲祭祖奉先之孝道，神權思想雖益趨淡薄，而在普通人之心理中，仍有相當之信仰。而且知識分子對陰陽學說，亦有精心研究，成爲專家以顯名者、左傳所記此類事甚多，如昭公八年，晉國有石能作人言，師曠能解其理。昭公二十五年，魯大夫師己述「鸜鵒之謠」，知昭公將來出亡，死於乾侯。昭公十年，鄭裨竈，觀天星，知平公將死於七月戊子，果驗。昭公九年，四月陳災（火災），裨竈知五十二年後，楚滅陳，果驗。昭公十七年，魯大夫申須，觀彗星，知諸侯將有火災。次年五月壬午，大風，魯大夫梓愼，謂火災將作；裨竈謂：宋衛陳鄭、將同日火，果驗。觀天象，以陰陽五行之說，推測世事，如此其驗，此眞渺茫不可思議者也。是以雖有驗，亦有人絕不相信。裨竈謂子產曰「宋衞陳鄭，將同日火，若我用瓘、斝、玉瓚，（以禳火災），鄭必不火。子產弗予，鄭果火。昭公十八年，裨竈又謂子產曰「不用吾言，鄭又將火」！鄭人請聽竈之言，正卿子太叔，亦勸子產採納，子產曰「天道遠，人道邇，非所及也，何以知之？竈焉知天道」！竟不與，亦不復火。莊公三十二年，有神降于莘，虢公使祝應、史嚚、享神請命。史嚚曰「虢其亡乎！吾聞之，國將興，聽於民；將亡，聽於神」。後七年，虢被晉滅。子產史嚚，不信神異之說，其言論屬於儒家思想。如梓愼之預言災祲，裨竈之禳除災患，其方術或偶遇應驗，雖不應驗，亦總有人相信，故其學說永有傳習之人，至鄒衍始發揚其學說而成一家之言。

## 四、陰陽家與兩漢政治

### (一)五行終始與改制

陰陽家之學說，經後學之發揚，至漢而大備，以朝代更替，必應五行終始之運，五行生尅相演，爲朝代更替之律。創立新朝代之帝王，皆受命自天，故稱曰「天子」，其受命必有德象符瑞，「協成五命，申以福應」（漢書王莽傳中），「凡帝王之將興也，天必先現祥于下民」，故黃帝時，天先現大螾大螻，螾螻爲土中物，此代表土氣勝，故以土德王，色尙黃。夏禹之時，天先現草木秋冬不枯，此代表木氣勝，故以木德王，色尙青。商湯之時，天先現金刄生於水，此代表金氣勝，故以金德王，色尙白。周文王時，天先現火，赤烏銜丹書，集于周社，此代表火氣勝，故以火德王，色尙赤（呂氏春秋應同篇）。秦始皇併天下，天未現符瑞，而始皇亦采鄒衍之說，推五德之傳，以爲周以火德王，水尅火，秦當以水德王，故衣服旄旌、節旗，皆尚黑（史記、始皇紀）。

漢高帝為亭長時，夜行澤中，有大蛇當道，拔劍斬之，後有白帝子被赤帝子所斬之謠，以為此乃符瑞。及為沛公，旗幟皆尚赤，是以火自居也。依五行生尅之義而言，則水既尅火，又不能生火，而高帝竟以火德自居，蓋卽附和斬白帝子之民謠而已。其後『東擊項羽而還，入關，問故秦時上帝祠，「何帝也」？對曰「四帝：有白、青、黃、赤之祠」。高祖曰「吾聞天有五帝，而有四何也」？莫知其說。於是高祖曰「吾知之矣，乃待我而具五也」。乃立黑帝祠，命曰北時』。（封禪書）。黑為水色，屬北方，隱含以水德自居之意。因而高帝六年北平侯張蒼「推五德之運，以為漢當水德之時，尚黑如故」（史記卷九十六）。蓋一則可符高帝立黑帝祠之意，一則暴秦得天下，只十四年而亡，為時甚短，可以不承認其帝位，故以漢仍上承周朝而以水德王。

秦滅六國，統一天下之後，雖十四年而亡，若自莊襄王滅二周，至孺子嬰降漢之年算起，則秦朝已有四十三年，此一朝代，終不能抹煞，故文帝時，賈誼以為「漢興至孝文帝二十餘年，天下和洽，而固當改正朔，易服色，法制度，定官名，興禮樂，乃悉草具其事儀法；色尚黃，數用五，為官名，悉更秦法」（史記卷八十四）。此乃主張漢滅秦，當以土德王。文帝十四年，魯人公孫臣上書言「秦得水德，今漢受之，推終始傳，則漢當土德。土德之應，黃龍見。宜改正朔，易服色，色尚黃」。下其事與丞相議。丞相張蒼，本來主張漢乃水德，謂「河決金堤，是其符也」。公孫之言，當時未被採納。次年黃龍見於成紀，帝乃召公孫臣為博士，申明土德事（史紀文帝紀、封禪書），然未決定。繼之兒寬、司馬遷等，皆以賈誼之言為是，至武帝太初、始正式改制，用夏曆、色尚黃，謂「秦在水德，故漢據土而克之」（漢書郊祀志贊）。

昭帝元鳳三年正月，泰山有大石，自起立；上林有大柳樹枯僵，自起生，有蟲食樹葉成文字曰「公孫病己立」。符節令眭孟推春秋之意，謂：此乃有匹夫當爲天子者之符瑞，乃上書謂：漢家乃帝堯之後，有傳國之運，帝當求賢讓位，時大將軍霍光秉政，下其書廷尉，以妖言惑衆伏誅。後五年，宣帝（名病已）興於民間，卽位，徵孟子爲郎，以孟當日推斷之言已驗也。

自昭帝而後，卽流行漢德將衰，當再受命之說。成帝時，谷永上書謂「時世有中季，天道有盛衰，陛下承八世之功業，當陽數之標季」，亦言漢德將衰（漢書谷永傳）。元帝初元四年，皇后王政君（莽之姑母）曾祖之墓門梓柱卒生枝葉，上出屋，劉向以爲此王氏貴盛，將代漢家之象也（漢書五行志中之下）。劉向乃漢之宗室，亦言漢德將衰。

眭孟謂漢乃帝堯之後，則隱含漢當以火德王之意。又謂昭帝當讓位，則已說明漢德將衰之意，孟因此得罪而被誅，及成帝時，齊人甘忠可詐造天官曆包元太平經十二卷，亦言「漢家逢天地之大終，當更受命於天；天帝使眞人赤精子敎我此道」。忠可以敎夏賀良、丁廣等，中壘校尉劉向奏忠可假鬼神，罔上惑衆，下獄病死，賀良等坐挾忠可書，亦以不敬論。　哀帝時李尋以善言洪範災異，爲黃門侍郎，復引進夏賀良等，取得哀帝之信任，賀良等仍持甘忠可赤精子之讖，謂漢家曆運中衰，當再受命，宜改元易號，乃下令以建平二年爲太初元將元年，號曰「陳聖劉太平皇帝」。劉姓爲堯裔，韋昭云：陳聖者「言敷陳聖劉之德也」，劉既爲帝堯之後，又有赤精子之讖，則漢當以火德王，然而未宣布。旋以賀良等欲妄變政事，又以李尋所言災異皆無驗，乃蠲除前令，賀良等伏誅，李尋減死，徙敦煌（漢書李尋傳）。

漢書郊祀志贊謂劉向父子以爲「帝出于震」（易、兌卦），故「包羲氏始受木德，其後以母傳子，終而復始，自神農、黃帝，下歷唐虞三代，而漢得火德焉。故高帝始起，神母夜號，著赤帝之符，旗章遂赤，自得天統矣。鄒衍五德終始之說，採五行相尅之理，木尅土、火尅金，故虞土、夏木；劉向父子則採五行相生之理，火生土，土生木，故唐火虞土，推而至漢，以火德王。

自昭帝時，即醞釀漢爲火德，及漢德將衰之說，劉向已預言王氏將代漢家，並確定漢以火德王。於是王莽篡漢即順此說而來，並自言其爲虞舜之後，虞爲土德，火生土，漢爲堯裔，以火德王，故堯傳位於舜，今漢當傳位於莽；於是莽遂以土德自居（漢書王莽傳）。

王莽之末，漢家當再受命之說又起，汝南郅惲，明天文曆數，當時觀察星象謂漢必再受命，如有順天發策者，必成大功，乃上書王莽，謂「神器有命，不可虛獲，上天垂戒，欲悟陛下，命就臣位，轉禍爲福，劉氏享天永命，陛下順節盛衰，取之於天，還之於天，可謂知命矣」。莽大怒，以其據經讖，難即害之，使黃門近臣脅惲，令自告狂病，恍惚不知所云，惲瞋目詈曰「所陳皆天文聖意，非狂人所造」，竟繫獄，後會赦得出（後漢書郅惲傳）。繼之有卜者王況謂魏成尹李焉曰「漢家當復興，君當爲漢輔」。莽知之，遂捕殺焉（王莽傳下）。哀帝時夏賀良謂漢有再受命之符，時光武在長安，同舍生彊華，自關中奉赤伏符曰「劉秀發兵捕不道，四夷雲集龍鬥野，四七之際火爲主」。劉歆因改名秀，以冀應符命。及王莽之末，衞將軍王涉，大司馬董忠勸劉歆舉事，謀洩，忠被誅，涉歆皆自殺。

宛人李通等以圖讖說光武起事云「劉氏復興，李氏爲輔」（果然劉玄起兵討莽，爲更始皇帝，以李松爲相，及光武即位，以李通爲相），光武初不敢當，及爲劉玄大司馬，更始三年，諸將復提起「劉秀發兵捕不道」之讖語，再三勸光武即帝位，次年乃起高廟，建社稷於洛陽，立郊兆於城南，始正火德，色尙赤（以上見王莽傳與光武紀）。當時扶風公孫述亦引讖記謂漢十二代曆數盡，又引括地象曰「帝軒轅受命公孫氏握」，乃於建武元年稱帝於蜀中，十二年被光武所滅。西漢以火德王，光武再受命，當然亦以火德王，故至今對漢有炎漢炎劉之稱。

獻帝時，漢運將終，袁術以「少見讖書言代漢者當塗高」，自以爲術塗相應，又以「袁氏出陳，爲舜後，以黃代赤，德運之次」，遂自稱帝，旋失敗。獻帝初，袁紹定幽州，心益驕，主簿耿包密說紹曰「赤德衰盡，袁爲黃胤，宜順天意」。紹欲試探衆意，乃以包所白之事示僚屬，議者皆以包妖妄宜誅，紹知衆情未同，不得已，只得殺包（後漢書袁術傳、袁紹傳）。

曹操譙國人，桓帝建和元年，靈帝熹平五年，皆有黃龍見譙之記載，大史令單颺以爲其國當有王者興，爾時操年方二十餘，官居微職。及後獨攬大權，遷獻帝於許昌，自封爲魏王，子丕嗣之，早懷篡漢之志，部屬多慫恿之，太史丞許芝條陳魏代漢見於讖律，謂黃龍見，乃帝王受命之符瑞，又舉春秋玉版讖曰「代赤者魏公子」，又舉春秋佐助期曰「漢以許昌失天下」。故白馬令李雲上書曰「許昌氣見於當塗高。當塗高者，當昌於許，當塗高者魏也」。於是丕乃即帝位，炎漢火德至此結束，此後帝王建立朝代亦不於五行中選自居之德位矣。

結論—五德終始之說，依五行生尅之義以立說，理由淺顯，俗人易曉。而其用意：一面在警惕帝王不可以帝位爲子孫萬世之業，五德運行，運終則退；一面警告野心政權之人，帝位乃神器，德運未至，不可妄生非分之想，此可借伊尹之言以釋之「嗚呼！天難諶，命靡常，常厥德，保厥位，厥德匪常，九有以亡」（尙書咸有一德）。天子受天命而長萬民，然天命並無固定，天命並不可恃，能常守君德，始能保其帝位，反之則君德不常，天命不常，而九州之人心失，天命去矣！此五德終始之主旨也。

朝代之交替，如按五行相尅之義，所謂「從所不勝」，如金不能勝火，火尅金，若金德當位，其德已衰，便有盛德之人起而代之，則代之者便爲火德。如按五行相生之義，所謂「以母傳子」，如水生木，木吸水分，蓬勃而起，若水德既衰，子當繼之，則繼之者便爲木德。而總之無論相生相尅，必須後者之德勝於前者，方能繼承，方能當位，此五行相勝之本意也。此古語之流傳，「學者所共述」，而經「談天衍」、「雕龍奭」之宏揚，使當時之王公大人聞其說者「懼然顧化」。「及秦帝，而齊人奏之，故始皇採用之」（封禪書）。其實以始皇之暴虐，豈肯信任此說，其採用之者，蓋以自古此說流行，既謂周爲火德，則秦滅周，自然當居爲水德，以應五行之運，使世人信其爲天命所歸。不但始皇不信此說，其實漢朝之君又何曾相信！秦既以水德王，漢得秦之天下，無論就五行相尅或相生之義，皆不當以火德王。而高帝應和民謠，以赤帝子自居，赤爲火象；繼之又立黑帝祠，以應水德；而張蒼推五行終始，亦言漢爲水德。繼而賈誼公孫臣，又主張漢爲土德，繼之哀帝又從夏賀良之說，以漢爲火德。王莽篡漢以水德自居，光武滅莽，仍復火德。可知五行主運之說，本無定律，蓋某一朝代之旗章服色，不能不加以規定，其色不離五行之色，其色即象徵五行之德，帝王就某種原因而以某德自居，自由選擇，然必造出一種說辭，以應世人之心理。鄒衍所主五德運行之本意，於帝王實際之德，無大影響也。

改制—依五行終始說，朝代更易，德運既變，故新朝便須改制。呂氏春秋應同篇所述：黃帝「其色尙黃，其事則土」，文王「其色尙赤，其事則火」，即爲改制之表示，何以必須改制？董仲舒云：

> 今所謂新王必改制者，非改其道，非變其理。受命於天，易姓更王，非繼前王而王也。若一因前制，修故業，而無所改，是與前王而王者無以別。受命之君，天之所大顯也。……今天大顯己，物襲所代，而率與同，則不顯不明，非天志；故必移居處，更稱號，改正朔，易服色，無他

焉，不敢不順天志而明自顯也。若夫大綱：人倫道理，政治敎化，習俗文義，盡如故，亦何改哉？故王者有改制之名，無改制之實（春秋繁露楚莊王第一）。——白虎通卷上、號，及卷下三正、所言改制，亦同此義。

由此可知改制之意，在表示新朝代開運，與民更始，要表現新氣象，帝位卽係由禪讓而得，亦當有「其命維新」之顯示；如由革命而來，更當有除舊更新之昭示：然所改者亦只朝代之稱號，旌旗服色而已。若夫「人倫道理、政治敎化、習俗文義」，此乃天經地義萬古不易之道，豈能改哉！若法積久而生弊，政因時以制宜，又豈必俟朝代更易而始改變哉！

「五帝殊時不相沿樂；三王異世，不相襲禮」（樂記），此乃指禮之儀式而言，非指禮之本質（理）而言，禮之儀式可以改革，但必須合理；樂亦可以改革，堯之樂曰大章，舜之樂曰簫韶，禹之樂曰大夏，湯之樂曰護，周之樂曰大武，曲度不同，音調各殊，然淑人情，和心志，移風易俗，樂之本義不能變也。官職名稱可改，職務可變，然總之各司其事，無曠庶官，勵精圖治之旨，不能違也。

秦始皇滅周，採五德之說而改制，然所改者：正朔、服色、徽幟、度數（以六爲度、如法冠六寸，車六尺等）而外，如「政術：剛毅厲深，皆決於法」（史記、始皇本紀），法爲自古所重，寬嚴因時而定，秦自孝公卽重嚴法，始皇仍循其祖法，雖云改，而等於未改，至於社會倫理，彼未能改也，此卽董子所謂「改名而不改實也」。

秦之廢封建，置郡縣，漢之除秦苛政，約法三章，是眞改制也，然其用意，非由新王必改制之說而來。治國安民之實際法度，有天然之原理，豈可因前朝不能實行，或以新朝既興，不得不變換花樣，而必有所改變乎？五行終始改制之說，其用意卽在新朝代既主新德運，則當改變前朝之衰德，而有百廢俱興之新作風，方能振起新朝代之命運。所能指出之改制，亦只是易服色，變徽號，如土德尚黃、火德尚赤而已，豈能依土德而造出合于土德性質之制度，依火德而造出合于火德性質之制度乎？又豈謂舜爲土德，當恢復黃帝時之土德制度；漢爲火德，當恢復帝堯時之火德政治乎？王莽對五行最有興趣，其篡漢改制，亦不過改正朔，易服色等事耳。至其所立之官名如東嶽太師，南嶽太傅，月刑元股左司馬、日德元肱右司徒，等名稱，亦只配合陰陽五行之名詞而已，於政治之實際無關也。是以改制內涵之意，不被重視，所顯示者，只如白虎通三正篇所云「改正朔、易服色、殊徽號、異器械，別衣服」而已。

## (二)讖緯

讖與緯同爲陰陽家之產物，讖者驗也，張衡云「立言於前，有徵於後，謂之讖」（後漢書張衡傳）。亦即在事前所推斷未來之結果，而能實現應驗者也。即宗教家所謂豫言，先知者也。照自然現象而言「烈風報歉歲，瑞雪兆豐年」，照人事感應而言「正思好友良朋至，早有戒心惡夢來」。對事之預知，有可以自然之理推斷者，亦有靈感偶應，不可思議者；此遠古之民即有之心理。對事若能豫知，善莫大焉，然世事多不能豫知，且有絕不能豫知者。不能豫知，而不妨設想一法，以作猜斷。如其有驗，則此法不全屬虛妄；如其無驗，則其事本不能豫知，又何妨依此法而作豫測哉？事之吉凶，何去何從？疑而不決，只可依此法以決之，如抽籤焉，如拈鬮焉，既以此爲決定，則無論吉凶禍福，不必悔恨，曰此有定數而已，此亦遠古之民即有之術也，此即所謂占卜；陰陽家善治此術，成爲專門學問，名曰術數之學，讖緯者，按陰陽五行生尅制化之理，以推斷人事之禍福，即術數之學也。

說文云「讖、驗也，有徵驗之書。河洛所出書曰讖」。易繫辭云「天垂象，見吉凶，聖人象之；

河出圖，洛出書，聖人則之」。河圖洛書。爲讖之所本，故稱爲圖讖。尙書顧命篇「天球河圖」，疏云「伏羲王天下，龍馬出河，遂則其文，以畫八卦，謂之河圖」。易緯是類謀云「河龍圖，洛龜書，聖人受道眞圖者也」。洪範云「天乃錫禹洪範九疇」。漢書五行志，以爲九疇卽洛書，故謂「河圖洛書，相爲經緯；八卦九章，相爲表裏」。八卦以陰陽變化定吉凶，九疇以天人感應驗休咎，占驗推算之術，陰陽災異之說，皆以此爲濫觴。

圖讖又稱爲圖籙，圖籙猶圖書也。籙、記錄也；伏羲觀黃河之象，所見之圖，錄而爲文，名曰河圖；大禹觀洛水之象，所見之圖，錄而爲文，名曰洛書；故亦稱圖籙。圖籙亦卽符籙，符、瑞應也，信物也。言祥瑞感應，能符合人事，信而有徵也。信而有徵，卽爲讖。

自古傳說：帝王受天命，爲天子，故天降瑞應，爲人君受命之符，伏羲有龍馬負圖之瑞；黃帝有魚汎白圖之瑞（河圖挺佐輔）。帝堯時，天降甘露，地生朱草（帝王世紀），帝舜時，鳳凰來儀，王母獻環（尙書益稷、世本），夏之興也，夜融降于崇山；商之興也，檮杌次于丕山；周之興也，鸑鷟鳴于岐山（周語上十二），此皆受命之符瑞也。然而符瑞亦不一。如呂氏春秋應同篇所載：黃帝見大螾，禹時草木不枯，商湯見金刄於水，周文王見赤烏銜丹書，亦皆爲符瑞。總之藉特殊事物，以爲說辭，大抵皆民間街談巷議，道聽塗說之所造，然其謂天生異物爲符瑞，以作當時帝王受命之徵，亦代表當時人心之傾向也。人心歸服，卽爲天命，如人心不服，亦必無符瑞出現，陰陽家依此而造五德終始之說，謂當德應運之人，始能受命而爲天子，始有符瑞以示天下；民間如未見到符瑞，而帝王自己發現符瑞，亦可宣示民間，以爭取信仰。始皇自以爲應水德而帝，然而未見符瑞，亦只得曰「昔秦文公出獵，獲黑龍，此其水德之瑞」（封禪書）。陳勝在戍卒行伍中起事之前，以丹書曰「陳勝王」，置魚腹中，士卒買魚，烹食、怪之。又令吳廣夜之叢祠中，篝火狐鳴，呼曰「大楚興，陳勝王」，士卒夜驚，旦日相語，皆指目陳勝，謂其已得符瑞也，故彌月之間，聚衆數萬，竟立爲楚王（漢書陳勝傳）。漢高帝起事之前，有斬蛇之符瑞。王莽篡位之前，武功長孟通浚井，得白石，上圓下方，有丹書著石，文曰「安漢公莽爲皇帝」（王莽傳上）。王莽之末，道士西門君惠言：劉秀當爲天子（後漢書竇融傳），光武在長安讀書時，同舍生彊華奉赤符曰「劉秀發兵捕不道」，李通亦以「劉氏復興」之圖讖，說光武，於是乃起兵，終應符讖而爲天子。——總上所述，符瑞圖讖，出現之因，可知矣。

帝王新興，有奇異之事出而爲讖，朝代衰亡，亦有奇異之事出而爲讖，但新興之時，所出之奇異，名曰符瑞；而衰亡之時，所出之奇異，名曰災異。奇異之事物爲瑞爲災，以何爲憑？大螾爲可怕之物，而在黃帝時爲符瑞；黃河清爲可喜之事（易緯云：孔子曰：天降嘉瑞，河水清），而在桓帝時，爲亂之預兆（桓帝延熹九年四月黃河清，此正黨錮之禍開始時）；草木冬日不枯，爲吉象，在大禹時爲符瑞，而漢文帝時，冬日桃李開花，正淮南王謀反之時（文帝六年十月，桃李華，帝之弟淮南王長謀反）；由此觀之，奇異之事，何關人事，世間禍福，皆人自致之，老子云「正復爲奇，善復爲妖」，同樣之事，吉凶無定，善人則逢凶化吉，惡人則遇吉轉凶，此陰陽家有理由解釋者也。

哀帝紀、建平二年，夏賀良等「言赤精子之讖」，王先謙漢書補注引齊召南說「讖字始見於此」。其意蓋謂：哀帝時，讖語始興。其實不然；讖字始見於史記趙世家，謂秦穆公時，已有讖語。賈誼服賦云「發書占之，讖言其度」，可知漢初已有讖書。名詞晚出，而其事則古。蓋宇宙現象影響人心，因物感事，預作推想，睹美好之景象，則以爲吉；見惡劣之景象，則以爲凶；此直覺作用，粗淺之心理，出乎自然者也；故景星卿雲，徵帝舜之明德；山崩洛竭，兆夏祚之將亡。商高宗祭成湯之日，有雉登鼎而呴，高宗懼而修德，故殷道復興（史記殷世家），周武王觀兵於孟津，白魚躍入舟中，以魚乃鱗介之物，此兵象也，預示伐紂之兆（史記周本紀），此皆讖學之根據，而讖學顯明出現，則始於秦，秦穆公疾七日而寤，自稱「帝告我，「晉國將大亂，五世不安，其後將霸」。公孫支書而藏之，秦讖於是出矣」（見史記趙世家，又趙簡子拔邯鄲，亦有預知之讖）。繆公所言爲晉驪姬之亂，及文公稱霸之讖。始皇三十二年盧生奏錄圖書曰「亡秦者胡也」（始皇本紀），始皇乃使蒙恬將軍三十萬，北擊胡，後人謂此乃胡亥亡秦之讖；而當時楚南公亦有三戶亡秦之語，爲後來項羽引兵渡三戶破秦軍之讖。自秦而漢，哀平間讖學大興，遂有讖緯之書產生。

何謂緯？緯者、緯書也，別於經書而言，四庫提要云「讖書詭爲隱語，預決吉凶；緯者經之支流，衍及旁義」。漢儒與陰陽家合流，所謂旁義，即陰陽家之義也。緯書即學者僞託經義，言陰陽五行符命瑞應之書，所謂七經緯（易緯、詩緯、書緯、樂緯、春秋緯、孝經緯）是也。易緯乾鑿度下「聖人題錄興亡」，注云「孔子作讖三十六卷」，其實乃漢人代孔子而作，其書今無可考，可考者在緯書之中其文多隱語難解，略舉如下：

易緯通卦驗云「孔子表洛書，摘亡辟曰：亡秦者胡也」。又「代者赤兌姓，兌姓有金」，注「赤兌者、謂漢高也。」謂代秦者爲赤帝，帝姓劉，故云有金。

春秋玉版讖云「代赤者魏公子」。此爲曹丕代漢之讖。

春秋佐助期曰「漢以許昌失天下」，此曹操遷獻帝於許昌之讖。又云「漢二十四帝，童蒙愚昏，以弱亡」。此獻帝年幼，被曹氏篡奪之讖。

孝經中黃讖云「日載東絕，火光不橫，一聖聰明」。火光炎漢也，「不橫一」者「丕」字也。此遭丕繼漢之讖。

易運期曰「言居東西有午，兩日並光居下，其爲主反爲輔」。此獻帝在許昌，原爲主人，反爲臣輔之讖。又云「鬼在山禾，女運王天下」。古魏字作巍，此魏得天下之讖。——以上所擧，除易緯通卦驗而外，皆見三國志魏文紀，延康元年八月以後注引太史丞許芝勸魏代漢之語中。

隋史經籍志云「孔子旣敍六經，以明天人之道，知後世不能稽同其意，故別立緯及讖，以遺來世」。孔子竟能預知秦繼周，亡秦者胡，漢高滅秦，至十二代曆數盡（後漢書公孫述傳），果有王莽篡位，漢又當再受命，「劉氏復起，李氏爲輔」，果然光武中興，李通爲相；鄭樵目之爲「欺天之學」，不其然乎？故荀爽辨讖篇，已指其僞，荀悅申鑒俗嫌篇，已明言其書起於光武中興之前，爲終張之徒所作（終張疑當作終術，卽助莽造符命之田終術，見漢書翟方進傳及王莽傳中）。張衡云「讖書始出，蓋知之者寡，成哀之後，乃始聞之，殆必虛僞之徒，以要世取資」。當時雖先後有桓譚疾其虛誕，尹敏鄙其浮假，張衡發其僻謬，二荀辨其詭誕，然帝王旣好此說，借以爲助，自然有人造出此說，以迎合帝王之心，哀平時所造之緯書，後之讖學家不妨隨時加以補充，故獻帝時又代孔子造出「定天下者魏公子桓」之讖，加入春秋緯名曰玉版（三國志、文紀、引獻帝傳云：姜合謂玉版孔子所造）。以上所擧許芝所奏緯書之語，分明爲獻帝時所補入者，造讖者意在逢迎曹丕篡漢之志，然而丕好文學，明政治，而不重視陰陽家之說，獻帝凡四次致禪位書於丕，丕故作辭讓，羣臣皆明知其虛僞，故相國華歆，督軍御史中丞司馬懿、尙書陳羣、輔國將軍劉若等百二十人再三上書擧太史許芝所奏之讖緯以勸進，謂「神靈圖籍，仍兼往古；休徵嘉兆，跨越前代」；代替漢家，若不以此爲理由，並無其他理由。而丕之接收漢業，並不在乎讖緯之鼓勵，故下令答曰「虛談謬稱，鄙薄所弗當也」。以讖緯爲虛談，其意卽謂爾等亦不必虛應故事，以爲我與王莽同樣假借讖緯以取帝位，我之辭讓，實乃我衷心之謙德所使然，我若眞欲接收漢業，亦不須符瑞之勸勉，讖緯於人事何關乎！——故獻帝四次致禪位書，丕始表示不得已而接受。威迫獻帝不得不讓位，而又自欺欺人，再三推讓，表示不得已而接受，此比王莽假借讖緯之手段更爲狡獪。故自此奪權篡位，皆無忌諱，不必假瑞應圖讖以作飾辭矣。

總之讖由河圖洛書演出，故有圖讖、圖籙等稱；及緯書出，乃有讖緯、圖緯、符讖、讖律、讖書、讖記等稱；至於金匱圖策（王莽傳），籙運法、括地象、援神契等（後漢書公孫述傳），皆當時讖書之篇名。造讖緯者，藉以吸引人心，而干時主，王莽利用之以竊帝位，光武利用之以復漢業。相信其眞爲神物者，只有不識不知，順帝之則，蚩蚩之氓而已。蓋讖與民謠有相似之性質，往往隨羣衆之心情而出現，如始皇三十六年，有隕石於東郡，或刻之曰「始皇死而地分」，明年始皇果死，此偶合者也。始皇三十二年，盧生奏圖讖曰「亡秦者胡也」，胡爲胡人，乃普通之解釋，故始皇發兵擊胡，結果亡秦者非胡人，乃附會而爲胡亥，於是讖學家乃解釋曰：天機不可洩漏，天意所示，有凡人所不能預解者。——讖語有代表人羣之心情者，有偶合者，是以永遠有相信之人，故李淳風之推背圖，劉伯溫之燒餅歌，至今流傳於民間，而扶乩測字之術，亦永有人藉之以決疑也。

## ㈢封禪

古帝王卽位之後，自以承天命，保萬民，惟恐力有不逮，故藉祭祀，告神明，爲天下祈禱。是以舜受禪之後，「肆類于上帝，禋于六宗，望于山川，徧于羣神」。五載一巡守，至四岳，燔柴以祀天，按尊卑高下，以祀山川（尙書舜典）。何以登高岳以祀天？禮記禮器云「因天祀天，因地祀地，因名山升中於天」。中平也，成也，蓋因天之尊，而制登高祀天之禮；因地之卑，而制祀地之禮也。帝王至四方巡守，必祭其地之名山，此禮自古有之，及戰國乃有封禪之說。

大戴禮保傅篇謂：成王選太公爲師，周公爲傅，「是以封太山而禪梁甫，朝諸侯而一天下」。注「封謂負土石於太山之陰，壇而祭天也；禪謂除地於梁甫之陰，爲墠以祭地也，變墠爲禪，神之也」。（梁甫卽梁父，泰山下之小山，在今泰安縣南）。是則封禪原爲祭天地之禮，本無他義，及陰陽家出，乃將封禪列入帝王受命改制之序中，白虎通封禪篇云：

王者易姓而起，必升封太山何？教告之義也。始受命之時，改制應天，天下太平，功成封禪，以告太平也。所以必於太山何？萬物所交代之處也；必於其上何？因高告高，順其類也；故升封者，增高也。下禪梁甫之山，基廣厚也。刻石記號者，著己之功蹟也。

劉劭風俗通義云：泰山爲五嶽之長，「王者受命，易姓、改制應天，功成、封禪以告天地」（卷十、五嶽）。

依五德終始之說，帝王受命卽位之後，應改制更新，始得行封禪之禮。昔齊桓公旣霸天下，會諸侯於葵丘而欲封禪，管仲以桓公未受天命爲諫，桓公乃止。秦始皇登泰山封禪，中途爲風雨所擊，諸儒以爲暴君無德，未受天命，不得封禪；故封禪後，十二年而亡（漢書郊祀志）。

「大明生於東」，日自東出，而人間光明；萬物之始爲春，春屬東方，故以東岳泰山爲五嶽之尊；又「尊曰岱宗，岱者長也」（風俗通義、五嶽）。泰山又爲黃帝所常遊，故帝王祭名山大川，必先至東嶽，「封于太山、禪于梁陰，易姓之起，刻石明號」（易緯通卦驗），故其地，古蹟頗多，管仲曰「古者封太山，禪梁父者，七十二家」，自無懷氏，至周成王，封禪者，皆有刻石文字爲誌（郊祀志），其文字代代不同，故許愼說文解字敍云「封于太山者七十有二代，靡有同焉」。太山誠爲古史多徵之要地，帝王來此，刻石明號者，字體不一，然封土爲壇以祭天，除地爲墠以祭天地，其事則同。

及秦漢封禪，乃與古有別，其意義亦與古不同。始皇既采用陰陽家之說，即位三年，東巡狩，徵齊魯之儒生博士七十人，至泰山下，討論封禪之事，結果始皇不用儒者之言，乃登泰山立石頌德，明其得封；禪於梁父，其禮頗采太祝之祀上帝，而封藏皆秘之，世不得而記也。此時始皇已信方士神仙之說，方士出自陰陽家，故始皇封禪之後，遂東游海上求仙，蓋其封禪保秘之事，乃從方士之說也。漢武帝尤好神仙，此時封禪已歸於神仙之說，齊人丁公謂武帝曰「封禪者、古不死之名也」，諸方士公孫卿等，亦俱言「黃帝以上封禪，皆致怪物，與神通」。帝欲仿黃帝以接神人，乃亦東上泰山封禪，封廣丈二尺，高九尺，其下則有玉牒書，書秘（以上所述，皆見郊祀志）。自此封禪歸於陰陽方士之說，故其事遂成爲神秘而乏人知。白虎通封禪云「或曰封者金泥銀繩，封以印璽」。光武封禪亦用武帝之法，壇中所用玉牒，石檢、石碑等物，頗複雜，其所刻文字，秘而不宣（後漢書祭祀志）。按陰陽家之意，須有功德，始能封禪告天，初、光武三十年二月東巡，羣臣張純等，上言宜封禪太山，光武謂「即位三十年，百姓怨氣滿腹，吾誰欺？欺天乎」！竟不許。後二年光武夜讀河圖會昌符曰「赤劉之九，會命岱宗」，感於此文，乃召梁松按索河洛讖文，亦言九世當封禪，於是張純等復請封禪，帝乃許焉。秦皇漢武以好神仙而封禪，光武以好圖讖而封禪，皆陰陽家之義也。

依情據理而言，古帝王祭天地名山大川，本出於敬事盡職之心，故王充駁當時「黃帝封禪仙去」之說，謂「載太山之上者，七十有二君，皆勞情苦思，憂念王事，然後功成事立，致治太平，太平則天下和安，乃升太山而封禪焉」（論衡、道虛篇）。天下和樂平安，天子心喜，遊黃帝所常遊之勝境，登泰山而封禪，亦可謂雅情詩意之表現。自封禪歸於神仙之說，深含巫祝之意味，遂與古禮之意義相殊矣。

## (四)施政

政治之原理爲法天崇德——敬天之思想，自古有之，法天之思想，周易已明言之。而鄒衍明天文、談天道，以人世之一切皆受陰陽五行之支配，人人皆當敬天法天，而況帝王受命於天，豈敢忽視天道？其說傳至漢朝，已有充實之言論，舉例於下：

人本於天，天亦人之曾祖父也，此人之所以乃上類天也，人之形體化天數而成；人之血氣化天志而行；人之德行化天理而義；人之好惡化天之暖清；人之喜怒化天之寒暑；人之受命化天之四時；人生有喜怒哀樂之答，春秋冬夏之類也。天之副在乎人，人之情性有由天者矣」（春秋繁露第四十一）。

天地以設，分而爲陰陽，陽生於陰，陰生於陽，陰陽相錯，四維乃通；或生或死，萬物乃成，蚑行喙息，莫貴於人，孔竅肢體，乃通於天，天有九重，人亦有九竅；天有四時以制十二月，人亦有四肢以制十二節；天有十二月以制三百六十日，人亦有十二肢，以使三百六十節。故舉事而不順天者，逆其生者也（淮南子天文訓。春秋繁露第五十六，亦講人副天數）。

是以聖人法天順情，不拘於俗，不誘於人，以天爲父，以地爲母，陰陽爲綱，四時爲紀（淮南子精神訓）。

天爲人之祖，人之性情出自天理，人之體貌副乎天數，人之行爲當合乎天道，此一切人類莫不皆然。

而況帝王，領導羣倫，代天行事，故更當恪遵天道。春秋繁露云「聖人不則天地，不能至王」（第三十四），繫辭云「天地之大德曰生，聖人之大寶曰位，何以守位？曰仁」。聖人指帝王而言，天地有好生之德，其德即仁，崇德即崇尙天德；巍巍乎！惟天爲大，惟堯則之；法天崇德，始能達乎王道。陰陽家「因四時之大順」以行事，春生夏長秋收冬藏，天道之大經，對於政治之措施，禮記月令、管子幼官、四時、五行諸篇，凡頒布教令、擧行賞罰、及應興應革之事，皆有嚴格之規定，違乎規定，即違乎天道，是最爲禁忌者也。漢自武帝而後，政治理論，每引陰陽家之說以爲經律，稱爲「時政」（成帝陽朔二年詔、明帝永平四年詔）。元帝初元三年，順帝永建四年，皆有明令遵守陰陽家規定之時政。略述如下：

春夏重農事——自文帝即實行月令之規定。春日率民躬耕，皇后親桑，以勸農事，此後朝廷每有勸農恤農之令，例如：

宣帝本始四年春正月詔曰：蓋聞農者興德之本也。今歲不登，已遣使者振貸困乏，其令太官（掌帝膳食之事）損膳省宰，樂府減樂人，使歸就農。

元帝初元三年六月詔曰：蓋聞安民之道，本由陰陽，間者陰陽錯謬，風雨不時，朕之不德，庶幾羣公有敢言朕之過者；今則不然，偷合苟從，未肯極言。朕甚閔焉。永惟烝庶之飢寒，遠離父母妻子，勞於非業之作，衞於不居之宮，恐非所以佐陰陽之道也，其罷甘泉建章宮衞，令就農，百官各省費，條奏毋有所諱，有司勉之！毋犯四時之禁！

光武中元二年、章帝建初元年、元和三年、明帝永平四年，皆有令有司勸農恤農之詔。

春夏禁刑殺——春夏爲萬物生長之時，最忌刑殺。元帝時司隸校尉諸葛豐、刺擧無所避，於春夏繫治人犯，朝廷謂其違四時法度，被貶爲城門校尉（漢書列傳第四十七）。春夏不行刑，已成爲定例，章帝建初元年、元和二年，皆有詔令，「罪非殊死，須立秋案驗」。元和二年七月復詔曰「王者生殺宜順時氣，其定律無以十一月十二月報囚」。報囚者奏報行決也，因十一月一陽初生，「當順陽助生」，故不准報囚。和帝時、汝南太守何敞，至立春之日，即將派於各縣之督郵召回，易以儒吏前往，改作表揚孝悌義行之工作。因督郵司調察愆過之職，可以引起刑獄之事也（後漢書列傳，第三十三）。總之春夏用殺刑爲大忌。故鄧晨語光武曰「王莽悖暴，盛夏斬人，此天亡之時也」。

因春夏忌殺，故更不可用兵，哀帝時、李尋上書云「季夏舉兵法，時寒氣應，恐後有霜雹之災」（李尋傳）。和帝初立，命竇憲北擊匈奴，侍御史魯恭上書謂「盛春之月，興發兵役，擾動天下，……不合天心」，是皆根據月令孟春仲春季夏各篇之條律也。

秋冬戮罪犯、治姦惡——秋冬天氣肅殺，政治當順天氣以行事，月令孟秋之月「戮有罪，嚴斷刑」，仲秋之月「乃命有司，申嚴百刑，斬殺必當，毋或枉橈」。昭帝始元六年，詔丞相御史與文學之士，議論民間疾苦，大夫曰「春夏生長，利以行仁，秋冬殺藏，利以施刑，秋冬行德，是謂逆天道」（鹽鐵論第五十四）。春夏不行刑，自西漢已有慣例，但抑或有如諸葛豐之剛直，方便行事，不遵慣例者，故明帝時，樊儵又特提出「刑辟宜須秋月，以順時氣」，明帝從之（後漢書列傳第二十二）。

除將在案之罪徒，於秋冬處決外，並搜索未在案之姦細而懲治之，名曰「大搜」。此月令孟秋「禁止姦，務搏執」之律也；武帝天漢元年秋，二年秋，及征和元年冬，皆有閉城門「大搜」，及「大搜上林」之記載，淮南子天文訓云「壬子受制，則閉門閭，大搜客，斷刑罰，殺當罪」。搜出外來之暴客，治以當得之罪，「大搜」亦漢朝時政之一。

秋冬治軍政、習武事——月令規定孟秋「命將帥選士厲兵」，季秋「天子乃教於田獵，以習五戎，班馬政」，孟冬「天子乃命將帥講武、習射御、角力」。管子五行篇亦有涼風至，白露降，命司馬組甲厲兵之規定——軍政第一爲選拔軍事人才：漢時皆按時舉行，如成帝元延元年秋，哀帝建平四年冬，平帝元始二年秋，安帝永初五年秋，建光元年冬，順帝永建元年冬，漢安元年冬，桓帝延熹九年秋，皆有詔令選舉明兵法，及勇武有節，堪任將帥之人才。　第二爲習武事：元帝永光五年冬，成帝元延二年冬，明帝永平十五年冬，安帝延光二年冬，順帝永和四年冬，桓帝永興二年冬，延熹元年冬，靈帝光和五年冬，皆有大狡獵，習射騎之記載（以上見前後漢書，各帝紀）。「月令涼風至，殺氣動，天子行微刑，始貙蔞，以順天令」（鹽鐵論第五十四），貙蔞立秋日之祭名，王者於是日出獵，還、以祭宗廟，故秋冬田獵，又兼有應天地殺氣之義。

管子四時篇云「令有時，順天之所以來」，政令當順天時，反之、如春夏行秋冬之令，或秋冬行春夏之令，皆必有災禍發生，禁忌之事，決不可犯，月令與四時篇有詳明之記載，漢朝政令多依據之，如宣帝元康三年，詔告三輔「毋得以春夏擿巢探卵，彈射飛鳥」。元帝時光祿大夫貢禹責斥銅鐵礦官於春夏「斬伐樹木，無有時禁，水旱之災，未必不由此也」（貢禹傳）。明帝永平四年春，車駕出遊，擬往河內打獵，東平王蒼引月令之律，諫止之（光武十王傳）。章帝章和元年秋，安帝元初四年秋，皆引月令仲秋養老之禮，賜高年布帛，賑護寡獨。——簡述如上，可見漢時施政與陰陽家之關係。

## (五)人事黜陟

言符瑞災異，有驗者登庸，無驗者受謫——高帝時北平侯張蒼推五德之運，以爲漢當水德。文帝時蒼爲丞相，公孫臣上書言：漢當土德，其應黃龍見，蒼以爲非是，奏罷之。次年，果然黃龍見於成紀，帝乃召公孫臣爲博士而用其說，蒼由是自絀，後二年，而蒼去職。夏侯始昌明於陰陽，先言柏梁臺災日，至期果災，武帝甚重之，乃選始昌爲昌邑王太傅。哀帝時、李尋以言災異爲黃門侍郎，後以所言無應，乃處以流刑。

光武則信讖言，「士之赴趨時宜者，皆馳騁穿鑿爭談之也。故王梁孫咸、名應圖錄，越登槐鼎之任」（梁爲大司空，咸爲大司馬、見後漢書方術傳）。桓譚博學多通，爲議郎，以光武每以讖決事，乃上疏謂「先王所記述，咸以仁義正道爲本，非有奇怪虛誕之事。今諸巧慧、小才伎數之人，增益圖書，矯稱讖記，以欺惑貪邪，詿誤人主，焉可不抑遠之哉」！帝省疏大不悅。其後有詔會議靈臺所處，帝謂譚曰「吾欲以讖決之何如」？譚默然良久曰「臣不讀讖」，帝問其故，譚復極言讖之非經，帝大怒曰「桓譚非聖無法，將下斬之」！譚叩頭流血，良久乃解，出爲郡丞，意忽忽不樂，道病卒（後漢書列傳第十八）。鄭興學公羊傳，精深通達，爲太中大夫，光武問郊祀事，曰「吾欲以讖斷之如何」？興對曰「臣不爲讖」，帝怒曰「卿之不爲讖，非之耶」？興惶恐曰「臣於書有所未學，而無所非也」！帝意乃解（列傳第二十六）。賈逵亦爲當時之通儒，而能附合光武之意，故顯貴一時。

對策之士，用陰陽之說，每獲優等——文帝十五年舉賢良，鼂錯射策開端便言符瑞之應，時賈誼已死，對策者百餘人，錯得高第。董仲舒所射天人三策，極言天道陰陽災異之變，武帝稱善，以爲江都相，自此「立學校之官，州郡舉茂材孝廉，皆自仲舒發之」（董仲舒傳）。災異學說，蔚爲風尚，武帝元光五年，公孫弘對策，擢爲第一，以及成帝時谷永杜欽之對策，哀帝時杜鄴蔡茂之對策（見漢書各傳，蔡茂見後漢書本傳），皆以善言災異而登上第。

## ㈥災異

按陰陽家，「天人相與」之義，天道人事有密切之關係，洪範謂：人事修、則天現休徵；人事失、則天現咎徵。休徵爲祥瑞，如「天降膏露，地出醴泉」是也（禮運）。天現祥瑞，以示嘉勉，人自歡然受之而已。而可怕者爲咎徵，咎徵爲災異，災卽天災，如水旱風雹是也；異卽反常之事，如穀梁傳成公五年「梁山崩，壅遏河，三日不流」，漢書五行志「昭王十三年，牡馬生子」是也。唐虞盛世有麟鳳之瑞，而春秋末世，麒麟出現，三國亂世，鳳凰出現（三國志、吳黃龍元年鳳皇見）。人君修德，則災異不足爲害；人君不德，則祥瑞亦爲妖異，天現災異，乃所以警告人君也，其說如下：

政多紕繆，則陰陽不調，風發屋，雨溢河，雪至牛目，雹殺驢馬（董仲舒文集、雨雹對）。

臣謹按春秋之中，視前世已行之事，以觀天人相與之際，甚可畏也。國家將有失道之敗，而天乃出災害以譴告之，不知自省，又出怪異以警懼之；尙不知變，而傷敗乃至，以此見天心之仁愛人君，而欲止其亂也（董仲舒天人三策）。

天所以有災異何？所以譴告人君，覺悟其行。欲令其悔過修德，深思遠慮也（白虎通）。

天於賢聖之君，猶慈父之於孝子也，丁寧申戒，欲其反政，故災變仍見，此乃國之福也（後漢書鄭興傳）。

天現災異，初非惡意，而乃欲人君速自警惕，修德止亂；如頑忽不省，故意違抗天命，天乃不惜棄絕之。故伊洛竭，桀不知戒，而夏亡；河竭，紂不知戒，而商亡；幽王二年，岐山崩，而不知戒，竟死於犬戎。陰陽家引據史實，言之鑿鑿，以儆人君，人君以其持之有故，言之成理，其所講天道自然之說，不可不信，而所言禨祥制度，不盡有驗，而亦非絕無事實，因此，只半信半疑，雖不能盡行其道，而祈禳禁忌之事，易於實行，有驗無驗，無關緊要，行之何妨？苟非昏君，總以爲此乃勉人爲善之一道，有利於社會人心，不可破壞其說，是以漢朝帝王奉行之，每遇災異，君臣警惕，以爲己身當負其責。略舉其事如下：

皇帝每以災異下詔罪己——自古日食地震，冬雷夏旱，史官記之以爲大事，帝王則警懼天變，悔過修德，漢時對此，尤爲重視，以呂后之險悍，稱制之七年正月「日食晝晦，太后惡之，心不樂，乃謂左右曰：此爲我也」（史記呂后紀）。災異出現，皇帝每下詔罪己：文帝二年，後元年。宣帝本始四年、地節三年、元康元年、五鳳四年。元帝初元元年、二年、三年、五年、永光二年、四年、建昭四年。成帝建始元年、三年、河平元年、陽朔二年，嘉鴻元年、二年、四年、永始二年、元延元年、綏和二年。哀帝元壽元年。光武建武六年、七年、二十二年。明帝永平三年、八年、十三年。章帝建初元年、五年。和帝永元六年、七年、八年、十二年。殤帝延平元年。安帝永初二年、三年、五年、元初二年、四年。順帝永建元年、陽嘉二年、三年、永和元年。質帝即位之五月。桓帝建和六年、永興二年、延熹九年。皆有因災異而頒布罪己之詔。

大臣每以災異上疏自劾——陳平言「宰相者、上佐天子理陰陽」，丙吉云「三公典調和陰陽」。大臣責任之重如此，遇災異，天子下詔罪己，大臣當然不能辭咎，故上疏自劾。元帝永光元年「春霜夏寒」，帝以詔條責丞相御史，於是丞相于定國上疏自劾，歸侯印，乞骸骨，帝報曰「萬方有罪，罪在朕躬，君雖任職，何必顓焉」（言責不專在汝身）。帝雖挽留，而定國稱疾篤，固辭歸（漢書于定國傳）。明帝永平十三年，十月日食，三公免冠自劾，制曰「冠履勿劾，災異屢見，咎在朕躬」（明帝紀）。哀帝時災異屢見，丞相平當臥病，帝欲封當，當不受，上書乞骸骨，帝報曰「陰陽不調，冬無大雪，旱氣爲災，朕之不德，何必罪君」，當竟不應命，月餘而卒（漢書、列傳第四十一）。王莽時大司空王邑以地震上書乞骸骨，莽曰「天地動威，以戒予躬，公何辜焉」（王莽傳中）。成帝建始四年，御史大夫尹忠以河決，憂職而自殺。

天子每以災異責大臣甚至免職——自元帝開始以災異責大臣，丞相于定國，因而引咎自退。成帝陽朔二年春寒，下詔謂：陰陽不調，由於「公卿大夫，或不信陰陽，或薄而小之」所致（成帝紀）。王莽天鳳三年，大將軍陳茂以日食免職。東漢此事尤多：安帝永初元年，太尉徐防、司空尹勤，以災異寇賊免。永初五年、太尉張忠，以陰陽不和免。延光元年、司空陳褒，以地震免。順帝陽嘉二年司空王龔，以地震免，太尉龐參，以災異免。桓帝建和元年、太尉胡廣，以日食免。延熹四年，司空虞放，以水災免。靈帝建寧元年，司空王暢，以水災免，太尉劉寵以日食免。熹平二年，司空楊賜，以災異免；六年、司空陳球以地震免。光和元年，陳球遷太尉，以日食免。獻帝興平三年，司空楊彪以地震免。諸如此類，不勝歷舉。甚至有因災異，暗示大臣自殺以塞天變者，如成帝綏和二年，以火星有變，星象家言「大臣宜當之」，帝召見丞相翟方進，示以意，方進即日自殺。

臣下每以災異上書言得失——皇帝因災異而下詔罪己，罪己詔中每言及徵賢良方正，能言極諫之士。陰陽之說，既蔚爲風尚，士之欲進身者，即不信其說，而上書或對策，亦必藉之以應帝心。又、朝廷以災異出現，或令大臣及博問經學之士，商討應變之術（宣帝本始四年詔），或令百僚及郡國吏人，有道術明陰陽之學者，各指變以聞（安帝永初二年詔），而和帝則「每有災異，輒延問公卿，極言得失」。因此臣下上書言得失之機會較多，而所上之書，大抵必有災異之說，略舉如下：

成帝時，以王鳳爲大將軍，王氏寖盛；災異數見，南昌尉梅福，已去官歸里，上疏謂：「今見地震，三倍春秋。漢興以來，社稷三危，呂、霍、上官，皆母后之黨也，尊寵其位，使之驕逆，至於夷滅，此失親親之大者也。勢陵於君，權隆於主，然後防之，亦無及矣」。帝不納（梅福傳）。

昌邑王嗣立，數出，夏侯勝於輿前諫曰「天久陰而不雨，臣下有謀上者，陛下出，欲何之」？王怒，謂勝爲妖言，縛以屬吏，吏白將軍霍光，是時光與張安世謀廢昌邑王，光讓安世，以爲泄語，安世實未洩，乃召問勝，勝對言「洪範傳云：皇之不極，厥罰常陰。時則下人有伐上者」。光、安世大驚，自此益重經術士。後十餘日，光與安世，共廢昌邑王（漢書列傳第四十五夏侯勝傳）。

明帝時，北虜寇河西諸郡，乃命將帥北征。取伊吾盧地，置都尉以屯田。章帝建初元年大旱，遠屯絕域，吏民怨曠，校書郎楊終上書謂：「今比年久旱，災疫未息，遠屯伊吾，樓蘭之民，懷土思鄉，怨結邊域，愁困之民，足以感動天地，移變陰陽矣」。帝從之，乃罷邊屯（後漢書楊終傳）。

順帝陽嘉二年，有地震、山崩、火災之異，時帝封乳母宋娥爲山陽君，又封后弟梁冀爲襄邑侯，議郎李雄藉災異以諫，謂：自古無乳母封爵之制，而高帝又有約，非有功不封侯。帝不聽。公卿舉李固對策，固上書謂：封乳母實乖舊典；外戚梁冀及宦官，皆當罷其重權。帝覽固策，多所采納，即時出乳母還舍，諸常侍悉叩頭謝罪，朝廷肅然（後漢書左雄、李固傳）。

或假借災異以行事——君王與大臣如相和無間，大臣雖以災異自劾，而君王可以「罪在朕躬」慰留之，甚至雖有人上疏明言災異應於某大臣之身，而某大臣亦上疏自劾，然君王亦仍慰留之。如成帝建始元年以舅王鳳爲大將軍，封五千戶，鳳之弟等皆封侯，其夏黃霧四塞，大夫楊興、博士駟勝，皆言此陰盛侵陽之氣，高祖有約，非功臣不封侯，今太后諸弟皆無功而封侯，故天爲見異。言事者，多以爲然。鳳懼，亦引黃氣之異，上書自劾，帝曰「咎在朕躬」，慰留之。三年十二月日食，時定陶王來朝，定陶共王者，帝之異母弟也，其母傅氏，當日曾與鳳之姊王皇后爭寵。帝與共王甚友愛，今來朝，帝留之，不遣歸國，鳳乃藉日蝕而諫帝，謂：定陶王雖親，於禮當還國，故天垂戒。王辭去，帝不得已，相對泣而別。京兆尹王章剛直敢言，帝召之問事，章對曰：陛下引近定陶王，此乃善事，當有祥瑞。今災異之發，乃爲大臣專政者也。今大將軍歸咎於定陶王，使天子孤立，以便其私，非忠臣也。乃劾王鳳三罪，謂宜罷之。鳳聞之稱病出就第，上書以災異自劾，帝自幼親依鳳，弗忍廢，報曰「天變屢臻，咸在朕躬」，慰留之，鳳又視事。以成見爲主，則不顧災異，王鳳假借災異以自劾爲虛詭，而假借災異離間帝之骨肉以便專權，則爲事實，此類事甚多，再擧數則如下：

楊惲爲宰相敞之子，宣帝時以預發霍禹謀反而封侯。爲人廉潔無私，然性刻害，好發人陰伏，由是多怨，太僕戴長樂控告其以戲語輕視皇上，帝不忍誅，廢爲庶人，會有日食之變，或上書告惲「驕奢不悔過，日食之咎，此人所致」，下廷尉案罪，帝見惲與孫會宗書，多牢騷語，惡之，乃處以腰斬之刑（楊惲傳）。

邛成太后崩（宣帝王皇后，成帝之祖母也），喪事倉卒草草，事後成帝知之，乃藉災異以免丞相薛宣（漢書列傳第五十三）。

成帝河平三年、四年、陽朔元年，連歲日食，言事者頗歸咎於外戚王鳳，光祿大夫谷永黨於王氏，而謂連年日食，咎在後宮，竟使許皇后坐廢（漢書谷永傳）。

桓帝時，宦官張讓等亂政，讓之弟貪殘橫行，殺害孕婦，司隸校尉李膺執法嚴明，縛而殺之，帝聽宦官之說，逮膺下獄，膺牽引宦官子弟，宦官多懼，乃言「天時宜赦」，帝大赦天下，膺免歸里。靈帝建寧二年，郎中謝弼，以災異屢見，乃上疏謂「起用李膺爲政，庶災變可消」。宦官惡其言，弼去官歸家，旋被害。

或依據災異以起事——災異出現，可藉之以攻擊怨敵，亦可以爲於己身有應，而據之以起事，略舉數事如下：

景帝初立，用鼂錯之謀，削諸王之地，吳王濞乃依彗星出、蝗虫起爲據，鼓動七國叛變（漢書列傳第五）。

武帝建元六年，彗星出，淮南王安以爲天下當起兵，乃大治軍備，諸辯士爲方略者，乃作妖言以諂諛王，王喜，竟謀反（漢書列傳第十四）。

王莽地皇四年，衞將軍王涉勸劉歆用道士西門君惠「孛星掃宮室，劉氏當復興」之讖，起而誅莽安劉，大司馬董忠亦勸歆起義，歆曰「當待太白星出，乃可」，遲遲不發，事洩，敗亡（王莽傳下）。

光武崩，廣陵思王荆（光武子），依太子星色黑爲據，鼓動東海王彊起事，彊與荆爲母弟，秘其事，免於罪（後漢書列傳第三十二）——後漢書王允傳：允與孫瑞謀誅董卓。劉虞傳：張純與張舉謀乘黃巾爲亂之時起兵成帝業，皆據災異以爲謀。

## 五、結論

萬物之生機，孕育於陰陽，其氣不外乎五行，此顯而易睹者也。陰陽家即以陰陽五行構成宇宙之輪廓，以解釋天道變化之理，以按排人生應遵之道。以自然現象解說宇宙事理，初步使人易於相信，故有人謂陰陽家之學說，含有科學性。然而天道玄遠，終難窺其奧秘；人事無常，亦難測其變端。雖難窺測，而不妨作假設之推想，此即鄒子所以「先驗小物，推而大之，至於無垠」，遂成「閎大不經」之論。天道固然閎大，人之所未見者固然不經，先驗小物，其理精微，亦非普通人所能明，故鄒子能使寒谷生黍，而衆人以爲神；推而大之，至於無垠，故海外大九州之說，當時未能徵實，而於今日言之，其所想並未落空。此種科學思想，並非短期能作鉅大之進步，而況鄒子持其說以干世主，其用意不在宣揚科學，而在乎矯正時君之淫侈，使之尙德，以歸於仁義節儉，故鹽鐵論（第十一）云「鄒子作變化之術，亦歸於仁義」。變化之術，使人奇異，故其閎大不經之論，只可謂有神秘性，初不涉及迷信。

鄒子爲博學之士，初以儒術干世主，不見用乃以變化終始之論，言治亂之事，以警人君，其言閎大，足以服時君之心，故「初見其術，懼然顧化」，其用意在使時君畏天之道，使之約束自身，故有禁忌之律，時君雖不能行，然齊宣王賜以上大夫，適梁、昭王郊迎，適趙、平原君側行撇席，如燕、昭王請爲弟子，時君之尊禮如此，故其學說盛行，廣布於人心風教之中。然至秦漢其學說有變，如循「先驗小物」之徑而發揮之，可能趨向科學之路，但秦漢時則只重五德終始及禨祥災異之說，由神秘流而爲迷信，形成風俗，在位者其本心未必有眞實信仰，只借之以輔助政教，維持世道人心而已。

帝王受天命，必須有符瑞，必須應五德之運，已成爲習慣之說法，秦始皇爲應付衆人之心理，因而自稱以水德王，本身雖未獲符瑞，因水色屬黑，乃引二十八代以上之祖先秦文公出獵，所獲之黑龍以爲徵。其實始皇內心根本不信此類虛構故事，神道設教之說（其信神仙長生之術，以其理近醫藥）。是以始皇二十八年，南之衡山，浮江至湘山祠，遇大風，問博士曰「湘君何神」？對曰「堯女舜妻」，始皇大怒，使刑徒三千人伐湘山樹，赭其山，以示懲罰。方士入海求神藥，數歲不得，費多恐譴，乃詐曰「蓬萊藥可得，然常爲大鮫魚所苦」。始皇夢與海神戰，醒後，乃至之罘，射殺巨魚以洩憤（史記始皇紀）。始皇之暴虐，無所忌憚，豈受天道鬼神之威脅，其自稱以水德王，只隨習慣之說，以應衆人之心理，而飾自身之尊嚴耳。至於漢朝、起初自認爲火德，既而又改爲水德，繼之又認爲土德，最後又定爲火德，天命豈可由人隨意安排？本無實據以爲準則，亦只順習慣之說，亦應衆人之心耳。

陰陽災異之說，本在勸導人君悔過修德；賢明之君，從善如流，對此說，不加反對；即中等之君，雖不深信，而以勸人爲善，總爲可取，既可藉之以律自身，並可藉之以規大衆。始皇本紀云「候星氣者，至三百人，皆良士，畏忌諱諛，不敢端言其過」，候星氣者，即講禨祥災異者，皆不敢言始皇之過，則其說無用矣！始皇然雄厲，不信陰陽之說，而只任心獨裁，結果自速敗亡，只落得子孫夷滅之慘。儒家教人以良心爲依據而爲善。陰陽家則教人以神道爲依據而爲善，二者之功用爲一，二者對于人之思想，各有適合，道並行而不相悖，漢儒有見於此，故容納陰陽之說，與儒學相輔而行，而成爲漢儒之特色，亦助成漢朝之盛治。

尊崇聖人之道，未必能徹底實行；採納陰陽學說，又豈能徹底履行？而况政治制度，社會禮俗，皆以儒家爲本；陰陽家只用天道神異之說，彰善癉惡，使人心自律，歸於仁義，如宗教之化世一般，並無硬性干涉世事之力量。災異禁忌之說，自古有之，荀子儒效篇、述武王伐紂之日，按陰陽之說、爲兵忌日，而竟不顧，卒以滅商，以明聖君不拘禁忌。又、天論篇謂「星墜木鳴，國人皆恐」，此可怪而不可懼也，力言災異於人事無關，荀子之意，在對世俗破除迷信。兩漢多賢君，陰陽災異之說，雖盛行，然其影響於政治者，大抵皆爲可左可右之事。不肯破壞災異警戒人心之說，故遇災異，皇帝下詔罪己，在可能範圍內，不妨照禁忌以行事；而於大事則不泥拘，例如春夏忌用兵禁殺刑，亦只可謂不輕易用兵而已，然於必須用兵之時，則無所忌，故武帝天漢元年夏、四年春、皆遣李廣利擊匈奴。宣帝元年夏、西羌叛，遣趙充國擊之，據居延漢簡云：其時有太史丞上書言「夏至宜寢兵」，然朝廷未納。光武建武四年春，遣鄧禹擊漢中賊延岑；十一年春，遣吳漢伐蜀；夏、先零羌反，派馬援擊之。明帝永平十六年春、遣竇固伐匈奴。和帝永元元年、遣竇憲擊匈奴，侍御史魯恭上書謂「盛春之月，興發軍役，不合天心」。朝廷不從。至於罪無可疑，當速處決之刑犯，雖在春夏，亦未禁忌，武帝征和二年春、丞相公孫賀之子敬聲爲太僕，驕奢犯法，下獄死。昭帝元始五年春、有男子詣北闕，自稱衞太子（武帝長子）。當卽處斬，此例頗多。元帝建昭三年春、甘延壽、陳湯、伐郅支，斬其單于，謂其「慘毒人民，大惡通天」，傳其首於京師，擬懸於蠻夷邸間，以示警告，御史大夫繁延壽引月令謂「春、掩骼埋胔之時，宜勿懸」！車騎將軍許嘉等引春秋之義以駁之，竟懸十日，始埋之（後漢書列傳第四十、陳湯傳）。——由此可知，禁忌之事，亦在可行可止之間始爲之，若事在必行，亦不受阻攔。且一切理論，必以儒家爲本；對陰陽災異之說可以提出異議，甚至有反對者（如張衡、王充等），而對于儒家之言，則一致奉爲明訓。

至於因災異而免大臣之職，大抵暗中又有其他因素，如君臣和諧，雖大臣以災異自劾，或他人以災異攻擊，而君王可以慰留曰「咎在朕躬」。成帝親信大將軍王鳳，博士駟勝、京兆尹王章等，前後兩度以災異請罷鳳，鳳亦兩度以災異自劾，而帝兩度以「咎在朕躬」慰留，鳳擅權如故。駟王以災異劾鳳，實因王氏權重勢盛而發；鳳之引災異自劾，猶如今日官吏辭職，以身體有病爲由，此乃時代習慣之套語具文而已，於事實無關也。

邪惡之流，以災異禁忌，爲當時流行之公式，故合於己意者，可以從其說；違乎己意者，不但置若罔聞，甚至疾害之。昌邑王賀，淫戲無度，大將軍霍光已決定欲廢之，夏侯勝以災異警告之，王謂勝造妖言，縛以治罪。王莽最好陰陽之說，平帝時申屠剛對策以陰陽謬錯，涉及外戚專權，莽惡之，謂勝所言荒妄，斥歸田里（後漢書列傳第十九）。昏庸如昌邑王、奸慝如王莽，皆不信災異之說，處事皆以私心爲主。

總上所述，可知陰陽災異之說，雖盛行於漢時，而國家要政，未曾受其拘限，可左可右之事，則附合之，以維持其勸人警世之功用，遇災異，皇帝則下詔罪己，大臣則反省修行；災異本爲無可奈何之事，警戒人心，及時策勉，其功效不逾於祈禱乎？在上者敬畏天道，在下者自然崇效，藉「天道福善禍淫」之義（尚書湯誥），以修身自律，災異之說，在兩漢確曾發揮相當之功效。漢初尚黃老清靜之治，繼之採用陰陽學說，陰陽學說之目的，歸本乎「仁義節儉」，是以漢朝清官廉吏之風盛，官清吏廉，其政治焉能不清明！

昏庸之君，無所信仰，是以桓靈造滅亡之運。狡詐之君，自作聰明，對陰陽家之說暗示否認，意在破除迷信；曹丕黃初二年詔曰「災異之作，以譴元首，而歸過股肱，豈禹湯罪己之意乎？其令百官各虔厥職，後有天地之眚，勿復劾三公」。按陰陽家之說，三公助天子燮理陰陽，丕直言災異與三公無關，間接亦卽言於元首亦無關，是以曹丕之世，災異屢見，未嘗下詔罪己，而其陰詐行爲亦無所禁忌。周官云「茲惟三公，論道經邦，燮理陰陽」、三公掌國家大事，水旱之災，有未盡人事者，三公與有責焉，故不劾三公，雖表示不信陰陽之說，亦未足爲是也。如果天有意志，故現災異以責行政之失，丕豈不願大臣與之共同負咎乎？故此詔卽暗示此後勿信陰陽之說而已。誠然自丕而後，災異之說漸歸消沉，迷信已破除矣，奸慝更可以肆無忌憚矣！故魏晉在上者篡弒風盛，在下者造反風盛。漢武帝信災異之說，無傷於漢朝之盛治；曹丕不信災異之說，亦無濟於魏世之大亂也。

自陰陽家之說盛，占驗、日者、祈禳、星相、堪輿、一切方術皆附之。諏吉禁忌之說，自春秋戰國已流行，如墨子貴義篇所載：墨子北之齊，日者謂今日不可北行，墨子斥其爲違心欺人之言。史記孟嘗君傳：田嬰之賤妾，五月五日生子，嬰以此日生子不利於父母，令勿收養，妾私養之，名之曰文、卽孟嘗君，及長，嬰知之，大怒，文力言禁忌之妄謬，嬰怒始解。史記日者傳「孝武帝時，聚會占家問之，某日可娶婦乎？五行家曰可；堪輿家曰不可；建除家曰不吉；叢辰家曰大凶；曆家曰小凶；天人家曰小吉；太乙家曰大吉；辯訟不決」，結果，帝令以五行爲主。蓋言吉凶者皆不可憑，就事實而論，當娶則娶，不可因禁忌而誤事；以武帝之智，對此決不迷信，故採取五行家之言。在上者不迷信，然迷信流入民間，自陰陽之說盛，而禁忌之事愈多，如論衡四諱篇所述：宅西益宅，謂之不祥，產婦乳子，須彌月方可見人，正月五日生子、主尅父母，以至沐浴、裁衣、建屋等等，皆有吉日、有忌日（譏日篇），所謂「舍人事而任鬼神」，此風乃普及於民間。迷信固爲迂滯，足以誤事，然今世之人，多迷於不信，對一切皆無信心，天地鬼神不足懼，道德法律無足畏，眞所謂無天無法，肆無忌憚，其較迷信者爲何如哉！

# 第四章　道家與道教

人情大抵不相遠，人之心理亦相通，各家學說皆爲解決人生問題，究其義理，無絕對相同者，亦無絕對不相同者，誠如莊子德充符所云「自其異者視之，肝膽楚越也；自其同者視之，萬物皆一也」。中國人生思想，以儒家爲主，以道家輔之，以其有相通之義，故能相輔爲用；以其所重之點不同，故不能合爲一家；此於老莊孔孟之人生及其言論，顯然可見。立身行道，不外乎對人處事，對人以仁，處事以智。對人以仁，則無邪慝之事；處事以智，則不惹怨於人；仁智爲人生哲學之本。

儒家之人生以仁爲出發點，熱心濟世，天下雖亂，而抱「知其不可而爲之」之精神，孜孜不怠，故孔子周遊列國，孟子游說諸侯，汲汲皇皇，不憚艱苦，欲以仁義化世，而救蒼生。道家之人生以智爲出發點，故老子見周室已衰，不可與有爲，乃棄官歸隱，淸靜終身。莊子見世道大亂，是非顚倒，乃避開濁流，逍遙方外，以善此生。人生不能脫離現世，道家並非消極，只以大道既廢，人心思亂，運會所趨，狂瀾既倒，雖聖人而無權無位，亦莫可如何。勢所不能之事，空懷杞人之憂，雖力殫身瘁，有何意義？儒家固然積極，然孔子見道不行，亦有乘桴浮海，遠適九夷之想；孟子以世道衰微，抱負莫展，亦只有歸潔其身而已。儒道兩家不相悖，儒家熱心用世，所講者爲修齊治平之道；道家恬澹爲懷，所講者爲人生自然之義。恬淡自然之人生，超然物外之人格，即道家所謂眞人，眞人被秦漢方士推尊爲神仙。老莊皆爲眞人，亦卽皆爲神仙，由神仙之說而成立道教，道教之成立，爲方士與道士合力之功，於是道家與道教混而爲一，分述如下：

# 一、方士

方士有兩類：一爲方外之士，莊子大宗師「彼遊方之外者也」。方指境域而言，即現世之域內也。此所謂方外，即超然世外，不涉世事，逍遙無爲者也；亦即孔子所謂「隱者也」。知名利爲罪孽，視富貴如浮雲，淸靜自持，與世無競，棲身山林之中，徬徨塵垢之外，窮通得失，澹然無慮，順天適性，其樂自足，此即所謂方外之士。二爲方術之士，史紀始皇紀「悉召文學方術之士」，此所謂方術，即煉藥養生，陰陽占驗等術，此即秦漢方士。方外之士，厭棄塵世之浮華，棲於巖穴，每終身不出，故世人罕有知之者，若黃石公、河上公，雖偶逢機緣，與世人接觸，然仍隱姓埋名，避免俗事，而風角象數、服食導引之術，多係此類人所發明，何也？以其在淸閒中，多用心於此，以消遣歲月也。自戰國之末，神仙之說興，秦漢方士所假託之仙人，即此類人。亂世多隱士，秦世必更多，例如盧敖爲秦博士，知大難將至，乃託言求仙而遁入盧山（山東諸城境）。既入山歸隱，則此中自有樂地，故終身不復出，世人罕有知之者。若夫秦漢方術之士則不然，或專習方術以求用世，或亦會從方外之遊，然而「身在江海之上，心居乎魏闕之下」（莊子讓王），學得一技，以作干祿之具，觀始皇漢武時，用方士求神仙之結果可知矣。

秦漢方士爲陰陽家之徒，鄒衍即善於方術者也，舉其二事如下：

劉向別錄云「傳言鄒衍在燕，有谷地美而寒，不生五穀，鄒子居之，吹律而溫至，生黍到今，名黍谷焉」。——按漢書律曆志謂：五音生於陰陽，分爲十二律，陽六爲律，陰六爲呂，十二律於十二月各有所應，律以統氣類物，呂以助陽宣氣，「陰陽之施化，萬物之終始，既類助於律呂，又經歷於日辰，而變化之情可見矣」。音律有如此之功用，故傳說鄒子能吹律使寒地氣溫而生穀。

淮南子佚文「鄒衍事燕惠王盡忠，左右譖之，王繫之獄，仰天哭，夏五月，天爲下霜」（見太平御覽第十四，論衡感虛篇亦有此說）。鄒子明陰陽氣候之學，在不毛之地改善其土壤，而使之生穀，或自言其能吹律致溫，故世人傳爲神妙。樂毅與鄒子皆爲燕昭王所崇信，其子惠王多猜疑，昭王死後，罷樂毅而大敗於齊，鄒子齊人，當即在此時被疑而下獄，五月降霜並非不可能之事，漢書五行志記周考王六年六月，威烈王四年四月，在秦晉兩地皆曾降雪，則五月隕霜又何足異？

上述二事，徵明當時之人傳說鄒衍有神術。漢書列傳第六劉向傳謂：宣帝循武帝故事，復興神仙方術之事，劉向得淮南王枕中秘書言神仙使鬼物爲金之術，及鄒衍重道延命方。延命方即延年長生之術。可知鄒子所通之方術甚多，鄒子即方士之大師。鄒子爲齊人，齊國本爲道術之根據地，當時精於方術者，當不止鄒子而已，鄒子在齊爲上大夫，在燕爲昭王之師，齊燕方士衆多，蓋有因也。惟鄒子志在濟世，藉方術以說時君，取得信仰，欲使時君歸於「仁義節儉」；秦漢方士則多爲謀個人之榮利而已。略舉其事如下：

始皇自謂「悉召文學方術之士甚衆，欲以興太平，方士欲以練求奇藥」。所謂奇藥，即仙藥，仙藥必求之於仙人，於是使燕人盧生求仙人羨門、高誓，使韓終、侯公、石生，求仙人不死之藥。

齊人徐市（福）等，上書言：海中有三神山，名曰蓬萊、方丈、瀛洲，仙人居之，請得齋戒與童男女求之。於是遣徐市發童男女數千人，入海求仙人。——徐市等入海求神藥，數歲不得，費多恐譴，乃詐曰「蓬萊藥可得，然常爲大鮫所苦，故不得至。願請善射者與俱，見則以連弩射之」。——蓋徐市自此與數千童男女，並有善射之武士作保衞，東度日本而不返矣。

「秦法不得兼方，不驗輒死」。有方技者不得兼兩，試用不驗，即賜死罪。因此，侯生盧生相與謀曰：「始皇爲人，天性剛戾，貪於權勢至於此，未可爲求仙藥」。於是乃亡去。始皇大怒曰「今聞韓衆去不報，徐市等費以巨萬計，終不得藥，徒姦利，相告日聞。盧生等，吾尊賜之甚厚，今乃誹謗我，以重吾不德也」（以上俱見始皇本紀）。

以上所述諸方士之中，未必無學鄒子之意，欲藉方術作引，以勸始皇歸於仁義者，然始皇不能如燕昭王之聞道納諫，其召諸方士，只在求仙藥而已。故「侯星氣者至三百人，皆良士，畏忌諱諛，不敢端言其過」，而方術不驗者，輒處死，如方士獻神藥而不驗，當然亦不例外，故韓衆不辭而去，徐福屢被告作姦圖利，乃携數千童男女及善射之武士，長去而不返，侯生盧生等亦不得不逃亡矣！諸方士紛然散去，故始皇大怒，以爲受其愚蒙，而無可如何也。

漢時方術之士所表現者，尤爲荒妄。文帝爲賢明之君，好黃老之學，方士之說，不易進入。蓋陰陽方術，溯本探源，皆託於黃老也。而竟有以詐術自進者：趙人新垣平以望氣見，言長安東北有神氣，請帝作渭陽五帝廟以祠之，帝納之。復言闕下有寶氣，使人持玉杯詣闕獻之，刻曰「人主延壽」。復言「周鼎在泗水中，今河決通於泗，而汾陰有金寶氣，意鼎出乎」？請立五廟於汾陰以祀之。既而有人上書告平所言皆詐也，乃下吏治罪，夷三族。「於是文帝怠於改正服、鬼神之事」。亦即不聽陰陽方術之言（漢書、文帝紀、郊祀志）。武帝好神仙，「海上燕齊怪迂之方士，多來言神仙之事」（

郊祀志）。略舉其事如下：

李少君以祠竈辟穀卻老方見上。上尊之，少君匿其年齡鄉里，自謂七十，能使物卻老。又嘗作預言，巧發奇中，皆驚爲神。謂祠竈可致鬼物，丹砂可化爲黃金，黃金以爲飲食器，則益壽，益壽而海中蓬萊仙人乃可見，以封禪，則不死，黃帝是也。又自謂嘗遊海上，見安期生，以棗食之，棗大如瓜。安期生者，合則見人，不合則隱。於是帝乃祠竈，遣方士入海求安期生。久之少君死，帝以爲化去，非死也。

齊人少翁以鬼神方見上，上所幸李夫人卒（郊祀志作李夫人，封禪書爲王夫人），少翁以術夜致鬼，如夫人貌，上自帷中望之。乃拜少翁爲文成將軍，以客禮之。文成勸上爲臺室，置祭具以致天神。居歲餘其方益衰，乃爲帛書以飯牛曰「此牛腹中有奇」，殺牛得書，書言甚怪，天子識其手書，乃誅之。

欒大爲膠東王之家人，善美言，多方略，而敢爲大言，見帝曰『臣常往來海上，見安期、羨門之屬，臣之師曰「黃金可成，河決可塞，不死之藥可得，仙人可致也」。然臣師非有求人，人自求之。陛下必欲致之，則貴其使者，令爲親屬，以客禮待之，則可使通言也』。乃拜欒大爲五利將軍，封樂通侯，以衞長公主妻之，貴震天下，於是海上齊燕之間，多言「有禁方，能神仙」。後以欒大治裝入海求其師，乃之泰山，帝使人隨驗無所見，而大妄言見其師，方又多無驗，坐誣罔，腰斬。

齊人公孫卿、有札書，講黃帝封禪、鑄鼎、登仙之事，武帝信之曰「誠得如黃帝，吾視去妻子，如脫屣耳」。卿言見仙人跡於喉氏城上，帝往觀曰「卿得毋效文成五利乎」？卿曰「仙人非有求人主，人主自求之，其道非寬假，神不來，積以歲月，乃可致也」。卿又言見神人於東萊山，神云「欲見天子」，帝遂至東萊，留宿數日無所見。又言仙人好樓居，帝於是作益壽觀，高二十丈。帝前後凡七次至東萊海上，候神仙，皆失望而返（以上見封禪書及郊祀志）。

由上述可知方士除講神仙之術而外，如新垣平李少君等，又兼辦巫祝之事。又如亳人謬忌奏祠太一方，公孫卿言「黃帝以上封禪，皆與神通」。齊人丁公云「封禪者古不死之名」。封禪由方士導演。天子除祭天地、宗廟、名山、大川而外，漢初又有五時之祭（秦祭青帝、黃帝、炎帝、白帝、漢高祖又立黑帝祠，名曰五時）。武帝時又有八神之祭（天主、地主、兵主、陰主、陽主、月主、日主、四時主，名曰八神），此後神名屢屢增加，天神地鬼、太白南斗、群神之壇，不勝歷舉（封禪書、郊祀志）。皆方士所倡導。方士兼巫祝之職，易言之，巫祝與方士同流。

秦漢方士，以神仙鬼神之事，干君要祿。武帝末年，以神仙之事無驗，已厭方士怪迂之言，大鴻臚田千秋上言曰「方士言神仙者甚衆，而無顯功，請皆罷遣之」！帝然之，於是悉罷諸方士候神人者，此後帝每嘆曰「曏為方士所欺，天下豈有仙人？盡妖妄耳，節食服藥，差可少病而已」。宣帝亦好神仙，方士又紛然而來，京兆尹張敞上書諫曰「願明主時忘車馬之好，斥逐方士之虛語，游心帝王之術，太平庶幾可興也」。王褒奉詔上聖主得賢臣頌，亦力斥神仙之說，帝於是悉罷待詔方士。成帝時、丞相匡衡、御史大夫張譚奏：郡國方士所祀之神，凡六百八十三所，應廢者四百七十五所。成帝晚年頗好鬼神，谷永上書極言「鬼神之術，乃姦人挾左道、懷詐僞，以欺罔世主」。請拒絕之，帝善其言。哀帝即位寢疾，復徵方術士，盡復前世諸神祠官，凡七百餘所，哀帝在位六年而崩。繼之王莽復興神仙之事，以方士蘇樂言：起八風臺於宮中，作樂其上，又種五色禾於殿中，以仿神仙之術。莽之末年所崇祀者，上自天地，下至鬼神，凡千七百所，其中之淫祀，皆方士所建議（郊祀志）。

總上所述，方術之士，凡出而獻技干祿者，其用心卑下，既無鄒子正大之思想，又無精妙之技術，所發怪迂之論，帝王雖一時欣賞，亦只欲驗其奇異，以作消遣而已。及其技窮詐露，實現其欺君圖利之謀，故秦時方士，懼罪而逃，文帝誅新垣平，武帝誅欒大、齊少翁，以及甘忠可李尋等皆以其術無驗而處重刑。大儒董仲舒，以春秋災異之變，推陰陽之所以錯行，欲藉之以匡君輔治，而最後亦以推說災異而下獄（董仲舒傳），劉向則以獻淮南枕中秘書，試驗造金之術，所費甚多而不驗，亦陷於重罪（漢書列傳第六）。孔子曰「雖小道，必有可觀者焉，致遠恐泥」（論語子張篇）。方技藝術之表演，雖有可觀，然棋局鬥智，不能當作用兵之謀；卜筮屢中，不能以之決定國是。舍正路而不由，徒藉鬼神技巧之術以助膽氣，欺人正所以自欺也。王莽居心篡漢，自造符命，獻椒酒於平帝，置毒酒中，帝疾，莽作策命請命於神曰「願以身代」！藏策金縢，暗示大臣。篡位後，亂殺異己，日與方士昭君等，於後宮考驗方術，縱慾淫樂，其一切罪行，何曾相信鬼神？及其罪惡既滿，雖誠心依賴鬼神，有何補哉？莽聞漢兵大勝，己之敗亡已定，乃按方術引經據典曰「國有大災，則哭以厭之」（周禮春官女巫之職），乃率群臣至大郊，仰天哀告，搏心大哭，氣盡、伏而叩頭。又作告天策，陳功勞千餘言，諸生小民會旦夕哭，爲設飧粥，甚悲哀及能誦策文者，除以爲郎，至五千餘人。及漢兵攻入宮殿，莽持虞帝匕首，並抱符命威斗，令天文郎按星盤於前，莽隨斗而坐，口中念念有辭曰「天生德於予，漢兵其如予何」？坐而受裂屍之刑（王莽傳下），此末流方士所演出之趣劇也。

## 二、道士

道士爲「有道之士」之簡稱，呂氏春秋謹聽篇「故當今之世，求有道之士，則於四海之內，山谷之中，僻遠悠閒之所，若此、則幸得之矣。得之則何欲而不得？何爲而不成？太公釣於滋泉，遭紂之世也，故文王得之而王」。此所謂有道之士，即隱居巖穴，方外之士，太公避紂之暴，隱於釣徒，游於方外，及聞文王賢，乃出而輔助周室，以安天下，太公當然爲有道之士，後來以道術治齊，齊國遂成道家之根據地。春秋繁露、循天之道篇「古之道士有言曰：「將欲無陵，固守一德」，抱一守靜，爲道家修身之要義，此道士爲道家之士，合有道之士與道家之士兩義而言，太公可謂最早之道士。故後來之道教，尊太公爲神明。

方外之士，即有道之士，所謂「道」，包括道論與道術，盧生、李少君等尊方外之士爲神仙，專習其術，以謀榮利；其同志之流，有自知方術無把握而易失敗者，乃依託道論，專談神仙之事，雖屬無稽之談，而其言之成理，不能加以欺罔之罪，如公孫卿之類是也。此類在當時已有「道士」之稱，武帝聽公孫卿之言，立神明臺，高五十丈，上設九室，置道士百人（見漢書郊祀志下注），此道士即與方士公孫卿同流者也。此時方士與道士名義與實際無分介。漢書王莽傳下「衛將軍王涉素養道士西門君惠。君惠好天文讖記」。後漢書光武紀亦言及「道士西門君惠」。桓譚新論云「陽曲侯王根，迎方士西門君惠，從其學養生卻老之術」，可見道士亦即方士，惟方士自秦以來，爲方術士之通稱，至西漢雖有道士之稱，而不流行，徒以方術出頭者，多以術敗而致罪；而藉道論以談神仙者則無咎。故西漢而後，方士已不徒恃法術行於世，而兼託神仙言論以取信仰，因而道士之稱遂代替方士之名。

方士逢迎君王，干求利祿，向高層發展，多得惡果，至王莽時陷於身敗名裂之境，於是乃專向民間發展，煉藥可以去病養生，祝禱可以安慰心情，仙道可以勉人爲善，神道可以戒人爲惡；民間亦需要有此諸說以調協紛歧複雜之心理，禮法而外，一般人亦每賴此諸說以勖勵其人生。於是道士在民間，乃眞成爲有道之士，略述其道如下：

一、祈禱—神權之說亦由人之心理而構成；上帝主持宇宙之一切，天道卽上帝所示人生之規律。及神權思想漸趨淡薄，人心自治之力量隨之而減低，儒家與道家創立哲學理論，欲以確定人之思想與信仰，以天道爲自然之法則，爲事理之當然，將神權思想有意志之天，變而爲無意志之天；然而自然之法則不可違，事理之當然必須遵，雖不信神權者，亦不能違悖天道。無意志之天於人生之成敗，與有意志之天對人類之獎懲，其所顯示之威權，並無二致，故孔子云「獲罪於天，無所禱也」！老子云「天道無親，常與善人」。有意志之天—上帝，並未全失信仰，因此，陰陽家卽以災異之說警勵人心。上帝實行「福善禍淫」之權，而亦可容人悔過恕罪，上帝猶如人間之帝王，助帝王治國安民者，有各部群臣；助上帝施行神權者，有各部鬼神；儒家欲破除迷信，故孔子有疾，子路請禱，孔子反對曰「丘之禱、久矣」！又曰「非其鬼而祭之，諂也」！儒家欲將祈禱鬼神之流俗，變而爲「愼終追遠」、「奉先思孝」之情感；然而神權思想終不能泯於人心，是以祈禱之術，自古流傳，在先秦有巫祝專司其職，及漢朝則道士專治其術。

二、符籙—符籙由圖讖演出，符者、象徵之信物也，依符之象徵而錄之爲文，故曰籙。道士謂符乃神所賜之法寶，某種符代表某種神力，便可發生某種神效。三國志孫策傳注引江表傳曰「道士于吉，先寓居東方，往來吳會，立精舍、燒香、讀道書，制作符水以治病」。于吉東漢順帝時人，自謂於曲陽泉水上得神書，其符蓋卽由神書而來者。同時張道陵亦言老君授以印綬符籙，使佐國扶命。於是符不但可以治病，而且可助國家大事，故抱朴子遐覽篇所述有消災符、避兵符、祈晴符，治水符、伏火符，及延生符、拔度亡魂符等等，符不但可以袪災，而且可以致福。咒語與符文之作用相同。對於惡勢力無法制裁，或某一惡事不知是誰所爲，受害者只有暗中怨讟，向神明祈求誅罰惡徒，此即所謂詛咒，此類無可奈何之事，只有詛咒以洩憤，此出於一般人之自然心理，尚書無逸篇「厥口詛祝（咒）」。左傳隱公十一年，潁考叔被子都暗箭射死，鄭伯使士卒詛咒射潁考叔者。襄公十一年，叔孫穆子要季武子「詛諸五父之衢」。總之咒語乃對神明要求懲罰惡人，或雙方對神明保證：誰如背信失約，願神降之災也。周禮春官有「詛祝（咒）」與「司巫」並列。道士則用咒語治病，自古民間信鬼，道士劾鬼伏魅，禳災祈福，各有符文咒語（參看後漢書方術傳費長房傳）。—佛教亦有與道教相同之咒語。但尚另有一義，其經文結尾之咒語爲「總持」之義，謂以少義包括衆理，可以總持不忘，如楞嚴經卷七有云：誦持此咒「無智慧者，令得智慧」。—消災招福之符文咒語，爲道士專門法術之一。

三、占驗—卜以決疑，自古有之，故周禮有太卜之官，洪範云「三人占，則從二人之言」。言從多數人之意見也。最初之卜筮，大抵以事之可行可止，可左可右者，不能自決，藉之以作決定而已。及陰陽之說興，此術乃廣泛而複雜，人事之吉凶，天道之變化，人間一切事，皆可以術數推測，「其流有風角、盾甲、七政、元氣、六日、逢占、日者、挺專、須臾、孤虛之術；及望雲、省氣、等等方術」（後漢書方術傳）。從古以來，賢者避世，每有隱于卜筮之間，以全身者。後漢書方術傳所列三十四人，多精於此術者，其人皆不慕榮利，有家居不仕者、有徵舉不就者、有被召不得已而之官，託病而退者，此即所謂有道之士，亦即西漢而後之道士。

四、丹藥—本草云「久服丹砂，通神明，不老，輕身」。尚書禹貢、荊州進貢之物有丹砂。自古醫學家以丹砂爲珍物。因而凡藥物之精者，皆稱曰丹。方士所煉之仙藥，以丹砂爲主要之原料，故名曰煉丹。抱朴子金丹篇專講其術。然其秘方多爲口授，非文字所能傳。丹有內外之別，煉藥服食，名曰外丹；修眞養性，煉本身丹田之精氣，以達神化之妙，名曰內丹。精氣神爲人身之三寶，煉精化氣，煉氣化神，煉神返虛，與天地合一，此之謂金剛不壞之體，故亦稱曰金丹。內丹以養性爲本，外丹以養形爲本。漢末魏伯陽所著之參同契，以養性爲主，以服食爲輔，爲內丹之要典。

五、導引—素問異法方宜論謂：導引可以治病，注云「謂搖筋骨，動支節也」。漢書張良傳「良從入關，體多疾，即導引不食穀」，注「服避穀藥，而靜居行氣」，行氣即莊子刻意篇所謂「吹呴呼吸，吐故納新」，即屈原遠遊所云「餐六氣而飲沆瀣兮，漱正陽而含朝霞，保神明之淸澄兮，精氣入而麤穢除」。總之導引爲健身運動，呼吸運動，三國志華陀傳云「古之仙者，爲導引之事，熊經鴟顧，引挽腰體，動諸關節，以求難老」。導引爲養生要術之一。

六、玄理—鄒衍閎大不經之言，對宇宙之探測，推而遠之，至於天地未生之前，窈杳無極；達乎中國環海之外，廣漠無垠；言之成理，故爲齊燕之君所崇信。公孫卿則言黃帝登仙之事，歷歷僞眞，故能感動武帝。談天道，論仙術，幽玄渺冥之遐想，自成一套言論，其最早著之於書者，如穆天子傳、西王母傳、東方朔之海內十洲記、劉向之列仙傳等，皆能引人入勝，使人感塵世之外，別有天地。持其說者，與秦漢方士之志在干祿者不同。其在民間以神道設教，勸人爲善，其被徵召而詣闕上書如郎顗、襄楷等（後漢書列傳第二十），以天道陰陽之說以規人君爲政之失，言盡則退，視富貴如塵埃，誠所謂有道之士也。

總上所述，祈禱、符籙、占驗、玄理等等，對於一般人有安慰勖勵、勸善懲惡之功效，此種神秘思想，雖不普及，然為一般人所傾好、所需要。導引養生等術，各有其效驗。丹藥之方，屬于醫學，而煉丹之術實為古昔之化學發明，論衡率性篇云「道人銷煉五石，作五色之玉，比之眞玉，光不殊別。兼魚蚌之珠，與禹貢膠琳，皆眞玉也，然而隨侯以藥作珠，精耀如眞」。在魏晉時即有「人造水晶」（抱朴子論仙篇），蓋如今之玻璃相同也。劉向以造金失敗而致罪，便不再研究，而晉時道士李根能以鉛錫化白銀（抱朴子黃白篇）。至於齊少翁以鬼術能使武帝夜間見李夫人，實同今之催眠術。中國古昔不重視物質科學，故乏人研究，而道士之燒煉又不在乎謀利，雖有發明，亦多秘而不宣，故未能弘揚其術。

道士以法術為人祈福消災，為人療病，勸人為善，道士即為有道之士，為民間所尊重，故凡品德高尚之人，世人每以道士稱之，後漢書第五倫傳：倫有義行，久宦未達，乃為鹽商，所過之旅舍，臨去必灑掃清潔，時人號為道士。在東漢時道士仍兼為「有道之士」之簡稱，故當時之佛教徒亦有道士之稱，盂蘭盆經疏云「佛教傳此方，呼僧為道士」。及道教成立而後，道士始為道教徒之專稱。

## 三、神仙

神仙思想由不死之思想而來，人皆好生而惡死，長生不死之說，蓋自古有其設想，自古有其傳說。左傳昭公二十年，齊景公問晏子曰「古而無死，其樂若何」？晏子以古無不死之人以答（晏子春秋亦載此語），足徵不死之思想，在春秋時已為討論之問題。及至戰國已有人造不死之藥，戰國策楚策、有人獻不死之藥於荊王；韓非子外儲說左上「客有教燕王為不死之道者」。最初之神仙思想，只在不死，故釋名長幼篇云「老而不死曰仙」。

神仙之說託諸黃老——中國學術至黃帝時，已燦然可觀，就醫學而言，最古之醫書爲黃帝內經，其文字雖有後人所竄入，然非後人所僞託．此在宋時已經專家考證而確定者也；此書分素問、靈樞二類，素問二十四卷，述黃帝岐伯問答養生延年之道，靈樞十二卷、其中多論鍼刺治病之術，史書載黃帝在位百年，年既壽考，而民間又傳說黃帝昇天仙去。及戰國時學術分派，道家祖述黃老，老子有「長生久視」及「死而不亡」之言；於是方士卽依黃帝之書，老子之語，而成立神仙學說。

神仙之說起自齊國——齊國爲道家之根據地，故黃老之學出自齊國，神仙之說亦出自齊國。齊景公問晏子、古昔不死之人，其樂如何？不死卽神仙，自古傳說黃帝常遊齊之泰山及東萊，訪道成仙；而太公佐武王伐紂，以道術治齊，其中有神話傳說，傳至元朝有「平話」流行，傳至明朝、道士陸西星集合諸說，加以演義而著封神榜，此書卽自古民間崇拜太公之反映。黃帝太公皆爲神仙，劉向列仙傳所記黃帝太公而下之神仙，齊人頗多。

神仙之說既本乎齊學（道家），而與齊國之環境亦大有關係，泰山既爲五嶽之尊，爲自古帝王祭天地、望山川、徧群神之聖地，而東萊海嶠、尤爲奇境，東萊卽今之膠東半島，海邊群山崢嶸，幽谷谽谺，神府洞天，秘藏雲際；海中群島羅列，雲靄蒼茫，奇巖神皋，世外佳境。登之罘，三面環海，波浪激灔，雪濤飛濺，雲光燦爛，詭奇多姿。朝暾映輝，晚霞列錦，光怪奇麗，變幻無窮，足以引人之遐思，啓人之妙悟，元微之云「除却巫山不是雲」，其實巫山之雲豈能與此相比。

更有奇者，春夏之交，登蓬萊之閣（在蓬萊縣城北），倘氣候適宜，晨光初顯，憑觀海面，彩霧瀰漫，浮光迷離，倏爾無邊之海國，變成錦繡之大陸，高山長河，山林平野，盡顯目前，忽見樓閣玲瓏，忽見城市繁華，人物蠕動，隱約可睹，恍疑別有乾坤，相信眞有仙境，此卽所謂海市也！惟此渤海之峽有之。史記天官書云「海旁蜃氣象樓臺」，俗有海市蜃樓之語，其實海市非蜃氣所構成，乃山川城市因光線折射而生之現象，故當地耆老傳說爲河山倒映。因與地勢有關，故海市必見於蓬萊；又因與氣候有關，故必見於春夏之交；又因與天氣有關，故雖春夏之交，或數年不見，或一年數見。列子云「列姑射山，在海河州中，山上有神人焉」。山海經云「列姑射山在海河州中，蓬萊山在海中，大人之市在海中」，海河即渤海峽北至燕國一帶海區，大人市即海市。海市可望而不可卽，秦漢方士所謂仙人去人不遠「未能至，望見之焉」，誠非虛言也。東萊有此奇境，故引起方士之妙思，馳神於海天之間，幻想乎仙人之域，因而有神山仙島之說，而方士亦有海上方士之稱，致使齊燕之君，皆遣使入海求三神山，秦始皇曾兩度至此地，漢武帝前後曾七度至此地，皆祭成山，登之罘，求見神仙。至今東萊攸關神仙之古蹟頗多，始皇當日曾於之罘刻石以紀功，武帝當日在此望蓬萊仙山，曾築城以留念，今蓬萊縣城，卽其故址也。

齊國講學之所曰稷下（在今臨淄城北），史記卷四十六謂齊宣王「喜文學游說之士，如鄒衍、淳于髡、田駢、接子、愼到、環淵之徒，七十六人，皆賜列爲上大夫，不治而議論，是以稷下學士復盛，且數百千人」。所謂復盛，足徵宣王之前，卽曾興盛，其所講之學卽「齊學」，愼到、田駢、接子、環淵等「皆學黃老道德之術」，鄒衍則治陰陽之學，其學之本旨，亦由黃老衍出。稷下學士之中，當然有談神仙之方士，故齊威王信其說，派人入海求仙。及至宣王，鄒衍爲稷下學士中之鉅子，衍之本身卽爲神仙，能吹律使寒地生穀，又有「重道延命方」傳世，故齊宣王、燕昭王皆信之，皆派使入海求仙。齊燕爲鄰國，在當時所謂海上方士，當然不止鄒衍一人，而衍特爲著名者耳，安期生、河上丈人、黃石公等，皆此時人，亦皆齊人。及秦漢時之方士、徐福李少君等亦皆齊人，故曰神仙之說起自齊國。

道家之眞人——文子云「得天地之道，故謂之眞人」，得天地之道，與天地精神合一，眞如自在，無入而不自得者也。莊子稱老子爲眞人，道教以道家之眞人爲神仙，然與長生不死之神仙不同，然則老子云「死而不亡者壽」及「長生久視之道」何謂也？蓋人之眞性，由天地之靈感而來，隨緣結合，託于有形，有形則有變，形體變化，生住異滅，乃自然之律，形化而性常存，故云「死而不亡者壽」，亦即莊子所云「天地與我並生」。「長生久視」爲當時通行之語，荀子榮辱篇、呂氏春秋重己篇皆有此語，猶之云「生活長久之計」，老子此語，則謂負國家之責者，能得治國之道，其國乃可長存久立，與道教長生不老之義不同。道家修養最高之人格，人生最高之境界爲眞人，莊子大宗師謂「有眞知」者爲眞人，即佛家所謂「證眞理之人曰眞人」。眞人又稱曰至人，言其有「至行」也；又稱曰聖人，指德能而言；又稱曰神人，指其與道相從，神妙莫測而言。眞人至人聖人神人，四位一體，莊子以「荒唐之言，無端崖之辭」（天下篇）形容之云：

古之眞人，不知悅生，不知惡死，其出不訢，其入不距，翛然而往，翛然而來而已矣（大宗師）。古之眞人，知者不得說，美人不得濫，盜人不得劫，伏戲黃帝不得友，死生亦大矣，而無變乎己，況爵祿乎？若然者，其神經乎大山而無介，入乎淵泉而不濡，處卑細而不憊，充滿天地，既以與人，己愈有（田子方）。

藐姑射之山，有神人居焉，肌膚若冰雪，綽約若處子，不食五穀，吸風飲露，乘雲氣，御飛龍，而遊乎四海之外（逍遙遊）。

「夫至人之行，忘其肝膽，遺其耳目，芒然彷徨乎塵垢之外，逍遙乎無爲之業」（達生）。

「夫至人者，上闚青天，下潛黃泉，揮斥八極，神氣不變」（田子方）。

聖人不刻意而高，無仁義而修，無功名而治，無江海而閒，不導引而壽。澹然無極而衆美從之（刻意）。道之眞以治其身，其餘緒以爲國家，其土苴以治天下。由此觀之，帝王之功，聖人之餘事也（讓王）。

眞人既明眞理，達乎天德，與造化同流，不受俗物之累，自無煩惱之苦，不但能超出塵氛與萬化冥合，乘雲氣御飛龍而遊乎四海之外，而且深知「萬物一府，死生同狀」（天地篇），「死與？生與？天地並與」？（天下篇），死生無變乎己，「入於無窮之門，以遊無極之野，吾與日月參光，與天地爲常」（在宥）。似此優游宇宙間，恬澹自如，超脫生死，惟眞人能達此境界。眞人隨天地變化，以自然爲樂，並不求停滯於現世而長生不死，故方士服食益壽之術，莊子名之曰「導引之士，養形之人」，不足可貴（刻意）。莊子贊美老子「淡然獨與神明居」。又述自身之境界云「獨與天地精神往來，而不敖倪於萬物，上與造物者遊，而下與外死生無終始者爲友」（天下篇）。此與佛家所云「不生不滅」、「眞如自在」相同，此種境界非煉丹服藥、養生延年所能達，惟大徹大悟之眞人方能之。只求長生不老未足語此也。

道士所說之神仙——由不死之希求，乃有方士神仙之說，其神仙即服食丹藥，長生不老者也。藥物固可延年，然未能使人不死，秦漢方士所稱之仙人如安期生等，壽千餘歲，方士自云曾見之，而秦皇漢武求之，皆未得見，如此，則不死之藥無由證實，而方士之說窮矣！因而又有「形解銷化」之說（封禪書），謂仙人肉體雖死，而其神靈不死，如蟬之蛻殼一般，名曰屍解，故方士李少君病死，武帝以爲化去未死。道士于吉被孫策所斬，而信奉之者謂其屍解而去，並未死也。不死之後，其情况如何？乃引道家神人之境界以證之，謂「乘雲氣御飛龍，而游乎四海之外」。「千歲厭世，去而上僊，乘彼白雲，至於帝鄉」（天地篇）。於是神仙眞能上闚靑天，下潛黃泉，與天地比壽，與日月齊光矣！屈原遠遊云「貴眞人之休德兮，美往世之登仙；與化去而不見兮，名聲著而日延。奇傅說之託辰星兮，美韓衆之得一，形穆穆以浸遠兮，離人群而遁逸」。在戰國時，人對神仙卽有如此之想象，此卽道士所說之神仙。

## 四、道教之成立

整個人生受兩種力量之支配：曰情志，曰理智。辨是非、明得失、識難易、知利害，此理智之功用也。捨己爲群，不顧艱險，精誠所至，金石爲開，乃至犧牲小我，完成大我，殺身成仁，捨生取義，皆情志所使也。宗教者，情志之產物也，宗者本也，宗教者、崇奉所本，堅守其道以爲教也。宗教顯著之功用，在乎勗勉人心，安慰人情，守分安命，有所皈依。或曰不但宗教有此力量，其他道理亦可發生同樣力量。曰此不盡然也，人之心理不一，有非宗教無以致其信仰者，有非宗教無以引其向善者。人心之痛苦，世間之大患，皆由人之私慾放縱而致，宗教家以禁制私慾爲要律，以苦行苦修爲當然，以救人之厄爲自利。其對于世道人心，可以補政治法律之所不及。

自古及今有人視宗教爲迷信，須知迷信物慾思想，迷信權勢主義，皆爲迷信，此二者之迷信，可以陷自身於痛苦，可以危害社會人群；宗教之迷信，則不過誦經祈禱而已。且誦經祈禱，有詩意在其中，有善化心情之功用，人到無可奈何之時，惟有宗教之信仰，始能轉人生死之念；此非理智所能爲力者也。故宗教之特質有二：曰超世，曰神秘。超世者、不但能超脫當前塵俗之煩惱，而且未來有理想之佳境。宇宙間永遠有爲人類所不能知不能解之問題，便永遠有神秘存在，生老病死，一切無可如何之苦惱，理智已失却作用，無路可走，惟有宗教能發生神秘力量，使人於常理而外，得到安心立命之處，清明在躬，志氣如神，無罣無礙，「反於大通」（大通無往而不如意，見秋水篇）。凡偉大宗教，皆有超世神秘之義，皆有不可思議之力量，道教亦然。

宗教獲得一般人之信仰，其神秘思想發生力量頗大。神秘思想所現於外表者，爲祈禱、禮懺、誦經、作法等等儀式。秦漢方士以求仙之神秘使始皇祭泰山、祠八神；使武帝祭天地、太一、諸鬼神，秦皇漢武並非愚騃，神秘思想使之不得不然。即今所稱科學萬能之時代，亦不能破除神秘思想，一九七〇年美國太空人艾德林等、在登月球起飛之前，舉行禮拜中，伍卓夫主教爲之舉行聖餐，贈以小型聖酒杯。及登月球，艾德林乃將杯、酒、麵包等物陳列於一小桌，靜默恭讀幾段聖經，並依儀式舉行聖餐。其實其一切安全，全賴太空船之科學設備，彼豈不知？然而在其需要誦經祈禱之時，非如此不能舃慰心情，科學無能爲力，此卽神秘思想所使然。——秦漢方士以求仙祭神之神秘，上獲帝王之優遇，下得民間之信仰，此道教成立條件之一。

星相占卜之術，不盡有驗，然必有巧中者；卽所言不驗，亦必有解釋以自圓其說，例如占人時運之休咎，謂作一善事，則凶可化爲吉；如作一惡事，則吉反變爲凶。相人之壽命，謂「相由心生，相由心滅」，雖爲殀相，如積德則可益壽；雖爲壽相，而爲惡則必損年；如此、則有驗無驗，皆有術以取信仰。煉藥養生之道亦然，必有眞得其實效者，其無效者，則謂病可醫，而命不可醫，醫藥罔效者，命當如此也。漢書高帝紀：十二年冬，帝擊黥布破之，帝爲流矢所中，行道疾甚，呂后迎良醫入見，帝曰「吾以布衣，提三尺取天下，此非天命乎？命乃在天，雖扁鵲何益」？竟不肯治，乃囑身後之事，次年四月，帝崩。以高祖之豁達，亦有此神秘之心理，何怪普通人相信方士神秘之說法。方士又有其他異術，如劉根能令人見鬼，左慈能身化爲羊，張楷能作五里大霧，上成公辭家飛逝（後漢書方術傳）。——方士挾種種方術，輔以神秘之說，博得世人之信仰，此道教成立條件之二。

史記載：宋毋忌、正伯僑、充尙、羨門子高等，皆方外之士也，故始皇派人求之不得。然彼等「爲方僊道，形解銷化，依於鬼神之事。鄒衍以陰陽主運，顯於諸侯，而燕齊海上之方士，傳其術不能通，然則怪迂阿諛苟合之徒，自此興，不可勝數也」（封禪書）。方士學鄒子之術不能通，其程度較高者持其術以干君王，其次則行術於民間，然其術由方外之士所傳，方外之士，皆清高恬淡超然世外者也，方士以之爲師，依託爲仙人，當然必標榜其人格，傳說其言論，使塵世中之知識分子，聞而傾心，如漢武之慕黃帝，心傾神仙，乃輕富貴——方士能藉神仙之說，引發人之超世思想，以消煩惱，此道教成立條件之三。

上述三種條件，爲道教成立之基礎，道教之基礎已備，然方外之士，不預世事；方術之士，各行其事，散漫無歸，無人出而就此基礎建立學說，俾同道之人信仰言論歸於一致，而成爲有系統之集團，及東漢佛教既興，有道之方士（道士），乃起而建立道教，與佛圖競勝。

## 五、道教之創始人物

道教由陰陽術數之學，方士神仙之說，彙集而成，故方士徐福、李少君等，道教皆崇之爲神仙（見神仙傳），茲述開創道教及完成道教之人物，其見於史書者，並道藏所述其人之神秘事蹟如下：：

茅濛——史記始皇本紀：三十一年十二月，更名臘曰嘉平。集解引太原眞人茅盈內紀曰『始皇三十一年九月庚子，盈曾祖父濛，乃於華山之中，乘雲駕龍，白日升天。先是其邑謠歌曰「神仙得者，茅初成，駕龍上升入太清，時下玄州戲赤城，繼世而往在我盈，帝若學之臘嘉平」。始皇聞謠歌而問其故，父老俱對，此仙人之歌謠，勸帝求長生之術。於是始皇欣然，乃有尋仙之志，因改臘曰嘉平』。按道藏茅山志、三茅君碑文云：茅偃事秦昭王爲將軍，偃子濛見周室已衰，乃師事北郭鬼谷先生，受長生之術，仙去。濛曾孫三人，盈字初成，固字季偉、衷字思和，皆漢景帝時人，先後入茅山（在江蘇句容縣）修道，皆成仙而去，此卽所謂三茅君，野史小說所稱「茅山道士」之神術，不亞於龍虎山之張天師，至今茅山道士，仍崇奉三茅君。

甘忠可—印度教中之吠世史迦經，謂爲仙人所造。宗教之教義，多託於神道。漢成帝時，齊人甘忠可造天官歷包元太平經十二卷，講漢朝盛衰及災異之事，謂「天帝使眞人赤精子下，教我此道」。此方士造經典之始，道教之經出自神授者頗多。

于吉—後漢書襄楷傳云『順帝時、琅邪宮崇詣闕，上其師于吉於曲陽泉水上所得神書百七十卷，號太平清領書，其言以陰陽五行爲宗，而多巫覡雜語，有司奏「崇所上妖妄而不經」。乃收藏之，後張角頗有其書焉』。

三國志孫策傳注引江表傳曰「時有道士琅邪于吉，先寓居東方，往來吳會，立精舍燒香，讀道書，制作符水以治病，吳會人多事之」。

葛洪神仙傳云「宮嵩（卽宮崇）者，琅邪人也，有文才，著書百餘卷，師事仙人于吉，漢元帝時，崇隨吉於曲陽泉上，遇天仙，授吉青縑朱字太平經十部，吉行之得道，以付崇，後上此書，書多陰陽否泰災眚之事，有天道、有地道、有人道，云治國者用之可以長生，此其旨也。崇服雲母，數百歲，有童子之色，後入紵嶼山、仙去」。—吉爲元帝時人，被孫策所殺在建安五年，則壽達二百五十歲以上。

道藏三洞珠囊卷九、謂：老子尹喜，至西國化胡，歸中國作太平經。于吉所傳之神書即太平經，又名太平淸領書，道士尊老子爲教主，稱爲老君，故于吉之太平經爲神授。其書之內容言順天之道，慈善忠孝，可以致太平。天運循環，帝王乘此運氣，奉天意，行善政，故天下太平。又有勸善戒惡之文，及養性辟穀、誦咒除災，尸解成仙之說，皆備述。桓帝時、襄楷上書，盛稱其書有「興國之術」。楷爲當時博學之士，太傅陳蕃舉方正、不就，靈帝時與荀爽鄭玄、俱以博士徵、亦不就。官方重之，鄉里宗之，于吉之書經其贊揚，故大爲世人所信。今道藏中有此書，雖與原文有異，然此書實爲道教最早之經典。

張道陵—三國志張魯傳「魯字公祺，沛國豐人也。祖父陵、客蜀，學道鵠鳴山中（在順帝時），造作道書，以惑百姓。從受道者、出五斗米，故世號稱米賊（按米賊乃指張脩奉五斗米道，造反而言，與陵無關）。陵死，子衡繼其道，衡死、魯復行之。益州牧劉焉以魯爲督義司馬。魯據漢中，以鬼道教民，自號師君。其來學者、初皆名鬼卒，受本道已信，號祭酒，各領部衆，多者爲治頭大祭酒，皆教以誠信不欺，有病教以懺過。諸祭酒皆作義舍，如今亭傳。又置米肉於義舍，行路者量腹取足，若過多，鬼神輒病之。犯法、三原然後乃行刑，不置長吏，皆以祭酒爲治，民夷便樂之，雄據巴漢垂三十年」。魯以鬼道得衆勢盛，朝廷遂寵魯鎮民中郎將，領漢寧太守。魯在漢中，行其祖之天師道，其領導群衆之高級人物爲祭酒，皆誦習老子五千文，其政令除鬼道治術而外，並依月令春夏禁殺，又禁酒；而魯又不愛貨寶，故信之者衆。建安二十年，曹操擊之，魯入蜀，操又遣人慰喻之，拜鎮南將軍，封閬中侯。徵諸正史，皆謂天師道在當時，民樂信服，蓋當時，天下亂，民生塗炭，天師道據險自治，保民安生，故能得民衆之信仰。

道藏歷世眞仙體道通鑑云「張道陵爲子房八世孫」（天師家傳亦如此云）。陶弘景眞誥云「陵字輔漢，本大儒，晚學長生之道，得九鼎丹經，聞蜀中多名山，乃入鵠鳴山，著道書二十餘篇」。

道藏、宋謝守顥所編混元聖紀、張天師傳云：張道陵字輔漢，以光武建武十年生於餘杭之天目山，七歲能誦道德經。後爲書生，博綜五經，通河洛象緯之文。章帝元和二年，以博士召，不赴，時年五十二。後隱居江西龍虎山，和帝永元四年，拜諫議大夫，以疾辭。復徵爲太傅，封冀縣侯，陵語使者曰「爲我謝天子，九霄之上，無何有之鄉，金闕帝君，某已爲之臣矣！惟清靜寡慾，天下自治，何以陵爲」？遂入嵩山齋戒念道，常誦道德經，精感老君，授以三皇天文，黃帝九鼎大丹經。陵聞蜀多名山，乃將弟子入蜀，居鶴鳴山，煉丹既成，服之本可冲天，謂當興利濟民，然後服之。老君又教以吐納清和之法，又教以攝精邪，戰魔鬼種種神術，又授以天師印綬，雌雄二劍及符籙戒法，使助國扶命。桓帝永壽三年，陵一百二十三歲，老君授以正一眞人之號，九月九日，與弟子王長趙昇同升天。

總上所述，拋開道教之神話，歸納於信史，可知道陵爲子房八代孫，子房佐漢高成帝業，「功成、名遂、身退」，眞能實行老子之道者也，棄萬戶侯，而願從赤松子遊，既爲方外之士，而祠黃石公，學導引辟穀之術，又爲方術之士，子房眞爲有道之士矣，眞乃道士之典範矣。由此可知，道陵之思想，蓋承自祖宗一脈之眞傳者也。自幼讀道德經，又博綜五經而爲大儒，辭公侯富貴而作方外之遊，既通陰陽象緯之學，復善丹藥養生符錄之術，而志在興利濟民，助國扶命，眞可謂有道之士矣。其孫魯，推行其道，在亂世之中，鎭守一方，保民安生，使人民悅服，於是道教乃正式成立。魏晉時稱爲

「天師道」。道教之書，以神話贊譽道陵，固爲溢美之言，其實史書謂道陵「造作道書，以惑百姓」；又豈非失當之貶辭？以道陵之清高，豈秦漢方士所可比？其造作道書，就群衆之心理，以神道設教，有警世化民之功，豈可謂之惑民？觀張魯之治漢中，人民樂之，朝廷信之，其功德何如乎！且其具體之言論，今已無書可稽，晉時之名臣，如王羲之、郗愔等，皆信天師道，可謂受其愚惑乎？

蓋自東漢，道士於民間行術，其思想與方術，已漸有成規，于吉讀道書，天師道讀道德經，其所主張禁酒，春夏禁殺，義舍、治病用懺悔及符水等術，與于吉太平經之道相同。靈帝時張角爲「太平道」，自稱「大賢良師，奉事黃老道」（後漢書、皇甫嵩傳）。又有張脩亦奉五斗米道（典略），其方術皆相似，而角與脩以惑衆造反被誅。道陵之子衡，能繼父志，有化俗導善之功（天師世家序），衡子魯則以其道保民安生，故人民信之，朝廷嘉之，因而天師道成爲宗教，與佛教相埒。

繼道陵而後，道教傑出之人物，如西晉葛洪，以平亂有功，爲伏波將軍，封關內侯，知天下將大亂，乃隱於羅浮山，自稱抱朴子，煉丹養生，所著抱朴子，內篇講成仙之道及金丹仙藥種種方術。外篇純爲儒家之言，深得儒門之旨。南朝陶弘景，博學好道術，明陰陽五行、地理醫藥之術，齊高帝時，爲殿中將軍，後隱於茅山，號華陽眞人，梁武帝屢聘不出，朝廷大事，輒就諮詢，時人稱爲山中宰相，著述甚多，眞誥、稽神樞等書，爲道教之要典。道教經此二人之發揚，理論愈充實，信仰愈廣大。

## 六、以老子爲教主

老子爲博學大師，孔子師之，仕周爲太史，見周之衰，乃超然歸隱，著道德經五千言。及戰國時，莊子以傑異之才，學無所不闚，辭漆園吏，而隱于釣徒，楚王聘為相，卻而不就，王公大人不能器之，獨崇老子而發揚其道，稱之為博大眞人。老子之學既重於世，世人相傳老子修道養壽，年二百餘歲，莫知所終（史記老莊列傳）。老子隱後為方外之人，據世人之傳說，老子已神化矣。方外之士崇敬老子，方術之士尊方外之士為仙人，當然必尊老子為神人。方士謂黃帝乘龍仙去，西漢崇黃老，老子與黃帝並稱，同被崇信。及西漢末，佛教東來，佛陀亦為神人，故時人以佛與老作同等觀。後漢書光武十王傳云「楚王英，誦黃老之微言，尚浮屠之仁慈」。桓帝紀「設華蓋以祠浮屠老子」。桓帝永壽八年春，遣中常侍左悺之苦縣祠老子。天神地祇，只是假設之神靈，老子既確有其人，既已為神，此時已有老子「入夷狄，為浮屠」之說，即西渡流沙，入印度化胡之說（後漢書襄楷傳），故世人崇祀老子，與佛同尊。

方士本來寄託於道家之思想，老子為道家之代表，自武帝而後獨崇儒術，孔子為朝野上下所共尊，老子為孔子師，而西方之佛亦為老子所化，因此、道士名正言順，以老子為教主，尊稱為老君。張道陵之道書寶劍，皆稱為老君所賜，為老君之正傳弟子，自此道家之學，陰陽家之術，皆為道教所接收，道教儼然代表道家，故世稱道教亦曰道家。

張天師既已成仙，老君更為神聖，魏晉道士，遂將老子之人格益加神化，葛洪枕中書云「老子無世不出，數易姓名，出於黃帝時、號廣成子，周文王時、號燮邑子，為守藏史，武王時，號育成子，為柱下史，康王時、號郭叔子，漢初為黃石公，漢文時、號河上公」。佛教徒謂：釋迦乃兜率天宮菩薩下降化身，道藏靈寶無量度人上經大法云：老子乃金闕後聖玄元老君下化，老子歷代皆有化身。魏書釋老志云「老君上為神王之宗，下為飛仙之主」。道士有如此之祖師，自以居於佛徒之上，故雙方時相攻難。

## 七、道教之道

道教肇自秦漢方士，只憑服食長生之方，陰陽占驗之術，不能成爲宗教；宗者、本也，有所本而成爲一種教化，對人生自成一種理論，其理論有神秘趣味，能使受其教者信而不變，如此方能成爲宗教。故張道陵乃以道德經爲聖典，以老子爲祖師，有理論，有思想，如此方能成立其宗教。然神仙之說則仍須保持，何也？其神仙即道家人物方外之士，有超世思想，有神秘意味，無此二者即不能成立宗教。超世神秘則不可以常理推測，不可引現世以爲憑，故神仙思想仍然屹立不搖。並充實其說，謂欲成仙不全賴方術，必須修行得道，始能超凡入聖，易言之，亦即由修身而變化氣質，解脫煩惱，並藉莊子眞人之境界以明神仙之狀況。得道成仙爲道教最高之目的。

必須有超世思想，始能修行得道，然超世思想談何容易！此非生有異稟者不能，而煉丹服藥，又非貧士所能辦，如此則成仙非一般人所能爲，如此則道教只能有少數人信仰。道士早已顧慮至此，故又提出針對現世之教義，順天者昌，逆天者亡，爲善致福，作惡罹殃。以因果報應之說，以勸化衆人，故于吉太平經之要旨言：順天之道，慈善忠孝，可以致太平。「天師道」則教人誠實不欺。道陵之子衡，則以忠孝導民。平常之人，若不能成仙，只要能遵守教訓，亦可消災致福。進一步而言，宗教不離乎現世，故道教有「欲修仙道，先修人道」之說，人道者、普通之人生道德也，抱朴子微旨篇云「欲求長生者，必積善立功，慈心於物，恕己及人，仁逮昆虫」。對俗篇云「欲求仙者，要當以忠孝和順仁信爲本。若德行不修，而但務方術，皆不得長生也」。太上靈寶首入淨明四規明鑑經云「道者性所固有，非外而鑠。孝弟道之本，是以上士學道，忠孝以立本也，本立而道生矣。學道以致仙，仙非難也，忠孝爲先，不忠不孝，而求乎道而冀乎仙，未之有也」。道教淨明派大師劉玉云「道藏諸經，無非敎人捨惡歸善」。元始洞眞慈善孝子報恩成道經謂「有德之人，孝心高遠，道合天地」，謂「一切惡行，皆爲孝道所忌」。弘道錄五十五卷全講五倫五常之道，此皆道教之要典，然則與儒家之道有何異乎？

既與儒家之道無異，則道教何以獨立？是以道士仍本乎初衷，以成仙爲傳道之宗旨，「修人道」爲入世法，「修仙道」爲出世法，老子與衆人和光同塵，而澹然與神明居；莊子不譴是非，以與世俗處，而上與造物者游；道家人生思想在出世入世之間，翛然自在，道教祖述之，故修人道，志在成仙，其思想亦在入世出世之間。欲取大衆之信仰，成仙亦不必須特別天才，孟子云「人人皆可爲堯舜，堯舜之道，孝弟而已矣」。道教謂成仙以忠孝慈善爲本，故劉向之列仙傳：介子推、范蠡，皆列仙籍；陶弘景之眞靈位業圖，將黃帝、堯、舜、周公、孔子，皆列於高級仙位。道教書中所記歷代忠臣孝子成仙者頗多，不分階級地位，苟爲善人，皆有成仙之希望，故長安渭橋下之乞兒（列仙傳），唐李公佐之僕人（道藏神仙感遇傳），皆爲仙人。人人皆可爲堯舜，然爲堯舜者少；人人皆可成仙，然仙人亦不易見；此又在修行之程度如何，心無邪念，程度深遠，自然心境朗徹，獨有妙悟，此之謂得道。道教謂得道方能成仙,此其言「不離於宗」，而有神秘在其中焉，此宗教家之論也。

道教在出世入世之間，其派系頗多，至遼金之世，大體分爲南北兩派，北宗號曰「全眞」，以重陽子王喆爲敎主（重陽爲呂純陽之弟子）。南宗號曰「正一」，以張天師爲教主。其道雖同，而各有所重，北宗服食養性，以完天眞，重乎自力；南宗符咒祝禱，兼重他力。至其顯然之別；則全眞教，不飲酒茹葷，不蓄家室，授徒傳教，是爲出家道士。正一教，雖亦授徒，但天師世襲，應有妻子，雖亦齋戒，而有定日（俗云吃花齋），定日而外，可以飲酒食肉，故其徒皆屬在家者，是爲火居道；此南北兩宗之大較也。南北兩宗之中，又各分派別，皆大同小異而已。

# 第五章　兩漢經學

秦皇燔書之後，詩書成爲禁物，儒生匿跡，「漢興改秦之敗，大收篇籍，廣開獻書之路」。蕭何收秦圖籍藏之石渠閣，楚元王（高帝之少弟），好書，受書於浮丘伯。惠帝除挾書之令，文帝使鼂錯求尙書，使博士作王制，又置論語、孝經、爾雅、孟子博士（漢書藝文志序及注）。於是儒生始公然出而傳業。其時經書用秦漢文字傳寫者，稱爲今文；其古傳之本爲先秦文字，稱爲古文。衆書雖多，然「簡札錯亂，傳說紕繆，遂使書分爲二，詩分爲三，論語有齊魯之殊，春秋有數家之傳，其餘互有踳駁，不可勝言（隋史經籍志）。加以陰陽之說盛，學者引以解經，以爲古代旣有經書，於是乃託古作制，造出緯書及讖文，「多非常異義可怪之論」（公羊傳何休序）。西漢末年一般學者，欲排除異說，乃溯本探源，追究原書及抄寫問題，於是偏索古文以質今文，遂起爭辯，後世稱爲今古文之爭。當時官學以今文爲主，古文多在私學，後來私學盛於官學，紛爭不已，及東漢之末，鄭康成出，學通古今，博兼諸家，乃溶合今古之學，加以折衷，遍注諸經，今古文之壁壘旣泯，爭端始熄。

## 一、經書之傳授

先秦經書之傳授—莊子天下篇云「詩以道志，書以道事，禮以道行，樂以道和，易以道陰陽，春秋以道名分」。天運篇云「孔子謂老聃曰：丘治詩、書、禮、樂、易、春秋六經」。足徵六經之名，先秦已定。陶淵明聖賢群輔錄云「顏氏傳詩，爲諷諍之儒。孟氏傳書，爲疏通知遠之儒。漆雕氏傳禮，爲恭儉莊敬之儒。仲梁氏傳樂，爲移風易俗之儒。樂正氏傳春秋，爲屬辭比事之儒。公孫氏傳易，爲潔靜精微之儒」。韓非子顯學篇，亦述此六家，而其人之名字皆不可考。在孔子之弟子中，傳經著名者爲子夏，毛詩、春秋公羊、穀梁、皆子夏所傳，儀禮喪服，有子夏傳。鄭康成云：論語爲仲弓子夏等所撰（漢志論語注）。後漢徐方云「詩書禮樂，定自孔子，發明章句始於子夏」。可知子夏爲孔子而後，傳經之最著者。易經由孔子弟子商瞿五傳而至漢初田何。戰國時則荀卿爲傳經大師，如毛詩、魯詩、左傳、穀梁春秋，皆荀子所傳，劉向稱荀卿善爲易，戰國時傳經之功荀子爲最大（見汪中荀子通論）。

漢時經書之傳授—樂經亡於秦火，漢時只存五經，分述如下：

易經：一、漢初傳易之始祖爲齊人田何，何授丁寬，寬授田王孫，田王孫授施讎、孟喜、梁丘賀，此三家以孟氏之傳爲盛，是爲今文易學。及費氏之古文易學興，田學遂寖衰。　二、京氏學，爲京房所創，專講災變之說，爲後世術數家所崇，爲今文派孟氏之支流。　三、費氏學：爲費直所創，專以彖象文言，參解易文，此爲古文易學，其初不立於學官，及東漢馬融鄭玄等並傳，其學遂盛於世。

尙書：甲、今文尙書，伏生傳張生及歐陽生，張生所傳以大小夏侯爲最著。是爲今文尙書。在兩漢間今文尙書分三派：即歐陽氏學，大夏侯氏學（魯人、名勝），小夏侯氏學（勝之族人、名建）。　乙、古文尙書：傳古文尙書者，惟孔氏一家，孔安國作傳，子孫習之，僅藏私家，王莽時始立于學官。

詩經：漢初著名說詩者有四家，魯、齊、韓三家爲今文，毛詩爲古文。魯詩爲浮丘伯之弟子魯人申公培所傳。齊詩爲齊人轅固生所傳。韓詩爲燕人韓嬰所傳。毛詩由子夏五傳至荀卿，卿傳之魯國毛亨，亨以授趙國毛萇，故稱毛詩。

三禮：甲、周禮：荀子多引周禮（王制篇）。足徵荀子曾治周禮，諒必傳授生徒也。漢初有李氏者，得周官上諸河間獻王，爲古文。　乙、儀禮：漢初，魯人高唐生傳士禮十七篇，爲今文。魯恭王壞孔壁得古儀禮五十六篇，爲古文，其中十七篇與今文同。　丙、禮記：漢初河間獻王得禮記百三十一篇，其時尙無傳習者。及戴德、戴聖從事刪定，乃以之教授。

春秋三傳：甲、公羊傳：公羊高之後公羊壽，於景帝時與齊人胡毋生、始將公羊學著之於書。胡毋生三傳至魯人眭孟，孟授嚴彭祖、顏安樂，世稱嚴顏之學。董仲舒亦治公羊學。　乙、穀梁傳：魯瑕丘江公受穀梁於申公培，武帝時爲博士，同時董仲舒亦治公羊，江公口訥，論辯每屈，帝因專尊公羊，宣帝以後，穀梁始與公羊並盛。　丙、左傳之出現有三說：一、漢代藏於秘府內，爲劉歆所發現。　二、左丘明六傳至荀卿，卿傳於張蒼。　三、魯恭王壞孔壁，所得之古書中有左傳。　公穀兩家爲今文，最先置博士，左傳至平帝時始列于學官。

上述漢初傳經之人，據有名可考者，乃舉其最著者耳。其實自秦亡之後，儒生已敢於民間傳業，例如田何在惠帝時年已老，隱居教授，屢徵不起，帝幸其廬受易，其所教之弟子，固不止丁寬、齊服生等人也。例如今文尙書爲伏生所傳，鼂錯傳謂「文帝時，天下無治尙書者，獨聞齊有伏生，故秦博士，治尙書」，乃遣錯往受。然賈誼傳中謂「誼年十八，以能誦詩書屬文，稱於郡中」。誼在錯前，然則誼之尙書受自何人?可知當時傳尙書者，不止伏生一人。又如司馬遷受業於孔安國，治尙書，今文家歐陽生亦曾受業於孔安國。時、魯恭王壞孔子宅，得古文尙書，孔安國獻之，安國何以能通古文尙書？必有所授之也。史書所述傳經之人，大抵皆與在官之博士有關，在野之儒，多無記錄。若只憑五經博士，少數人受業，豈能有兩漢學風之盛哉？

西漢五經立博士者：易有施、孟、梁丘三家，而同出於田何。書有歐陽、大小夏侯三家，同出於伏生。詩有齊、魯、韓三家。春秋公羊、有嚴、顏兩家，同出於胡母生。穀梁則惟有瑕丘江公。禮有大小戴兩家，同出於高堂生。此即西漢所謂十四博士，皆今文家。（或謂十四博士中有京氏易，無穀梁，然穀梁在宣帝時已立博士，京氏易則自元帝時始立博士，以先後論則京氏在後，不當無穀梁，如京氏在內，則當稱爲十六博士。且京氏易立而又廢——見後漢書范升傳）。

## 二、今古文之爭

漢初經籍，皆以秦漢流行之隸書傳寫，即後來所謂今文，初無今古文之名。古文名稱，首見於以下二事：

景帝時、河間獻王「修學好古，實事求是，從民間得善書，必爲好寫與之，留其眞，加金帛賜以招之。由是四方道術之人，不遠千里，或有先祖舊書，多奉以奏獻王者，故得書多與漢朝等。是時淮南王安，亦好書，所招致率多浮辯。獻王所得書皆古文先秦舊書、周官、尙書、禮、禮記、孟子、老子之屬、皆經傳說記，七十子之徒所論。其學舉六藝，立毛氏詩、左氏春秋博士（漢書河間獻王傳）。

武帝末、魯恭王壞孔子宅，欲以廣其宮，而得古文尙書及禮記、論語、孝經、凡數十篇，皆古字也（藝文志）。

由上述二事，可知古文由民間出現，民間必有傳授之人。河間獻王所得之書「多與漢朝等」，漢朝、指朝廷而言，其所得之書與國府相等，可知國府書中亦有古文。且惠帝除挾書之禁以後，北平侯張蒼即獻春秋左氏傳（許愼說文解字敘），此在孔壁古文出現之前，藝文志、易經部門，劉向校經時亦有古文易經，蓋自文帝立博士（申公培、韓嬰、賈誼等），武帝立五經博士，置寫書之官，皆用當時之隸書，先秦古文既不通行，故古書亦皆束諸高閣，乏人研習。

△西漢經學，重師法，各以家法敎授，師之所傳，弟子不敢改一字，而其分立之十四博士，亦有無重要意義者（例如易分施、孟、梁丘三家，而同出於田何），只是門戶之見而已。武帝置博士弟子五十人，成帝時增至三千，皆可免徭役，且可作仕進之階，學者爭趨之。當時經學敎授不同，異說頗多，加以陰陽五行之說，災異讖緯之學，混合諸經中，「多非常異義可怪之論」，由玄虛而衍爲荒誕。至於通經致用之說，尤爲固滯，如以禹貢治河，以洪範察變，以春秋決獄，以詩當諫書，牽強附會，迂疏寡當；於是哀帝時劉歆乃向古文追尋經義，與今文博士相抗辯。

劉歆傳云：歆少以通詩書，能屬文，爲成帝黃門侍郎，旋受詔與父向領校秘書，六藝傳記、諸子詩賦、數術方技，無所不究。「歆及向始皆治易。宣帝時詔向受穀梁春秋，十餘年，大明習。及歆校秘書，見古文春秋左氏傳，大好之」。「初，左氏傳多古字古言，學者傳訓而已。及歆治左氏，引傳文以解經，轉相發明，由是章句義理備焉」。歆謂「左丘明好惡與聖人同，親見孔子，而公穀在七十子後，傳聞之與親見之，其詳略不同。歆數以難向，向不能非間也；然猶自持其穀梁義」。哀帝時、歆建議立左氏春秋、及毛詩、逸禮、古文尙書、列于學官，帝令歆與五經博士講論其義，諸博士或不置對，歆乃移書太常博士責讓之，謂：今文「學官信口號而背傳記，是末師而非往古，保殘守缺，挾恐見破之私意，而無以善服義之公心。對古文深閉固拒，欲滅絕微學。夫禮失，求之於野，古文不猶愈於野乎」？大司空師丹大怒，「奏歆改亂舊章，非毀先帝所立」。帝曰「歆意欲廣道術，亦何以為非毀哉」？歆所倡之學，不獨文字依據舊本，而義訓亦別開途徑。此今古文相爭之第一案。

平帝時，歆所建議之書，均立博士，王莽時，歆又為周官立博士。光武時，立十四博士，皆仍西漢之舊，而穀梁及歆所倡之書則皆罷。但左傳諸書，經歆之提倡，傳習者已衆，承其學者，雖家居教授，如楊倫、謝該等（後漢書列傳第六十九），其弟子之多，過於今文之經師，乃時與朝廷博士相抗辯。光武時，尚書令韓歆欲為費氏易、左氏春秋立博士，建武四年正月詔博士范升平議，升謂：左氏淺末，左氏不祖孔子而出丘明，師徒相傳又無其人（謂朝廷無左氏博士），且非先帝所存。謂：費氏易如得立，則當時又有高氏易，騶夾春秋，五經奇異，並復求立，各有所執，乖戾分爭，必叛道也。韓歆陳元與升十餘次辯難，升折，帝乃立左氏學，以司隸從事李封為博士，會封病卒，左氏復廢（後漢書列傳第二十六）。此為今古文相爭之第二案。

章帝初年，賈逵奏議立左氏學，議郎李育以公羊難賈逵，互相辯論，最後帝從逵議，詔選高才生，受左氏、穀梁春秋，古文尚書、毛詩，四經遂行於世（賈逵傳），此為今古文相爭之第三案。

桓靈時，何休十七年不出門，靜心覃思，作春秋公羊解詁；又追述李育意，作公羊墨守（言不可攻也）、左氏膏肓、穀梁廢疾，鄭玄則著鍼膏肓、起廢疾、發墨守以駁之。休見而嘆曰「康成入吾室，操吾戈，以伐我乎」！（鄭玄傳），蓋康成亦善於今文也。此為今古文相爭之第四案。

當時各經皆有今古文，惟周禮無今文。今古文字體雖異，而內容無大分別，漢志云「劉向以中古文易經（中者天子之書，言中以別於外也）校施、孟、梁丘經，或脫去「无咎悔亡」，惟費氏易經與古文同」。可知漢廷亦有古文，而今古文之內容無異。漢志又云「秦燔書禁學，濟南伏生獨壁藏之。漢興亡失，求得二十九篇，以教齊魯之間」。又云「孔氏有古文尚書，孔安國以今文讀之，因以起家」。伏生壁中書爲古文，而其徒歐陽、夏侯，以今文讀之，傳諸博士，後世因以伏生爲今文家之祖。孔氏壁中書亦爲古文，而孔安國以今文讀之，而後世乃以之爲古文家之祖。讀者不同，其說有異，遂以今古文爲名，而分出支派。今古文無大差異，惟左氏與公羊兩相懸殊，其爭端肇自劉歆請立左氏，博士謂左氏乃古史之一，並非解釋春秋經者，如隱公二年、桓公元年等篇，俱有與經不同之內容，又以左丘明不傳春秋以詆之。於是公羊、左傳，遂爲相爭之焦點。古文派所持之說，自有其理，竭力排除今文家「異議可怪之論」，總結兩派之主張，列表於下，以見其不同：

| 今文派 | 古文派 |
|---|---|
| 1. 崇奉孔子。 | 1. 崇奉周公孔子。 |
| 2. 尊孔子爲受命之素王。 | 2. 尊孔子爲先師。 |
| 3. 以孔子爲託古改制。 | 3. 以孔子爲信而好古、述而不作。 |
| 4. 以六經爲孔子所作。 | 4. 以六經爲古代史料。 |
| 5. 其學以公羊爲主、言制度則宗禮記、王制。 | 5. 講學以左氏爲主、言制度則宗周禮。 |
| 6. 爲經學派。 | 6. 爲史學派。 |
| 7. 西漢多爲官學。 | 7. 西漢多行民間。 |
| 8. 盛於西漢。 | 8. 盛於東漢。 |
| 9. 斥古文經傳爲僞造。 | 9. 斥今文經傳爲秦時殘缺之餘。 |

| 10.信緯書，以孔子微言大義存其間。 | 10.斥緯書爲誣妄。 |
|---|---|

## 三、結論

秦火之後，經典殘缺晦昧，幾不可復讀，西漢諸儒，蒐羅整理，體系大備，厥功甚偉。官學博士用時行之文字傳經，方便行事，自然適宜，然對于古文原本，則未加重視，而民間傳授，仍有其人。今古文內容無大差別，而亦有異點，除字體不同而外，篇數亦有不同者，如尙書、伏生所傳今文二十九篇，而孔壁中古文則四十六篇。禮、高堂生所傳今文十七篇，而孔壁所得古文五十六篇。周之典章制度載於周禮，北宮錡問周室班爵祿之制，孟子曰「其詳不可得聞也，諸侯惡其害己也，而皆去其籍。然而軻也嘗聞其略也。……天子之制，地方千里、公侯皆方百里，伯七十里，子男五十里」（萬章篇）。諸侯各欲擴展領土，不受法定之限，故毀滅典籍，孟子所答者爲傳聞之說。漢初求書、古籍出現，即馬融所謂「出自山崖屋壁」者，河間獻王自民間得周禮，周禮之制謂「公五百里，侯四百里，伯三百里，子二百里，男一百里」（夏官），與孟子所說不同。文帝時未見周禮，命博士撰王制，即用孟子之說，先入者爲主，博士竟不採納古文。然今古文所爭，不在此類問題，而在乎講經之宗旨與義理。

今文家用陰陽之學以解經，「多異義可怪之論」，詩爲樂章文藝，而齊魯韓三家亦用陰陽天人之學以作解。董仲舒春秋治獄十六篇，引春秋之義以決獄，其書今已不見，而其春秋繁露、同類相動、五行等篇，則多可怪之語。何休注公羊怪語尤多，謂孔子預知漢室將興而作春秋，故當時有「春秋爲漢制作」之語，以孔子爲預知未來之神人。今文家欲神化孔子，因而造出緯書，春秋緯云「孔子著春秋、孝經告成、跪告天，天生彩雲下賜一玉」。以孔子爲神人，因而所講五經之義，充滿神秘。桓譚新論云：當時「秦近君能將堯典篇目兩字之說，至十餘萬言」。故「幼童守一藝，白首而後能言」（藝文志）。因此劉歆出而提倡古文，追尋經書本來之面目，據實詳論章句訓詁，考證典章文物，不空講微言大義，不取陰陽家及緯書之言，抨擊今文家「可怪之論」，而歸于平易實際，此實當時之革命學派。然而朝廷始終支持今文，劉歆建議所立之古文博士，光武時又盡罷之。光武好讖，中元元年，宣布圖讖於天下，明帝以下皆信讖，東平王蒼（光武子）受詔正五經章句，皆以讖議，俗儒趨時，益爲其學，言五經者皆憑讖以爲說（隋史經籍志）。宣帝博徵群儒、論五經于石渠閣；章帝詔諸儒會白虎觀，議五經同異，皆以今文爲主。然而古文之學終不能泯，歷經數次爭論，而桓譚、馬融、賈逵、許愼等，相繼而出，發明古文義理，其弟子之多，有達萬人者，今文派乃勢屈而衰。

淸末今文經學家康南海謂：「漢代之古文經典乃劉歆所僞造」；此言非也！蓋自漢初張蒼、河間獻王，皆有古文經書，劉向校國府書籍，其中亦有古文；且古文經典及經說之多，決非一人一時所能僞造，如謂其書中有後人之文，則公羊傳爲景帝時所寫出，其他今文經典，亦非盡爲孔子之原著，而緯書怪異之說，更爲孔子當日所未道。總之道體相同，枝節之爭，無妨大義也。

鄭玄傳云「中興之後，范升、陳元、李育、賈逵之徒，爭論古今，後馬融答北地太守劉瓌，及玄答何休，義據通深，由是古學遂明」。康成囊括大典，網羅衆家，集古今文說之大成，不守一先生之言，刪裁繁誣，刊改漏失，自是學者略知所歸，爭端乃息。劉歆爲首倡古學之大師，康成乃古學之功臣也。然陰陽家之說，爲兩漢學術風尙，爲學者所必談之事，故劉歆解左傳亦涉及災異（漢書五行志），康成混合今古文、亦未能避免災變之說，以今文家藉災異以講經義，故論及今文之義理，自然不能脫離陰陽家之言也。

## 四、漢儒依經義以主政論

儒家之政治思想，括在六經之中，其第一要旨爲「天下爲公，選賢與能」（禮運），選賢與能之責，由國家賢能之元首承擔。尙書洪範云「天子作民父母，以爲天下王」，人民尊元首曰天子，猶如宗教家尊耶穌爲上帝之子，同其誠敬。天爲至高無上之意，天子負愛民保民之責，故曰「爲民父母」，能負此責，故能「爲天下王」，天子之地位至高，其責任亦至大。

中國倫理思想，人與人當互相尊重，無論個人或團體，雙方相對，各有應盡之義，而無偏傾不平之患，人民尊元首比之於天，元首尊人民亦然，故禮記王制有「天民」之稱。尙書云「天聰明，自我民聰明，天明畏，自我民明威」，「天視自我民視，天聽自我民聽」（皐陶謨、泰誓中），天之聰明，自何處視聽，由人民之視聽，以爲視聽；顯揚善類，威罰惡類，天無私意，因人民之好惡，以爲好惡；天之視聽，以人民爲準，「民之所欲，天必從之」（泰誓上），民意即天意，元首受天命爲天子，亦即順民意而爲帝王，故得民心者王，失民心者亡，「民惟邦本」（尙書五子之歌），乃天然之事實，「苟無民，何有君？」（戰國策、齊策），故孟子云「民爲貴，君爲輕」（盡心篇）。國君恭身率正，人民服從領導，民尊君，君重民，彼此各盡其義，此自然之倫理。「堯舜帥天下以仁，而民從之；桀紂帥天下以暴，而民從之」（大學）；國家治亂，人羣禍福，其關鍵全在國君，故儒家謂「爲政在人」（中庸），其政治理論，重在明君賢臣之道，君明臣賢，始能政通人和，君民一體，而達於盛治。

漢朝儒學復興，朝廷雖王霸雜用，而政教紀綱，本乎儒典，學者祖述經義，以明政理，其立說要旨：以人民爲國家主體，「亶聰明作元后」（泰誓上），誠實而聰明者，始能爲國君，國君爲人羣中之賢能，由人羣之擁護而作元首：董仲舒春秋繁露滅國篇云「王者民之所往，君者不失羣者也，故能使天下往之，而得天下之羣者，無敵於天下」，白虎通號篇亦云「王者往也，言天下所歸往；君者羣也，羣下所歸心」。繁露堯舜不擅移篇引荀子大略篇之意云「天之生民，非爲王也；天之立王，以爲民也」；鄭康成周禮鄉大夫注云「古今未有遺民而可以爲治者」。——總上所述，元首爲人羣所歸心，故能負治國大任，由人羣擁護而居君位，雖爲至尊，然「五帝三王治天下，不敢有君民之心」（繁露王道篇），君當以羣衆爲主，而自居客體；故國君對人民，自稱曰孤、寡人，或「予一人」（見禮記玉藻、曲禮，尙書湯誥），一人當然以多數人爲主體，以衆人之幸福爲幸福，故國君兢兢業業，不敢怠荒，戒愼惕厲，惟恐措施不當，失却人羣之信仰。

孔子曰「唐虞禪，夏后殷周繼，其義一也」（孟子萬章上），堯舜讓賢，夏禹傳子，湯武革命，其目的皆爲治國安民，因事而制宜，故曰其義一也。國計民生之大事，必須賢能人才，始克勝任，國君爲賢能中之才德兼備者也。當受人羣之推崇以當大任。君者主也，家君爲家長，主一家之事，國君爲元首，主一國之事，故繁露深察名號篇云「君者權也」，言君掌一國之政權也，若不畀君以主政之權，則人人各執己意，干預政事，奸臣莠民各逞其能，豈不天下大亂？故繁露王道篇云「未有去人主之權，能制其勢者也」，勢，即指一切致亂之惡勢力而言。「王者以愛利天下爲意，以安樂一世爲事」（繁露王道通篇），衆人必須尊重國王之職權，故毛詩板傳云「王者天下之大宗」，何休公羊隱公元年解詁云「政不由王出，不得爲政」，非人人皆可發布政令也。論語顏淵篇孔子云「政者正也，子帥以正，孰敢不正」？政由君出，君負表率國民之責任，故繁露王道篇謂：君王當正朝廷以正百官；劉向說苑云「本不正者，末必倚；有正君者無危國」；何休公羊桓公十四年解詁云「王者當以至信先天下」；毛詩小宛傳云「上爲亂政，而求下之治，終不可得」。——古今一理，朝廷政府，元首官吏，爲政治集團，此集團爲賢能者所組成，則國治民安，反之，則民亂國危，政治集團亦必潰敗，君主民主其實一也。

明君賢臣，風雲際會，治理國事，表率人民，非私情之結合，王者以至公之心，選舉賢能以圖治，不敢自專。——禮、公卿大夫士，皆須選賢而用，故公羊傳、隱公三年云「世卿，非禮也」。卿大夫之後，或須撫恤，雖有世祿，而無世位，故繁露王道篇，白虎通封公侯篇，皆言大夫不得世位，以防阻塞賢路。君以公心選拔賢能，集羣賢之力，以爲己力，繁露立元神篇云「建治之術，貴得賢而同心」；毛詩卷阿，鄭箋云「王當屈體以待賢者」；又南有嘉魚箋云「君下其臣，故賢者歸往」；國君用賢納諫，集思廣益，故政無弊端，庶績咸熙；六經所示，雖爲君主政體，而無專制獨裁之憲章。何休公羊隱公元年解詁云「君敬臣，則臣自重；君愛臣，則臣自忠」；趙岐孟子滕文公上注云「男子之道，當以義正君」；此言君臣互盡其倫也。毛詩無衣篇傳云「上與百姓同欲，則百姓樂致其死」，趙岐孟子梁惠王下注云「上恤其下，下赴其難」；此言君民互盡其倫也。——如此上下一體之倫理，習爲當然之法則。

朝野上下，各盡其義，全國一體，國君總理國事，掌握主權，雖能以身率正，然亦有定律以爲準則，鄭注周禮太宰云「典即禮經，王所秉以治天下者也」；趙岐孟子盡心上注云「爲天理民，王法不曲」；君臣上下，皆有法律規定，君雖有秉法之權，不但不能越法，亦不敢以私意改變公法，故繁露保位權篇，力戒國君作威作福。國以民爲本，故君權有其限度。天爲至高無上之眞理，天子奉天命，除暴安良，誅罪人，曰「恭行天罰」；安萬民，曰「欽崇天道」（尚書甘誓，仲虺之誥）。位尊者易傲，權大者易濫，中等以下之君，易流於獨裁，自古人心「惟天為大」，天子當法天行事，漢儒強調此義，以君隨天，以天制君，故繁露云「以天之端，正王之政」（二端篇）；不能應天，便不能順人，必遭廢棄，故云「天之所棄，天下弗祐」（觀德篇）。以天統君，君當體天行道；天道由隱而顯，世事由小而大，故人君當愼終於始，防微杜漸；漢儒乃藉禨祥災異之說，以警人君，使其有禁忌之心理，而不敢疏慢行事；人君亦能採納運用，以作自律之箴，陰陽家之學，遂混合於儒家，流行於兩漢政教風氣之中，兩漢無暴慢之君，而成清平盛世之隆，儒者之功也！

# 第六章　西漢之儒

儒家之處世思想，以仁爲出發點，順乎人情之自然，由理性開出人生之路，其道平易近人，小而修身齊家「愚夫愚婦，可以能行」；大而經國濟世，「一夫不獲，則曰是予之辜」（尚書說命），故「及其至也，雖聖人亦有所不能焉」（中庸）。其修齊治平之道，總歸乎倫理，以五倫爲本，擴而大之，爲人群博愛之德；此自周朝以來，政治制度，社會禮俗，已形成當然之規律，政權有變，而此經常之道不變。故秦皇雖焚書坑儒，而不能改此世道人心。彝倫攸叙，五典克從，此爲治世之要道。至於帝王讓賢傳子，改正朔，易服色，細枝末節之事，因事制宜，無可無不可，儒者不强與爭論。是以黃老學盛，政治作風，崇尚清簡；陰陽學盛，而其要「歸於仁義節儉，君臣上下六親之施」，皆不悖儒家之道，儒家亦能相與融洽，而和衷共濟。

儒家之道，早已洽於社會人心；儒家之學早已成爲顯學。儒生雖遭秦之劫而亡命偷生，仍不怠其故業，故秦涉倔起，而魯之諸儒即往歸之，涉尊孔甲爲博士，而卒與共生死。秦之亡運既定，諸儒始敢公然露面，沛公擊項羽，引兵圍魯，魯中諸儒，尙講誦習禮，絃歌之音不絕，儒者抱道用世之精神，令人感嘆！（漢書儒林傳）。

漢高爲沛公時，不喜儒，常嫚罵儒生，酈食其年六十餘謁見，帝方踞牀，令兩女子洗足，傲不爲禮，食其曰「必欲聚義兵，誅無道强秦，不宜踞見長者」！於是帝輟洗起衣，延食其上座，謝之，食其乃隨而從事，下陳留、守敖倉，皆其謀也；又憑軾說齊王，不戰而下齊七十餘城，功著當時。陸賈以客從高帝平天下，越南王趙佗有不臣之心，賈往說服之。賈在帝前，時時講說詩書，帝罵之曰「乃公居馬上得天下，安事詩書」？賈曰「馬上得之，寧可馬上治之」！乃引亡秦之轍以爲戒，帝有慚色，謂賈曰「試爲我著秦所以失天下，吾所以得之者；及古成敗之國」。賈乃著書十二篇，每奏一篇，帝未嘗不稱善，名其書曰新語（漢書列傳第十三）。乃至用張蒼主郡國會計，用叔孫通定朝儀，此二人皆秦之博士。高帝初不喜儒，而自爲沛公以至定天下登帝位，雖以馬上得天下，而未始不藉儒者之力。晚年過魯以太牢祀孔子，已足見其重視儒術矣。文帝雖好刑名之言（文帝紀），然亦喜賈誼仁義之說，又遣鼂錯受尙書於伏生，自此民間之藏書漸出，儒家興盛之運，始放曙光。及至武帝，董仲舒以賢良對策，尊孔氏而抑百家（董仲舒傳），「丞相衛綰奏所擧賢良、或治申商韓非蘇秦張儀之言，亂國政，請皆罷，奏可」（武帝紀）。武帝蓋順政敎傳統之正軌，學術自然之趨勢，故罷黜百家，表章六經，興太學、擧孝廉，立五經博士，於是儒學大盛。

所謂罷黜百家，亦只未將百家列于太學而已。自惠帝四年，除挾書之禁，文帝又求天下之遺書，百家之學亦隨儒家而俱興，故黃老之淸靜，輔導文景之盛治；陰陽家天人相與之論，自武帝時由大儒董仲舒盛倡其說，遂成爲兩漢之學術風尙。不惟黃老陰陽與儒家並行，乃至申韓之刑名，蘇張之縱橫，亦皆傳習不絕，路溫舒學律令，于定國，少學法于父（漢書各本傳），郭躬父弘習小杜律，躬少傳父業，講授徒衆常數百人（後漢書郭躬傳），陽球好申韓之學，此則法家之學仍在也。主父偃學長短縱橫術，著書二十八篇與鄒陽、徐樂、莊安、聊蒼所著之書皆列于藝文志，皆縱橫家之言也。田蚡學盤盂書（田蚡傳注：孔甲盤盂二十六篇、雜家書、兼儒墨名法者也）。而淮南子及東方朔所著之書，皆見於漢志，列於雜家，可見百家之學仍然傳述，習其學而得志者與儒生同列于朝廷。惟朝廷以五經立學，由是而儒術特盛，故顯名於時者，多爲儒學之臣而已。

儒家之學本爲正統，儒生又多於百家之徒，武帝依據事實，順乎朝流，故罷黜百家，其實漢室家法所傳之法術，乃黃老申韓參合應用，實際並非純用儒術，漢書元帝紀曰：

帝爲太子時，柔仁好儒，見宣帝多用文法吏，以刑名繩下，大臣楊惲、盍寬饒等，坐刺譏辭語爲罪而誅。嘗侍燕，從容言：「陛下持刑太深，宜用儒生」。宣帝作色曰「漢家自有制度，本以霸王道雜之，奈何純任德教用周政乎？且俗儒不達時宜，好是非古今，使人眩於名實，不知所守，何足委任」？乃嘆曰「亂我家者太子也」！由是疏太子。

爲政之道，儒家主張「導之以德，齊之以禮」；法家主張「導之以政，齊之以刑」；所謂「王」指儒家之道而言，所謂「霸」指法家之術而言。文帝好刑名之言，張歐以善治刑名侍景帝（張歐傳），張湯治獄深文嚴刻，武帝以爲能；杜周繼湯爲廷尉，執刑酷暴，武帝稱其「盡力無私」。漢室王霸雜用，然而儒學風盛，儒臣盈廷，政治大事，仍歸儒道，文帝除肉刑，景帝詔「治獄務先寬」。武帝策賢良，慕成康之盛治，哀秦皇之嚴刑，于定國爲治獄專家，及爲廷尉而迎師學春秋。黃霸自幼學律令，及爲廷尉正，而從夏侯勝習尚書。張湯爲廷尉，以苛刑著名，而好依文學之士，丞相公孫弘，屢稱其美。路溫舒以善律令爲廷尉史，而上宣帝書言：「宜尚德緩刑」，宜「滌煩文，除民疾」，亟言獄吏深刻殘賊之弊。溫舒又通春秋，內史舉之爲文學高第。此可見儒家能融合各家之長，且禮治君子，法治小人，儒家亦不廢刑罰也。

「濟南瞯氏宗人三百餘家豪猾，二千石莫能制，於是景帝以郅都爲濟南守，至則誅瞯氏首惡，餘皆股栗，居歲餘，郡中不拾遺」。「長安宗室多犯法，景帝以寧成爲中尉，其執法嚴如郅都，宗室豪傑人人惴恐」(漢書列傳第六十)。元惡大憝不可理喻,惟畏刑罰,法家「信賞必罰,以輔禮制」,湯曰「先王以明罰飭法」,執法嚴明,亦王道所需也。漢室雖王霸雜用,而特崇儒學,百家各現其用,而殊途同歸,蓋自此儒家容衆流而爲一,而儒之道,乃益大矣。

漢初儒者:如酈食其、婁敬、叔孫通等,皆親歷秦之亂世,不肯茍合,漢興乃出而投效,其思想言論,雖無著述,然觀史書所述其生平,言行有度,治事有方,可謂純儒矣。高帝而後,黃老學興,繼之陰陽學盛,儒者與之合流,豈惟董仲舒劉向而已哉?一代學術風尚,潮流所趨,信仰有深淺,言論不能避諱也。略舉西漢主要學者數人如下:

## 一、陸賈

陸賈楚人,以客從高帝定天下,有口辯,居左右,常使於諸侯。趙佗、趙人也,在秦二世時爲南海尉,天下亂,佗雄據一州,秦亡,佗即擊併桂林象郡,自立爲南粵王,高帝平天下,遣賈立佗爲南粵王,佗傲不爲禮,賈善說辭,卒使佗服從稱臣,帝大悅,拜賈爲太中大夫。賈在帝前時講詩書,帝罵曰「乃公以馬上得天下,安事詩書」?賈曰「馬上得天下。不能以馬上治之」!乃陳湯武之所以興,秦之所以亡,以作諷,帝不懌,有慚色,曰「試爲我著秦所以失天下,及吾所以得之者,及自古成敗之道」,賈乃著書十二篇,每奏一篇,帝未嘗不稱善,名其書曰新語;高帝之通文事,重政治,由賈啓之也。其後助陳平設計誅諸呂立文帝,皆與有功。今觀其書,約其要旨如下:(其書文字多闕誤,以下所錄,有就其意而補改之句)。

儒道兼宗:道基篇曰「天生萬物,以地養之,聖人成之,功德參合,而道術生焉。故曰:張日月，列星辰，序四時，調陰陽，布氣治性，次置五行。春生夏長，秋收冬藏，陽生雷電，陰成雪霜。養育群生，一茂一亡，潤之以風雨，曝之以日光，溫之以節氣，降之以隕霜；位之以衆星，制之以斗衡，苞之以六合，羅之以紀綱。改之以災變，告之以禎祥，動之以生殺，悟之以文章」。又謂：先聖順天地自然之理，以定人道、立王道。後聖定五經、立人倫，垂諸來世，以匡治亂，天人合策，原道悉備。又謂：聖人治天下，懷仁仗義，故危而不傾，佚而不亂。輔政篇云「堯舜以仁義爲巢，故高而益安，德配天地。秦以刑罰爲巢，故有覆巢破卵之患」。

無爲而治：無爲篇云「夫道莫大於無爲，行莫大於謹敬」。謂：舜彈五絃之琴，歌南風之詩，而天下治。周公制禮作樂，刑格法懸，而越裳之君，重譯來朝。秦始皇設車裂之誅，以斂奸邪；築長城，以防胡戎；征大呑小，威震天下；事愈煩，天下愈亂；法愈滋，而姦愈熾。法所以誅惡，非所以勸善，故曾閔之孝，夷齊之廉，豈畏死而爲之哉？至德篇云：夫形重者則身勞，事重者則心煩，心煩者則刑罰縱橫而無所立；身勞者則百端廻邪而無所就。是以君子之爲治也，塊然若無事，寂然若無聲，官府若無吏，亭落若無民，犬不夜吠，鳥不夜鳴，老者息於堂，壯者耕於田，在朝者忠於君，在家者孝於親，於是賞善罰惡而潤藥之，興辟雍庠序而教誨之，不言而信，不怒而威，豈恃堅甲利兵、深刑刻法哉！

反對異說：愼微篇云：孔子謂顏淵曰「用之則行，舍之則藏」，言顏淵道施于世，而莫之用也。世人不能懷仁行義，分別纖微，忖度天地，乃苦身勞形，入深山求神仙，棄二親、捐骨肉，絕五穀、廢詩書，背天地之寶，求不死之道，非所以通世防非者也。夫播布革，亂毛髮，登高山，食木食，視之無優游之容，聽之無仁義之辭，忽忽若狂痴，當世不蒙其功，後代不見其才，君傾而不扶，國危而不持，寂寞而無鄰，寥廓而獨寐，可謂避世，非謂懷道者也。懷慮篇云：夫世人不學詩書行仁義，求聖人之道，極經藝之深，乃論不驗之語，學不然之事，圖天地之形，說災變之異，棄先王之法，異聖人之意，惑學者之心，移衆人之志，動人以邪變，驚人以奇怪，聽之者若神，視之者如異。然猶不可以濟於厄而度其身，或觸罪犯法不免於戮。故事不生於法度，道不本於天地，可言而不可行也，可聽而不可傳也。

守道不惑：思務篇云：夫長於變者，不可窮以詐；通於道者，不可驚以怪，審於辭者，不可惑以言；喻於義者，不可動以利。是以君子廣思而博聽，進退循法，動作合度，聞見欲衆，而採擇欲謹，目不淫炫燿之色，耳不聽鄭衞之音。示之以晉楚之富，而志不回；談之以喬松之壽，而行不易，然後能一其道而定其操。凡人則不然，目放於富貴之榮，耳亂於不死之道，故多棄其所長，而求其所短，得其所亡，而失其所有；見一利而喪萬機，求一福而致萬禍。

陸氏爲漢興首先有著作之儒臣，總覽其思想言論，爲熱心用世之儒，其政論以儒家之「仁義」爲主體，以道家之「無爲」爲法則，謂好戰者必敗，與民爭利者必亂（至德篇）。謂上崇儉德而民從之，不貴難得之貨，以快淫邪之心（本行篇），此實西漢黃老政治開端之言。陰陽家之思想，早在人心，陸氏反對不學詩書而說災異；然謂：天道有定序，人事不可亂，「聖人因天變而正其失，理其端而正其本」（思務篇），此又董仲舒天人三策之導言也。兩漢思想爲儒家、道家、陰陽家之綜合體，陸氏可謂最初之代表人物也。

## 二、賈誼

賈誼洛陽人，年十八，以能誦詩書屬文，稱於郡中。河南守吳公聞其才，召置門下，甚幸愛。文帝初立，聞吳公治平為天下第一，嘗從李斯學，乃徵為廷尉，廷尉乃言誼年少，頗通諸家之書，帝召為博士，時誼年二十餘，每詔令議下，諸老生未能言，誼盡為之對，人人各如其意所欲出，皆以誼為能。文帝悅之，一歲之中超遷至太中大夫，建議改制，帝謙讓未遑，然諸法令所更定，及列侯就國、其說皆誼發之。於是天子議以誼任公卿之位，周勃、灌嬰等毀之曰：誼「年少初學，欲擅權，紛亂諸事」。帝乃疏之，以為長沙王太傅。久之，帝思誼，召見，問鬼神之事，至夜半。終莫能用，拜為梁懷王太傅，懷王為文帝之少子，後墜馬而死，誼自傷為傅無狀，歲餘亦死，年三十三，著書五十八篇，名曰新書，今存五十六篇。

賈生博學高才，有遠大之識，明治亂之本，被降為梁王太傅，依然忠誠奮昂，上治安策，謂「今之事勢，可為痛哭者一，可為流涕者二，可為長太息者六」。所陳九事如下：

可為痛哭者一：當時天下初定，制度疏濶，諸侯僭分，地過古制。賈生鑒於前事，高帝時諸侯王，大抵強者先反，如韓信、韓王信、貫高、陳豨、彭越、黥布、盧綰等，皆依次而反，所謂「尾大不掉，末大必折」也。惟長沙王吳芮，僅二萬五千戶，功少而最完，勢疏而最忠。諸侯王之叛變，並不在乎異姓與同姓之分；濟北王興居、齊悼惠王之子、文帝之從子也，於文帝三年反；淮南王長，文帝之異母弟也，於文帝六年反；恃親貴而驕橫，恃勢大而不遜，久之與朝廷惡感相激，遂生逆心。賈生以為此天下之大患，故曰「可為痛哭」。謂「欲天下治安，莫若衆建諸侯，而少其力，力少則易使以義，國小則無邪心，令海內之勢，如身之使臂，臂之使指，莫不制從。諸侯之君，不敢有異心，輻湊並進，而歸命天子」。欲使諸王皆忠附，必須削其權，欲削其權，必須削其封土，割地定制，令齊、趙、楚、燕、梁各爲若干國，使諸王之子孫，俱以次各受其祖之分地，宗室子孫莫慮不王，則下無背叛之心，而天下不亂矣。

可爲流涕者二：今匈奴慢侮侵略，至大不敬也，而漢歲致金絮采繒以奉之，足反居上，首顧居下，倒懸如此，莫之能解，猶謂國有人乎？此可爲流涕者一。匈奴之衆，不過漢一大縣，以天下之大困於一縣之衆，甚爲執事者羞之！今不獵猛獸而獵田彘，不搏反寇而搏畜兔，翫細娛而不圖大患，非所以爲安也。德可遠施，威可遠加，而直數百里外，威令不伸，此可爲流涕者二也。

可爲長太息者六：一曰民生奢侈、今帝身衣皀綈，而富商大賈，墻屋被文繡，此怪亂之現象也。夫百人作之，不能衣一人，欲天下無寒，胡可得也！一人耕之，十人聚而食之，欲天下無飢，不可得也！飢寒切於民之肌膚，欲其不爲奸邪不可得也。　二曰倫理敗壞、秦用法治而棄禮義，「故家富子壯，則出分；家貧子壯，則出贅；借父耰鉏，慮有德色；母取箕箒，立而誶語；抱哺其子，與公併倨；婦姑不相悅，則反唇而相稽；其慈子嗜利，不同禽獸者無幾矣」。今其遺風餘俗，尚未改也。　三曰常法未定、今大臣只以簿書爲大事，對世風敗壞，恬不知怪，夫移風易俗，使天下向道，非俗吏之所能爲也；夫立君臣，等上下、使父子有禮，六親有紀，此非天之所爲，人之所設也。管子曰「禮義廉恥，國之四維，四維不張，國乃滅亡」。今當定經制，令君君臣臣，上下有差，父子六親，各得其宜，則世世常安；若夫經制不定，是猶渡江河無維楫，中流而遇風波，船必覆矣。　四曰當早敎諭太子，古之王者，太子孩提之時，由三公三少，明孝仁禮義，以導習之；選天下之端士有道術者，使與居處；故太子乃生而見正事，聞正言，行正道，左右前後，皆正人也，三代之所以長久者，以其輔翼太子有此具也。天下之命懸於太子，太子之善，在於早教諭，教得而左右正，則太子正，而天下安矣。　五曰崇尚禮治、夫禮者禁於將然之前，而法者禁於已然之後。若夫慶賞以勸善，刑罰以懲惡，先王豈不用哉？然而禮云禮云者、貴絕惡於未萌，而起教於微眇，使民日遷善遠罪，而不自知也。湯武置天下於仁義禮樂，傳子孫數十世，此天下所共聞也；秦王置天下於法令刑罰，禍幾及身，子孫誅絕，此天下所共見也；今或言禮義之不如法令，教化之不如刑罰，人主胡不引殷周秦事以觀之也？　六曰優禮大臣、廉恥禮節以治君子，故有賜死，而無戮辱，是以黥劓之罪不及大夫，所以禮貌大臣而厲其節也。古者大臣有坐不廉而廢者，不謂不廉，曰「簠簋不飾」，坐汙穢淫亂者，不曰汙穢，曰「帷薄不修」，坐罷軟不勝任者，不謂罷軟，曰「下官不職」。其有大罪者，則北面再拜，跪而自裁，上不使捽抑而刑之也，曰子大夫有過耳，吾遇子有禮矣。故化定俗成，則爲人臣者，主而忘身，國而忘家，公而忘私，利不苟就，害不苟去，唯義所在，此厲廉恥行禮義之所致也。

文帝時，漢興已二十餘年，天下和洽，民間安樂，然秦世輕蔑禮義之餘風猶在，社會倫理，亟須重整，「無爲」政治，與民休息，家給人足，然富民生活奢侈，易於引起縱慾無度之亂萌；而對匈奴邊患，當以武力制止侵略，啗之以利，以求暫安，實非長策。而最可慮者爲內亂發生，諸王尾大不掉，已有實行叛逆者，故賈生主張削諸王之地，以弱其權，文帝當時雖未採納，然賈生死後數年，文帝思其言，乃分齊爲六國，分淮南爲三國。文帝崩，景帝立三年，而吳楚趙三大國，竟連合四齊王舉兵反。賈生當時所陳，皆爲深謀遠見之計，故主張定制度，削王權，强邊防，重農業，以禮樂教育爲治。賈生實爲一積極有爲之士，故劉向稱其「通達國體，雖古之伊管未能遠過」。人皆惜其才未盡用，竟以憂死，然而倘其當日無人攻毀，而果然位至公卿，則必强持削諸王土地之策，則必與鼂錯同一罪名而被誅，故其未得志，而又「夭年早終」，亦賢者不幸之幸也。

賈生之思想，亦爲儒道合一，觀其論道術、及道德說可知（見新書第八），其言曰：

請問「道者何謂也」？對曰「道者所從接物也，其本者謂之虛，其末者謂之術。虛者、言其精微也，平素而無設儲也；術者、所從制物也，動靜之數也，凡此皆道也」。—此言一切事物，皆有其道，不明其道，則無從處理，道之本體，無象無形，故曰虛。明其道始能悟其術，故以術爲末。所謂「虛」並非空無所有，乃是其包括之理精微之至，不可言喻，平素自在，隱而不顯。道爲體，術爲用，故曰凡制作事物，一切行止，皆道也。—此與老子所講之道體冲虛，妙用無窮，同義。

請問「虛之接物何如」？對曰「鏡儀而居，無執不藏，美惡畢至，各得其當。衡虛無私，平靜而處，輕重畢懸，各得其所。明主者、南面而正，清虛而靜，令名自宣，命物自定。如鑑之應，如衡之稱，有舋和之，有端隨之。物鞠其極，而以當施之，此虛之接物也。—此與老子所謂「我無爲而民自化，我好靜而民自正」。及莊子應帝王所謂「至人之用心若鏡，不將不迎，應物而不藏，故能勝物而不傷」同義。

請問「術之接物何如」？對曰「人主仁、而境內和矣，故其士民莫弗親也。人主義、而境內理矣，故其士民莫弗順也。人主有禮、而境內肅矣，故其士民莫弗敬也。人主有信、而境內貞矣，故其士民莫弗信也。人主公、而境內服矣，故其士民莫弗戴也。人主法、而境內軌矣，故其士民莫弗輔也。舉賢則民化善，使能則官職治。英俊在位，則主尊；羽翼勝任，則名顯；操德而固，則威立；敎順而必，則令行。周德則不蔽，稽驗則不惶，明好惡則民心化，密事端則人主神。術者、接物之遂，凡權重者必謹於事，令行者必謹於言，則過敗鮮矣。此術之接物之道也」。—此即論語顏淵篇：孔子曰「政者正也，子率以正，孰敢不正」？荀子君道篇「源淸則流淸，源濁則流濁，上好禮義，尙賢使能，無貪利之心，則下亦將綦辭讓，效忠信，而謹於臣子矣」。

賈生之道德說頗縝密，惟原文字句有脫誤，玆摘其大意如下：

德有六理曰道、德、性、神、明、命。何謂道？曰「道者無形」，「未變者，道之頌（容）也、變及諸生之理，皆道之化也」。—此即莊子天地篇所謂「形非道不生」。

何謂德？曰「德之有也，以道爲本」，「道雖神，必載於德」，「德生物，又養物，則物安，德之理也」。—此即莊子天地篇所謂「物得以生，謂之德」。

何謂性？曰「性、神氣之所會也」，「性者、道德造物，物有形，而道德之神專而爲一氣」，「性立、則神氣曉曉然發而通行於外矣」。—此即莊子天地篇所謂「形體保神，各有儀則，謂之性」。

何謂神？曰「神者、道德神氣發於性也」。「物理及諸變之起，皆神之所化也」。—此即莊子知北遊，所謂「神明至精，與彼百化」。

何謂明？曰「明者、神氣在內，則無光而爲知，明則有輝於外矣」。「光輝謂之明」。「明生識，而通之以知」。—此即莊子天地篇所謂「立之本原，而知通於神」。

何謂命？曰「命者、物皆得道德之施以生，則潤澤性氣神明，及形體之位分數度，各有極量指奏矣，此皆所受其道德，非以嗜欲取捨然也。其受此則也，礐然有定矣，不可得辭也，故曰命」。—此即莊子天地篇所謂「未形者有分，且然無間，謂之命」。道德性神明命爲德之六理，「陰陽天地人，盡以六理爲內度。是以陰陽各有六月之節，天地有六合之事，人有仁義禮智信之行，行和則樂興，樂興則六，此之謂六行」。「人雖有六行，微細難識，唯先王能審之，凡人弗能自至，是故必待先王之教，然後知所從事」（新書六術篇）。人之德性相同，然不能齊，故有聖凡之分，聖爲先知先覺者。孟子萬章篇云「天之生此民也，使先知覺後知；使先覺覺後覺」；荀子性惡篇云「聖人積思慮，習僞故，以生禮義而起法度」，「必待聖王之治，禮義之化，然後皆出於治，合於善」。聖人成已成物，負參贊化育之責，衆人可不敬從乎？賈生之言與孟荀同。

賈生之政治論，以民爲國之本，以教爲政之本，政教合一，純爲儒家之言，其言云：

聞之於政也，民無不爲本也；國以爲本，君以爲本，吏以爲本，故國以民爲安危，君以民爲威侮，吏以民爲貴賤，此之謂民無不爲本也。聞之於政也，民無不爲命也；國以爲命，君以爲命，吏以爲命，故國以民爲存亡，君以民爲盲明，吏以民爲賢不肖，此之謂民無不爲命也。聞之於政也，民無不爲功也；故國以爲功，君以爲功，吏以爲功，國以民爲興壞，君以民爲弱强，吏以民爲能不能，此之謂民無不爲功也。聞之於政也，民無不爲力也；故國以爲力，君以爲力，吏以爲力，故夫戰之勝也，民欲勝也，攻之得也，民欲得也，守之存也、民欲存也。故吏率民而守，而民不欲存，則莫能以存矣；故率民而攻，民不欲得，則莫能以得矣；故率民而戰，民不欲勝，則莫能以勝矣。

凡居上位者，簡士苦民者，是謂愚，敬士安民者，是謂智。君能爲善，則吏必能爲善矣；吏能爲善，則民必能爲善矣。故民之不善也，吏之罪也；吏之不善也，君之過也。嗚呼！戒之戒之！故夫士民者，率之以道，然後士民道也；率之以義，然後士民義也；率之以忠，然後士民忠也；率之以信，然後士民信也（大政上）。

刑罰不可以慈民，簡泄不可以得士，故欲以刑罰慈民，辟其猶以鞭狎狗也，雖久弗親矣。故欲以簡泄得士，辟其猶以弧怵鳥也，雖久弗得矣。　君明而吏賢矣，吏賢而民治矣，故見其民而知其吏，見其吏而知其君矣。故君功見於選吏，吏功見於治民。

政者敎之本也，道者敎之本也。有道然後敎也，有敎然後政治也。政治然後民勸之，然後國豐富也，故國豐且富，然後君樂也。忠、臣之功也，臣之忠者、君之明也，臣忠君明，此之謂政之綱也（大政下）。

近世西方民主口號傳入中國，有人以爲外來之一切，皆爲優異，國有一切皆爲低劣。故就政治方面而言，謂中國只有民本政治（尙書、五子之歌云：民爲邦本），而無民主政治，以中國自古無民主政治之口號也。夫天下事，必須有其名詞，始有其事實乎？中國古有「名家」之學，而無邏輯；古有燒煉之術，而無化學。民主與民本有何異乎？試看賈生之政論：謂民爲國本，民爲國命，與今世所謂民主有何不同？又謂：在上位者，負安民之責，當重賢士，選良吏，以身作則，故能使人民向善，此非刑罰之威所能致也；乃君明吏賢，化導有方之功也，此政敎合一之論也。——雖云民爲邦本，然國君總理國事，國家之盛衰，係乎國君之賢否，賈生新書先醒篇所記國君自省之語，多深刻痛切之言，如「昔宋昭公出亡，喟然歎曰：嗚呼！吾知所以亡矣，吾朝臣千人，發政舉吏，無不曰吾君聖者，外內不聞吾過，吾是以至此」。「楚莊曰：吾聞之，其君賢君也，而又有師者王；其君中君也，而又有師者伯；其君下君也，而群臣又莫若者亡。今我下君也，而群臣又莫若不穀，不穀恐亡，自憂也」。此與韓非子外儲左下所載：晉文公曰「吾聞上君之所與居皆其所畏也，中君之所與居皆其所愛也，下君之所與居皆其所侮也」二說相似，有晉文楚莊之賢，始能有此反省，有賢君，始能有良臣，君賢臣良，始能以人民為邦家之本，而勵精圖治。

賈生之教育論，蓋取孔子「性相近也，習相遠也」之義（論語陽貨篇），性相近，即孟子所謂人性皆善，習相遠，故慎重環境之薰陶。其於治安策陳述教育太子之道謂：殷周歷世久遠，秦乃二世而亡，人性非相遠也，何殷周之君有道，而秦君無道？蓋古之王者，重視太子之教論，孔子云「少成若天性，習慣如自然」，太子自為赤子，而教固已行矣，置孝悌博聞有道術者以教之，直至入小學入太學，承師聞道，德智長而治道得矣，此三代之所以長久也。及秦乃不然，「非禮義而尙刑罰，使趙高傅胡亥而教之獄，所習者非斬劓人，則夷人三族也，故今日即位，而明日射人，忠諫者謂之誹謗，深計者謂之妖言，其視殺人若草菅然。豈惟胡亥之性惡哉？彼其所以導之者，非其理故也」。心未濫，而先教諭，則化易成也，教太子如此，教一切人亦然，其言云：

「古者年九歲，入就小學，蹍小節焉，業小道焉。束髮就大學，蹍大節焉，業大道焉。是以邪放非辟，無由入之焉。

教育不但須自幼年實施，更進而言及胎教，賈生新書有胎教雜事篇，專述胎教之事，其言云：「易曰：正其本而萬物理，失之毫釐，差以千里，故君子慎始也。……謹為子孫婚妻嫁女，必擇孝悌世世有行義者。如是、則其子孫慈孝，不敢淫暴」。「古者胎教之道，王后有身，七月而就宴室」，王后所求之聲音，必須合禮樂，所食必須正味。「周后妃妊成王於身，立而不跛，坐而不差，笑而不諠，獨處而不倨，雖怒而不詈，胎教之謂也」。——賈生此說與後來之大戴記保傅篇同，蓋古禮相傳之說也。

## 三、司馬談

司馬談西漢初年馮翊夏陽人（今陝西韓城縣）。爲名史學家司馬遷之父。學天官於唐都，受易於楊何，習道論於黃子。武帝建元、元封間，任爲太史丞，轉太史令。元封元年，武帝東封太山，談留滯洛陽，未得成行，以未能參與國家封禪大典，憤鬱而卒。臨終執遷手而泣曰「余先世周之太史也，自上世常顯功名於虞夏，典天官事，後世中衰，絕於余乎？汝復爲太史，則續吾祖矣。今天子接千歲之統，封泰山而余不得從行，是命也夫！夫余死、汝爲太史，爲太史勿忘吾所欲論矣！」遷乃受命而著史記（史記太史公自序）。

先秦諸子學說，經始皇焚詩書百家語而後，多失傳。對諸子有簡要之評述，最早者爲莊子之天下篇，其次則爲司馬談之論六家要旨。談家學世傳，博學多聞，其所論足使後世略知諸子中鉅大學派之實況；其評語亦可見漢朝學者之思想始終爲儒道合一。六家要旨評者爲陰陽、儒、墨、法、名、道六家，謂諸家各有長短，惟未言道家有所短。對儒道兩家評述較詳，既作儒道並論之比較，復分述兩家之旨。其言如下：

道家使人精神專一，動合無形，瞻足萬物。其爲術也，因陰陽之大順，采儒、墨之善，撮名、法之要，與時遷移，應物變化。立俗施事，無所不宜。指約而易操，事少而功多。儒者則不然，以爲人主，天下之儀表也，主倡而臣和，主先而臣隨；如此、則主勞而臣逸。至於大道之要，去健羨，絀聰明，釋此而任術。夫神大用則竭，形大勞則敝。形神騷動，欲與天地長久，非所聞也。

夫陰陽、四時、八位、十二度、二十四節，各有禁忌，各有敎令，順之者則昌，逆之者不死則亡，未必然也；故曰：使人拘而多畏。夫春生、夏長、秋收、冬藏，此天道之大經也，弗順則無爲以天下綱紀。故曰：四時之大順不可失也。

夫儒者，以六藝爲法。六藝經傳以千萬數，累世不能通其學，當年不能究其禮。故曰：博而寡要，勞而少功。若夫列君臣父子之禮，序夫婦長幼之別，雖百家弗能易也。

墨者亦尙堯舜道，言其德行曰「堂高三尺，土階三等，茅茨不翦，采椽不刮，食土簋，啜土刑糲粱之食，藜藿之羹，夏日葛衣，冬日鹿裘」。其送死，桐棺三寸，舉音不盡其哀。敎喪禮，必以此爲萬民之率。使天下法若此，則尊卑無別也。夫世異時移，事業不必同。故曰：儉而難遵。要曰强本節用，則人給家足之道也，此墨子之所長，雖百家弗能廢也。

法家、不別親疏，不殊貴賤，一斷於法，則親親尊尊之恩絕矣，可以行一時之計，而不可長用也。故曰：嚴而少恩。若尊主卑臣，明分職、不得相踰越，雖百家弗能改也。

名家、苛察繳繞，使人不得反其意，專決於名而失人情。故曰：使人儉而善失眞。若夫控名責實，參伍不失，此不可不察也。

道家、無爲，又曰「無不爲」。其實易行，其辭難知。其術以虛無爲本，以因循爲用，無成勢，無常形，故能究萬物之情。不爲物先，不爲物後，故能爲萬物主。有法無法，因時爲業；有度無度，因物與舍，故曰『聖人「不巧」，時變是守』。虛者、道之常也。因者、君之綱也。群臣並至，使各自明也。其實中其聲者、謂之端；實不中其聲者、謂之窾。窾言不聽，姦乃不生，賢不肖自分，白黑乃形。在所欲用耳，何事不成？乃合大道，混混冥冥，光耀天下，復反無名。凡人所生者，神也，所託者、形也；神大用則竭，形大勞則敝，形神離則死；死者不可復生，離者不可復反，故聖人重之。由是觀之，神者、生之本也；形者、生之具也；不先定其神形，而曰「我有以治天下」，何由哉？

由上述可見其對道家之認識與重視，謂道家兼括諸家之善，而能與時遷移，應物變化，立俗施事，無所不宜，指約而易操，事少而功多，最後復闡明無為而治之要妙。莊子天下篇所述老莊之思想境界，為個人修養之學；司馬談所述道家之守虛任術，為經世治事之學；於此可見道家無為而無不為之要旨，於此可見道家之根本精神。且漢高帝以黃老之術得天下；文景以黃老之術治天下；其豐功偉績，乃談所目睹者也，是以其對道家論述如此。

談所重視者、道家而外則為儒家，謂：儒家以人主為天下之儀表，主倡臣和，主先臣隨，由人主倡導一切，責任太重，勞苦太甚，此與道家之主張不同，淮南主術訓云「主道圓者，運轉而無端，化育如神，虛無因循，常後而不先也。臣道方者，運轉而無方，論是而處當，為事先倡，守職分明，以立成功也。是故君臣異道則治，同道則亂（君所謂可者，臣亦曰可；君所謂否者，臣亦曰否；只知曲從，不相匡弼，故亂也）。各得宜，處其當，則上下有以相使也」。管子形勢解云「明主不用其智，而任聖人之智；不任其力，而任眾人之力；故以聖人之智思慮者、無不知也；以眾人之力起事者，無不成也。亂主獨任其智而不任聖人之智，獨用其力而不任眾人之力，故其身勞而禍多。故曰：獨任之國，勞而多禍」。——上述淮南、管子兩段，即司馬談所述道家君臣之作風也。

其實儒家亦主張臣事君當「有犯無隱，直言敢諫」（禮記檀弓）；「匡其不及，繩愆糾謬」（尚書冏命）；主所先倡，如不合道，臣不但不苟從，而且加以格正，故舜謂禹曰「予違汝弼，汝勿面從，退有後言」。至於「元首叢脞」（煩碎多事），則股肱惰而萬事墮，儒家非不知戒也；而君臣勖勉，以無逸率下，「兢兢業業」，日理萬幾，以代天工（尙書皐陶謨、益稷），儒家以帝王之責任重大，須以身作則以用衆，以明爲君之不易，以明所以尊君之義，此亦大有深意在也。

儒道兩家，有相通之義，而各有其特重之點，各有其特重，則顯示所異，談舉其特點而評之，又謂儒家「博而寡要，勞多而少功」，總謂儒術不及道術。

然而儒家守先王之道，以啓後之學者，以發揚倫理敎化爲務，故談贊之曰「若夫列君臣父子之禮，序夫婦長幼之別，雖百家弗能易也」。談臨終囑遷以忠孝揚名顯親；又頌美孔子「修舊起廢，論詩書作春秋」，使學者有則，此又可見其對儒家之尊崇矣。

遷承父命而著史記，高才能文，自出機杼，創史書傳記之體，爲後世文史之宗師，此不贅述。而自謂史記之作「欲以究天人之際，通古今之變，成一家之言」（報任安書），蓋欲建設一歷史哲學，而藉事實以明之也。又云「自周公卒，五百歲而有孔子，孔子卒後，至於今，五百歲，有能紹明世，正易傳，繼春秋，本詩書禮樂之際，意在斯乎！意在斯乎！小子何敢讓焉」（太史公自序）。此儼然以上繼儒家之正統爲己任，是以尊孔子爲至聖（史記孔子世家贊）。然而史書一則謂其「論大道，則先黃老而後六經」（漢書司馬遷傳）。再則謂其「論學術則崇黃老而薄五經」（後漢書班彪傳）。蓋自漢初即黃老儒學並用，遷繼其父志，旣崇道家亦重儒學，乃自然之事也。

## 四、董仲舒

董仲舒，廣川人（今河北棗強縣）少治春秋，景帝時爲博士，下帷講誦，命先進之弟子，敎後來之弟子，轉相受業，甚至有未見其面者；蓋三年不窺園，其精如此。進退容止，非禮不行，學士皆師尊之。武帝即位舉賢良方正，仲舒三次對策，甚得帝意，以為江都相，事易王。易王名非，武帝之兄也。景帝三年吳楚反，時王年十五，有材氣，上書自請擊吳，吳破，遂以為江都王，治吳國，元光中匈奴入寇，王又上書，願擊匈奴，武帝不許。王素驕好勇，仲舒以禮誼匡正，王敬重之，王頗慕越王勾踐之滅吳，孔子曰「殷有三仁」，王以勾踐、文種、范蠡亦可謂三仁，以問仲舒，仲舒不以為然曰「正其誼，不謀其利；明其道，不計其功。是以仲尼之門，五尺童子羞稱五霸，為其先詐而後仁誼也」！王曰「善」！中廢為中大夫，先是遼東高廟災，仲舒推說其意，草稿未上；主父偃侯仲舒、私見、疾之，竊其書而奏之，武帝召視諸儒，仲舒弟子呂步舒，不知其師書，以為大愚，於是下仲舒吏，當死，詔赦之，仲舒遂不敢復言災異。仲舒為人廉直，公孫弘治春秋不如仲舒，而弘希世用事，位至公卿，仲舒以為從諛，弘疾之；膠西王端亦武帝之兄也，尤縱恣，數害吏二千名，弘乃言於帝曰「獨仲舒可使相膠西王，膠西王聞仲舒大儒，善待之，仲舒恐久獲罪，病免。凡相兩國，事驕王，正身率下，國中大治。及去位，歸居，終身不治產業，以修學著書為事，朝廷有大議，每使使者就其家而問之，其對皆有明法。自仲舒對策，推明孔氏，抑黜百家，立學校之官，州郡舉茂材孝廉，皆自仲舒發之。以壽終於家，著述甚豐，有春秋繁露傳世（漢書董仲舒傳）。

### ▲天人三策

漢書五行志云「漢興承秦滅學之後，景武之世，董仲舒治公羊春秋，始推陰陽，為儒者宗」。此即言仲舒之學以推陰陽為當時儒者之宗，亦即言自此儒者談陰陽，皆源自仲舒。夫陰陽之說，久已流行，其要旨在乎警勵人心，而歸本乎仁義，與儒家並無違戾。武帝雖好儒術，而策問賢良之第一策即問曰「欲聞大道之要，至論之極。三代受命，其符安在？災異之變，何緣而起？性命之情，或夭或壽，或仁或鄙，習聞其號，未燭厥理。子大夫其盡心，靡有所隱，朕將覽焉」。帝所問之大道卽爲陰陽之學，仲舒爲當代通儒，當然通陰陽之學，於是乘此良機，就帝之所問而作答，藉陰陽之說，以陳儒家之道，其所對大意謂：

按春秋之中，視前世之行事，以觀天人相與之際，甚可畏也！國家失道，天先以災害譴告之，如不自省，又出怪異以警懼之，尙不知改，而傷敗乃至，此見天心之愛人君，而欲止其亂也。故人君當夙夜匪懈，勉强學問，勉强行道，其道爲何？仁誼禮樂是也。故聖王雖歿而子孫得享長治久安者，皆禮樂敎化之功也。王者之興，天下之人，同心歸之，若歸父母，故天瑞應誠而至。及後世淫佚衰微，不能統理群生，諸侯背叛，殘賊良民，廢德敎而任刑罰，刑罰不中，則生邪氣，上下不和，陰陽繆戾，而妖孽生矣，此災異所緣而起也。　論及性情曰：性也、生之質也；情者、人之慾也；或夭或壽，或仁或鄙，皆因陶冶而成，孔子曰「君子之德風，小人之德草，草上之風，必偃」。故堯舜行德，則民仁壽，桀紂行暴，則民鄙夭。夫上之化下，下之從上，猶泥之在鈞，惟甄者之所爲；猶金之在鎔，惟冶者之所鑄，綏之斯來，動之斯和，此之謂也。　而今天地未應，美祥莫至者，以敎化之不立，而萬民不正也。民之從利，如水之走下，不以敎化隄防之，不能止也。敎化廢而奸邪出，刑罰不能勝者，其隄防已壞也。古之王者明乎此，故莫不以敎化爲大務，立太學以敎於國，設庠序以敎於邑，漸民以仁，摩民以義，節民以禮，故其刑罰甚輕，而禁不犯者，敎化行而習俗美也。

第二策問：虞舜垂拱無爲，而天下平；文王日昃不暇食而宇內治，帝王之道，豈不同條共貫，何勞逸之殊也？或曰「良玉不琢」，又云「非文無以輔德」，二端異焉。　又、殷人執五刑以督奸，傷肌膚以懲惡，成康不式，四十餘年，天下不犯，囹圄空虛；秦國用之，死者甚衆，刑者相望，哀哉！

又、今朕親耕藉田，以爲農先，勸孝弟，崇有德，恤孤獨，而陰陽錯繆，群生寡遂，黎民未濟，不知其故，各悉對著于篇，明其指略。——仲舒對云：

堯受命，以天下爲憂，而未以位爲樂也，故誅亂臣，務求賢聖，得舜禹稷契皋陶，衆聖輔德，教化大行，萬民安仁樂義，各得其宜。舜繼帝位，以禹爲相，因堯之輔佐，繼其統業，故無爲而治。文王順天理物，師用聖賢，閎夭散宜生等，聚於朝廷，愛施兆民，天下歸之，故太公起海濱而即三公，當此之時，紂尚在上，尊卑昏亂，百姓散亡，文王痛悼欲安之，故日昃而不暇食，帝王之條貫同，而勞逸異者，所遇之時異也。　良玉不琢，資質潤美，不待刻琢；然常玉不琢，不成文章，君子不學，不成其德。　武王行大義，平殘賊，周公作禮樂以文之。至於成康之隆，囹圄空虛，此教化之漸，而仁義之流，非獨傷肌膚之效也。至秦則不然，師申商之法，憎帝王之道，以貪狠爲俗，無文德以教天下，誅名而不察實，爲善者不必免，犯惡者未必刑，是以百官虛僞，外有事君之禮，而內有背上之心，造僞飾詐，趨利無恥，又好用憯酷之吏，竭民財力，百姓散亡，盜賊並起，是以死者相望，而奸不息，俗化使然，故孔子曰「導之以政，齊之以刑，民免而無恥」，此之謂也。　夫不養士而欲求賢，猶不琢玉而求文采也。臣願陛下興太學，置明師以養天下之士，以選英俊之材。今之郡首縣令，民之師帥，所以宣教化也。今吏既無教訓於下，或不承用主上之法，暴虐百姓，與奸爲市，貧窮孤弱，寃苦失職，不稱陛下之意，是以陰陽錯，氛氣充塞，群生寡遂，黎民未濟，皆長吏不明，使至於此也。

第三策問：蓋聞善言天者，必有徵於人；善言古者，必有驗於今。故朕垂問乎天人之應，上嘉唐虞，下悼桀紂，寖微寖滅，寖明寖昌之道，虛心以改。——仲舒對云：

臣聞天者羣物之祖也；故偏覆包涵而無所殊，建日月風雨以和之，經陰陽寒暑以成之，故聖人法天而立道，亦溥愛而無私。布德施仁以厚之，設義立禮以導之。春者天之所以生也，仁者君之所以愛也。夏者天之所以長也，德者君之所以養也。霜者天之所以殺也，刑者君之所以罰也。由此言之，天人之徵，古今之道也。　王者上承天意以順命也，下明教化以成性也，正法度之誼，別上下之序，以防欲也，修此三者而大本舉矣。堯發於諸侯，舜興於深山，非一日而顯也，蓋有漸以致之矣。……堯兢兢日行其道，而舜業業日致其孝，善積而名顯，德章而身尊，積善在身，猶長日加益，而人不知也，此其寖明寖昌之道也。桀紂暴慢，讒賊並進，賢智隱伏，惡日顯，國益亂，晏然自以如日在天，終陵夷而大壞，積惡在身，猶火之銷膏，而人不見也，此其寖微寖滅之道也。春秋大一統者，天地之常經，古今之通誼也。今師異道，人異論，百家殊方，指意不同，是以上無以持一統，法制數變，下不知所守。臣愚以爲諸不在六藝之科，孔子之術者，皆絕其道，勿使並進，邪辟之說滅息，然後統紀可一，而法度可明，民知所從矣。

由上述可見武帝所問三策，皆以陰陽與儒家並擧，而仲舒所對，亦卽以陰陽之說作儒家之用，總其所答：不外乎仁義之政，禮樂之敎，崇堯舜之選賢輔治，尊三代之以德化民，而反對亡秦之嚴刑酷法，此卽所謂治天下之道，此純爲儒家之道，失此道，則陰陽錯而災異起；行此道，則黎民安，上下和，而天下寧。陰陽之說，亦惟警策君心，促君行道而已。仲舒所對三策，武帝以爲善。上有好者，下必有甚焉者。然則漢世之學者，尊儒術而兼陰陽，實由武帝啓之也。

## ▲仲舒學說之要點

天人合一說：

春秋繁露爲人者篇云：人之本於天，天亦人之曾祖父也。此人之所以乃上類天也。人之形體，化天數而成；人之血氣，化天志而仁；人之德行，化天理而義；人之好惡，化天之暖清；人之喜怒，化天之寒暑；人之受命，化天之四時。人生有喜怒哀樂之荅，春夏秋冬之謂也；喜、春之荅也，怒、秋之荅也，樂、夏之荅也，哀、冬之荅也。天之副在乎人，人之性情有由天者矣。

人副天數篇云：唯人獨能偶天地，人有三百六十節，偶天之數也。形體骨肉，偶地之厚也。上有耳目聰明，日月之象也。體有空竅理脈，川谷之象也。心有哀樂喜怒，神氣之類也。又曰：身猶天也，數與之相參，故命與之相連也。天以歲終之數，成人之身，故小節三百六十六，副日數也。大節十二，副月數也。內有五臟，副五行數也。外有四肢，副四時數也。乍視乍瞑，副晝夜也。乍剛乍柔，副冬夏也。乍哀乍樂，副陰陽也。心有計慮，副度數也。行有倫理，副天地也。——以上言人之形體由天道而化成。

循天之道篇云：君子法乎其所貴，一歲四起業，而必於中，中之所爲，而必就於和，和者天地之正也，陰陽之平也，其氣最良，物之所生也。天地之道，雖有不和者，必歸之於和，而所爲有功；雖有不中者，必止之於中，而所爲不失。是故陽之所行，始於北方之中，而止於南方之中；陰之所行，始於南方之中。而止於北方之中。陰陽之道不同，至於盛，而止於中；其所起始，皆必於中，中者天地之大極也，日月之所至而卻也。長短之隆，不得過中，天地之制也。陽者，天之寬，陰者，天之急也，中者，天之用也，和者、天之功也，擧天地之道而美於和，是故物生皆貴氣而迎養之，孟子曰「我善養吾浩然之氣」，喜怒憂懼，氣之害也，皆生於不中和，故君子怒則反中，而自悅於和；喜則反中，而收之以正；憂則反中，而舒之以意，懼則反中，而實之以精。君子治身，不敢違天，天氣之於人，重於衣食，衣食盡，尚猶有間，氣盡而立終。故養生之大者，乃在愛氣，氣從神而成，神從意而出。心之所之，謂意，意勞者神擾，神擾者氣少，氣少者難久矣。故君子閑慾止惡以平意，平意以靜神，靜神以養氣，氣多而治，則養身之大者得矣。——此言人既本乎天，即當順天之道，養中和之氣，以善其生。此儒道兼綜之論。

論性：

孟子言性善，然又謂「人之所以異於禽獸者幾希」（離婁篇），是孟子未曾否認人有惡性也。荀子言性惡，然又謂「塗之人可以爲禹」（性惡篇），是荀子亦未嘗否認人有善性也。仲舒之論性，乃綜合孟荀之說者，其言云：「或曰性善，或曰性未善。則所謂善者各異意也。性有善端，動之愛父母，善於禽獸，則謂之善，此孟子之善。循三綱五紀，通八端之理，忠心而博愛，敦厚而好禮，乃可謂善，此聖人之善也」。——此言徒有善性，不得謂善，故云「萬民之性，善於禽獸，而不得名善」。必須有善行表現，始得謂善。此雖否定孟子所謂人人皆有善性，然既無善性，何以行善？虎狼無善性，故不能行善，則仍須承認人皆有善性，故云「性有似目、目臥、幽而瞑；待覺而後見，當其未覺，可謂有見質，而不可謂見。今萬民之性，有其質，而未能覺。譬猶瞑者待覺，教之然後善，當其未覺，可謂有善質，而不可謂善，與目之瞑而覺，一概之比也」。目有明而後能覺，無明何以能覺？善行由善質而發，無善質則不能有善行。易言之無善行者，並非天然無善質，孟子曰「若夫爲不善，非才之罪也」（告子篇）。如此則仍須承認性善之說。人性雖善，然必須受敎化方能成其善，孟子曰：人皆可以爲堯舜，然「逸居而無敎，則近於禽獸」（滕文公篇），荀子云：「人之性惡，必待師法，然後正」，又云「人雖有性質美，必須求賢師而事之」，方能進入仁義（性惡篇）。仲舒亦云：「性如繭如卵，卵待覆而爲雛，繭待繅而爲絲，性待敎而爲善」。此與孟荀之說相同也。

仲舒又以陰陽之說以論性云「栣（忍也）衆惡於內，弗使得發於外者、心也，故心之爲名也。人之受氣，苟無惡者，心何栣哉？吾以心之名得人之誠。人之誠有貪有仁，仁貪之氣兩在於身。身之名取諸天，天兩有陰陽之施，身亦兩有貪仁之性，天有陰陽禁，身有情欲栣，與天道一也」（以上所引見深察名號篇）。——此又言人性善惡並具，此仍不背孟荀之說也。

個人道德：

個人道德，首重仁義：其言云「天之爲人性，命使行仁義而羞可恥，非若鳥獸焉，苟爲生，苟爲利而已」（竹林篇）。其述仁義之意義云「春秋之所治，人與我也。所以治人與我者，仁與義也。以仁安人，以義正我。故仁之爲言人也，義之爲言我也」。「仁之法在愛人，不在愛我；義之法在正我，不在正人。我不自正，雖能正人，弗予爲義；人不被其愛，雖厚自愛，不予爲仁」。「有爲而得義者，謂之自得；有爲而失義者，謂之自失。人好義者，謂之自好，人不好義者，謂之不自好。以此參之，義我也、明矣」。「愛在人謂之仁，宜在我謂之義，仁主人，義主我也。故曰仁者人也，義者我也，此之謂也」（仁義法篇）。

仁義而外，又須有智，其言云「仁而不智，則愛而不別也；智而不仁，則知而不爲也。故仁者所以愛人類也，智者所以除其害也」。「何謂之智？先言而後當，凡人欲舍行爲，皆以其智先規而後爲之」。「智者見禍福遠，其知利害早，物動而知其化，事興而知其歸，見始而知其終。其言寡而足，約而喻，簡而達，省而具，少而不可益，多而不可損。其動中倫，其言當務，如是者謂之智」（必仁且智篇）。——以仁對人，以義正己，以智處事，此人生必具之德也。

社會倫理：

三綱五紀（深察名號篇），爲社會倫理。其意謂：凡物皆有相對，相對乃有相合，「陰者、陽之合，妻者、夫之合，子者、父之合，臣者、君之合，物莫無合，而各有陰陽」。「君臣父子夫婦之義，皆取諸陰陽之道：君爲陽，臣爲陰；父爲陽，子爲陰，夫爲陽，妻爲陰」。「仁義制度之數，盡取之天，天爲君而覆露之，地爲臣而持載之，陽爲夫而生之，陰爲婦而助之。春爲父而生之，夏爲子而養之。王道之三綱，可求於天」（基義篇）。——此卽人倫之中「君爲臣綱，父爲子綱，夫爲婦綱」之說。

何謂五紀？仲舒未說，白虎通述說三綱，又稱五紀爲六紀，曰「三綱者何謂也？謂君臣、父子、夫婦也。六紀者、謂：諸父、兄弟、族人、諸舅、師長、朋友也。故君爲臣綱、父爲子綱、夫爲婦綱」。「敬諸父兄、六紀道行。諸舅有誼，族人有序，昆弟有親，師長有尊，朋友有舊」。「何謂綱紀？綱者張也，紀者理也，大者爲綱，小者爲紀，所以張理上下，整齊人道也。人皆懷五常之性，有親愛之心，是以綱紀爲化，若羅網之有紀綱，而萬目張也」（白虎通三綱六紀篇）。——六紀猶孟子所說之五倫，以五倫爲綱領，以建立社會倫理，而構成人群自治之制度。

春秋大義：

莊子天下篇云「春秋以道名分」，君君臣臣父父子子，名正而分定；亂世君不君，臣不臣、父不父、子不子，上下乖戾，春秋以正義褒善貶惡，故孟子曰「孔子作春秋，而亂臣賊子懼」。仲舒以爲孔子受天命，救周之弊，謂「西狩獲麟，受命之符是也，然後託乎春秋正不正之間，而明改制之義」（符瑞篇）。　深察名號篇云「名則聖人所發天意，不可不深觀也。故號爲天子者，宜視天如父，事天以孝道也。號爲諸侯者，宜謹視所候奉之天子也。號爲大夫者，宜厚其忠信，敦其禮義，使善大於匹夫之義，足以化也。士者、事也。民者、瞑也。士不及化，可使守事從上而已」。——以名號爲天意之代表，故顧其名，即可知其義。

仲舒謂春秋大義包羅極廣：精華篇云「春秋之爲學也，道往而明來者也。然而其辭體天之微，故難知也。弗能察，寂若無；能察之，無物不在。是故爲春秋者，得一端而多連之，見一宜而博貫之，則天下盡矣」。

謂春秋有十指：十指篇云「春秋二百四十二年之文，天下之大，事變之博，無不有也。雖然，大略之要有十指，十指者事之所係也，王化之所由得流也」。例如「別嫌疑，異同類一指也」。公羊傳成公二年，齊晉戰于鞌，齊師敗績，齊頃公之車右逢丑父，面目與頃公相似，乃僞爲頃公，使頃公僞爲御者，如華泉取飲，頃公乘機而逃。逢丑父曰「吾賴社稷之神靈，吾君已免矣」！晉人殺逢丑父（左傳云逢丑父未被害）。又、鄭莊公有三子，忽、突、亹，莊公卒，祭仲立公子忽，是爲昭公，公子突爲宋女雍氏所生，宋莊公聞祭仲立忽，乃誘祭仲而執之，不立突，將殺祭仲，並執突以索賂，祭仲許宋，與宋盟，以突歸立之，昭公聞之，乃出奔（桓公十一年）。仲舒評此二事云「逢丑父殺其身以生其君，何以不得謂知權？逢丑父欺晉，祭仲許宋，俱枉正以存其君。然而逢丑父之所爲，難於祭仲，祭仲見賢，而逢丑父見非，何也？曰：是非難別者在此，此其嫌疑相似，而不同理者，不可不察。夫去位而避兄弟者，君子之所甚貴；獲虜逃遁者，君子之所賤；祭仲措其君於人所甚貴，以生其君，故春秋以爲知權而賢之。丑父措其君於人所甚賤；以生其君，春秋以爲不知權而簡之。其俱枉正以存君相似也，其使君榮之與使君辱不同理，故凡人之有爲也，前枉而後義者，謂之中權；雖不能成，春秋善之，魯隱公、祭仲是也。前正而後有枉者，謂之邪道，雖能成之，春秋不愛，逢丑父是也」（竹林篇）。——按公羊傳雖美祭仲蒙逐君之惡以存鄭，然對逢丑父代君之死，亦未有貶辭，而左傳則美丑父以死免其君，故晉人赦之，以勸事君者。平心而論，二人皆忠臣也，春秋所書，皆無貶辭，仲舒此論，有足議者。

「春王正月」之解：三代改制篇云「春秋曰：王正月，傳曰王者孰？謂文王也；曷爲先言王，而後言正月？王正月也，何以謂之王正月，曰：王者必受命而後王，王者必改正朔、易服色，制禮樂，一統於天下，所以明易姓也」。對策第一云「臣謹案春秋之文，求王道之端，得之於正，正次王，王次春，春者天之所爲也，正者王之所爲也，其意曰上承天之所爲，而下以正其所爲，正王道之端云爾」。——仲舒所解春秋大義，皆此類也。此卽所謂藉題發揮，等於明清依經立義，代聖賢立言之制藝文章。

陰陽災異：

仲舒所講之天，雖爲有智力，有意志，然與普通所謂上帝不同。其所謂天，乃宇宙萬物合爲一體，人爲體中之一，當順天理而求和諧，如有乖戾，卽等於自相毀壞，而災害乃生。繁露天地陰陽篇云「天地陰陽，木火土金水，與人而十者，天之數畢也」。此卽言天地萬物爲一體也。

陰陽義篇云「天之道，以三時成生，以一時喪死，死之者，謂百物枯落也；喪之者，謂陰氣悲哀也。天亦有喜怒之氣，哀樂之心，與人相副，以類合之。天人一也。春喜氣也，故生；秋怒氣也，故殺；夏樂氣也，故養；冬哀氣也，故藏。四者天人同有之，有其理而一用之，與天同者，大治，與天異者大亂，故爲人主之道，莫明於在身之與天同者而用之，使喜怒必當於義乃出，如寒暑必當其時乃發也」。此所言天人一也，天有意志，但爲自然而然，與普通所講之天神上帝不同。

仲舒以五行解孝經（五行對篇），以災異解春秋，例如桓公十四年「八月壬申御廩災」。仲舒以爲先是齊、宋、衛、燕共伐魯，百姓傷者未瘳，怨咎未復，而君臣惰於政治，故天災御廩以戒之」。襄公十年「十月丙辰朔，日有食之」。仲舒以爲陳慶虎、慶寅蔽君之明」。——其解春秋災異，皆此類也。

天人相感之說：同類相動篇云「天有陰陽，人亦有陰陽，天之陰氣起，而人之陰氣應之；人之陰氣起，而天之陰氣亦宜應之而起，其道一也。明於此者，欲致雨則動陰以起陰，欲止雨則動陽以起陽，故致雨而疑於神者，其理微妙也。非獨陰陽之氣可以類進退也，雖不祥禍福所從生，亦由是也，無非己先起之，而物以類應之而動者也」。又有求雨止雨篇，專講求雨止雨之術。尙書洪範謂「休徵」與「咎徵」，由人事所感而生，仲舒更甚其說謂「王者與臣無禮貌不肅敬，則木不曲直，而夏多暴風。言不從，則金不從革，而秋多霹靂。視不明，則火不炎上，而秋多電。聽不聽，則水不潤下，而春夏多暴雨。心不能容則稼穡不成，而秋多雷」（五行五事篇）。——陰陽家以災異警惕人君，用意至善，人君採納其說，藉以自省，總歸有益。然如仲舒所言，致雨止雨之說，有似後來道教祈雨祈晴之術；君臣無禮，則木不曲直，有似宗教家對荒野之民，勸導爲善之語；此類之說，諒仲舒自心亦不相信，而能使他人相信乎？是以其後卒以言災異而獲罪，遂不敢復言災異。

## 五、淮南王劉安

淮南厲王長，高帝之少子也，恣意行事，不守漢法，文帝六年、謀反，事覺，被廢，遣徙蜀，憤悔不食而死，文帝哀之，封其子四人爲列侯，安即長之子也。「安爲人好讀書鼓琴，不喜弋獵狗馬馳騁，亦欲以行陰德，拊循百姓，流名譽，招致賓客方術之士數千人，作爲內書二十一篇，外書甚衆，又有中篇八卷，言神仙黃白之術，亦二十餘萬言」。時武帝好藝文，安爲帝之叔父，辯博善爲文，帝甚重之，每爲報書，常召司馬相如等，視草乃遣。安初入朝，雅善武安侯田蚡，蚡迎之霸上，與語曰「方今上無太子，王乃高皇帝孫，行仁義，天下莫不聞，宮車一日晏駕，非王尙誰立者」？安大喜，厚遺武安侯寶賂。其羣臣賓客多以厲王遷死激動安。建元六年彗星見，安怪之，或說之曰「先吳軍起時，彗星出，長數尺，流血千里，今彗星竟天下，天下兵當大起」。安以爲上無太子，天下有變，諸侯並爭，於是乃治戰攻之具，以金錢賂郡國，準備起事，游士又妄作阿諛，安喜，乃積極佈置一切，派人謀刺大將軍衞靑，又謀求盜衣，僞裝越南兵入，以便乘機發兵，事未就，其謀臣伍被自詣吏具告與淮南謀反，株連列侯二千石豪傑數千人，皆以罪輕重受誅，安自殺，后及太子諸所與謀者皆誅滅（漢書列傳第十四）。

淮南之書今存二十一篇，其書亦名鴻烈，高誘序云「鴻、大也，烈，明也，以爲大明道之書也」

。其書之成就，與呂氏春秋相同，皆爲門下賓客，各述所知，各伸其說，故漢志列之爲雜家。其原道訓，俶眞訓，爲道家之言；天文訓、地形訓、時則訓爲陰陽家之言；覽冥訓講天人感應，謂：五帝能迎天德，使人民安其性情，故天下太平。今若用申韓商鞅之法，背道德之本，用五刑以爲治，是猶抱薪而救火，自取滅亡也。主術訓、則首頌無爲之治，又贊法家權勢之論曰「堯爲匹夫，不能仁化一里，桀在上位，令行禁止。由此觀之，賢不足以爲治，而勢可以易俗，明矣」。又云「古之置有司也，所以禁民，使不得自恣也。其立君也，所以制有司，使無專行也。法籍、禮義者，所以禁君，使無擅斷也」。禁君使不得擅斷獨裁，卽君憲之治。又曰「法生於義，義生於衆，適衆，適合於人心，卽治之要也」。此卽民主之治。此晚周法家民主派之遺說，惜乎此派之說不傳，而只見淮南子有此片語。精神訓、講眞人至人之超然境界。謂：衰世之學，不知原心反本，雕琢其性，矯拂其情，「故目雖欲之，禁之以度；心雖樂之，節之以禮」；「外束其形，內總其德，鉗陰陽之和，而迫性命之情，故終身爲悲人」。「今夫儒者，不本其所以欲，而禁其所欲；不原其所以樂，而閉其所樂；是猶決江河之源，而障之以手也」。本經訓、言道家清靜之治，明陰陽感應之徵，謂「仁義禮樂者，所以救敗，而非通治之至也」。「是故德衰，然後仁生，行沮然後義立。知道德，然後知仁義之不足行也」。旣謂仁義不足行，而泰族訓則又頌揚五帝三王制禮樂，行仁義以敦人倫，謂「民無廉恥不可治也，非修禮義，廉恥不立，民不知禮義，法弗能正也」。「故善言歸乎可行，善行歸乎仁義」。「天地之生物也有本末，其養物也有先後，人之於治也，豈得無終始哉！故仁義者、治之本也」。

總觀其全書，儒道兼綜，並有陰陽家之專述，兵略訓，則爲兵家之言，全書內容義理不一致，此其所以爲雜家歟？而其說山、說林等篇，又顯然爲雜說之記錄。高誘序云「其義也著，其文也富，物事之類，無所不載，然其大較，歸之於道」。確乎其所述以道家之言爲最多，對老莊之義多有發揮，略述如下：

## ▲道本自然

原道訓云：道、覆天載地，高不可際，深不可測，植之而塞于天地，横之而彌于四海，舒之幎于六合，卷之不盈于一握，山以之高，淵以之深，獸以之走，鳥以之飛，日月以之明，星曆以之行，天運地滯，輪轉而無廢。「夫萍樹根於水，木樹根於土，蛟龍水居，虎豹山處，天地之性也。雨木相摩而然，金火相守而流，員者常轉，窾者主浮，自然之勢也」。「伏羲神農得道之柄，立於中央，神與化游，以撫四方」。老子云「地法天，天法道，道法自然」。天地尚不能離卻自然，而況乎人？原道訓云「夫釋大道而任小數，無以異於使蟹捕鼠，蟾蜍捕蚤，不足以禁奸塞邪，亂乃愈滋。昔者夏鯀作三仞之城，諸侯背之，海外有狡心。禹知天下之叛也，乃壞城平池，散財物，焚甲兵，施之以德，海外賓服，四夷納職，合諸侯于塗山，執玉帛者萬國，故機械之心藏于胸中，則純白不粹，神德不全」。——無限妙用俱在道中，違自然之大道，恃機械巧詐以從事，所謂「心勞日拙」也。

## ▲無爲之義

聖人處事，實事求是，達其所爲之目的，歸於適當而已，故循自然之理，不強有所爲；原道訓云「聖人內修其本，而不外飾其末，保其精神，偃其智故，漠然無爲而無不爲也，澹然無治也而無不治也。所謂無爲者，不先物爲也；所謂無不爲者，因物之所爲；所謂無治者，不易自然也；所謂無不治者，因物之相然也。——內修其本，以誠治事，不作外表之虛飾，堅持遵道而行之精神，不用機變智巧之術，恬澹爲懷，不多事，不紛擾，似乎無所作爲，然而萬事俱理，無不爲，無不治。所謂無爲者，乃不揠苗助長，不急於功利也；所謂無不爲者，乃順物之性，而使之各成其美也；所謂無治者，乃循自然之理，而不矯揉造作也；所謂無不治者，乃因當然之法則，使之各得其宜也。此無爲之要義也。

## ▲先後剛柔

莊子天下篇謂老子「人皆取先，己獨取後」。老子第七章云「後其身而身先」，原道訓闡明其義云：「先唱者、路之窮也；後動者、達之原也。何者？先者難爲知，而後者易爲攻也（前車之覆，後車之鑒）。所謂後者，非謂底滯而不發，凝結而不流，貴其周於數而合於時也。夫執道理以耦變，先亦制後，後亦制先，是何則？不失其所以制人，人亦不能制也。時之反側，間不容息，先之則太過，後之則不逮。夫日回而月周，時不與人游，故聖人不貴尺之璧，而重寸之陰，時難得而易失也。禹之趨時也，履遺而弗取，冠掛而弗顧，非爭其先也，而爭其得時也」。——老莊但言後，而淮南則先後並言，以明「取後」之本義，「後其身而身先」，後之目的在乎取先，人皆取先，故己獨取後；人棄我取，人取我與」（史記貨殖傳），倘人皆取後，則我卽未必取後矣。時機當取先，我卽先之，隨時制宜，非謂己必落人後也。

老子三十六章云：「柔弱勝剛强」。原道訓闡明其義云：「故得道者，志弱而事强，心虛而應當。所謂志弱而事强者，柔毳安靜，藏於不敢，行於不能，恬然無慮，動不失時，與萬物回周旋轉不爲先唱，感而應之。所謂其事强者，遭變應猝，排患扞難，力無不勝，敵無不凌，應化揆時，莫能害之。是故欲剛者，必以柔守之；欲强者，必以弱保之。積於柔則剛，積於弱則强，觀其所積，以知禍福之鄉」。——所謂志弱者，不敢抱必勝之念也，倘志在必勝，逞强冒險，偶遇挫折，便一蹶不振。智者不固執必勝之念，而所事周備，無懈可擊，强敵之來，無如我何，我以不敗爲勝；彼雖暴烈剛猛，而無所用其力，我則從容不迫，而待其敝，「故君子有不戰，戰必勝矣。」

是以所謂不爭先，並非墮落，乃隱其銳鋒，待機而動，不肯孟浪從事，居後正所以處先也。柔弱並非怯懦，剛則折矣，强則挫矣，柔以克剛，柔之作用，即在乎戰勝剛强。淮南對老學多有精切之言。

## ▲禍福之因

人皆知求福而避禍，然禍之來臨，有時因時運環境而無法逃避者，聖人「臨大難而不懼」，既不能幸免，亦不求苟免，視人生爲虛幻，不枉道以求生，中庸云「君子居易以俟命」，莊子云「知其不可奈何，而安之若命」（人間世）。若「不知命」，而違道以求福，無論求之不得，即幸而得之，須知「禍兮福所倚，福兮禍所伏」（老子五十八章）。人慾總不能戰勝天理也。淮南人間訓，闡明此義，謂「禍之來也，人自生之；福之來也，人自成之。禍與福同門，利與害爲鄰，非聖人莫之能分」。利害觀點，智愚所見不同，本篇又舉史實以明得失之端，存亡之機，老子云「故物或損之而益，或益之而損」（第四十二章）。事或欲利之，適足以害之；或欲害之，乃反利之。或有功而見猜疑，或有罪而益加親信。事或奪之，而反與之；或與之，而反奪之。故李斯得勢，豈知爲禍；塞翁失馬，焉知非福。人間之事，吉凶之變，有非人力所能轉移者，故老子教人曰「知足不辱，知止不殆」，君子惟有「終日乾乾」（易乾卦），守道不渝而已。——人世之事，繁雜無常，聖人遵道而行，成敗得失，澹然視之。既不沉於流俗，亦不乖乎世情，故人間訓云「得道之士，外化而內不化。外化所以入人也（和光同塵，與人相和），內不化，所以全身也（保全本性）。故內有一定之操，而外能詘伸，贏縮卷舒，與物推移，故萬擧而不陷。所以貴聖人者，以其能變也」。

## ▲得道之樂

世人淫於佚樂，迷於物慾，聖人處繁華之場，睹奇麗之珍，不足以擾其精神，不足以亂其志氣。世人處於窮僻之鄉，簞食瓢飲，憂悲苦惱，聖人隨遇而安，不以富貴貧賤失其所樂（原道訓）。「靜漠恬澹，所以養性也；和愉虛無，所以養德也。外不滑內，則性得其宜；性不動和，則德安其位。養生以經世，抱德以終年」。「夫貴賤之於身也，猶條風之時麗也；毀譽之於己，猶蚊虻之一過也」（俶眞訓）。如此，胸境曠朗，怡然自得，故無所好憎，無所喜怒，無所樂，亦無所苦。「是故大丈夫，恬然無思，澹然無慮。以天爲蓋，以地爲輿，四時爲馬，陰陽爲御，乘雲陵霄，與造化者俱。縱志舒節，以馳大區。可以步而步，可以驟而驟，令雨師灑道，使風伯掃塵，電以爲鞭策，雷以爲車輪，上游於霄雿之野，下出於無垠之門，劉覽偏照，復守以全；經營四隅，還反於樞」（原道訓）。——得道而達此境界，此即莊子所謂眞人至人。

## ▲政論

人智日廣，人情複雜，人事紛繁，是以在昔淳樸之風，道德之治，變而爲仁義禮樂之治，此乃時勢所趨，不得不然。老子云「失道而後德，失德而後仁，失仁而後義，失義而後禮」（三十八章）。世風降落，每況愈下，然降至禮治，則爲政治最低之要求，不可再降矣，再降而爲無禮，則上下悖戾，社會紊亂，即無所謂政治矣。淮南齊俗訓述此義云「率性而行，謂之道；得其天性，謂之德。性失然後貴仁，道失然後貴義，是故仁義立而道德遷矣，禮樂飾則純樸散矣，是非形則百姓眩矣。珠玉尊則天下爭矣。凡此四者，衰世之造也，末世之用也。夫禮者所以別尊卑，異貴賤；義者所以合君臣、父子、兄弟、夫婦、朋友之際也。今世之爲禮者恭敬而忮，爲義者布施而德，君臣以相非，骨肉以生怨，則失禮義之本也。」

政治眞義必本乎人情事理，禮義即情理之表現，若能篤行禮義之政，亦可達三代之盛治，但若違反情理，或機械敷衍，而失却本義；或徒以禮義作教訓人民之口號，假禮義之名，任政治之腐敗，終亦必亡而已矣。是故「義者循理而行宜也，禮者體情制文者也。義者宜也，禮者體也。昔有扈氏爲義而亡，知義而不知宜也；魯治禮而削，知禮而不知體也」（齊俗訓）。

政治以利民爲本，故當因時制宜，法令制度，久而生弊，則當改正，是以淮南又提出變法之論曰「先王之制，不宜則廢之；末世之事，善則著之，是故禮樂未始有常也，故聖人制禮樂，而不制於禮樂。治國有常，而利民爲本；政教有經，而令行爲上。苟利於民，不必法古；苟周於事，不必循舊。夫夏商之衰也，不變法而亡；三代之起也，不相襲而王；故聖人法與時變，禮與俗化，衣服器械，各便其用，法度制令，各因其宜。故變古未可非，而循俗未足多也」（氾論訓）。

無爲而治，固可尙矣，而仁義禮樂之治，豈不美哉？但任何政治制度，不可拘形式而失其眞。物盛則衰，法久生弊，欲起衰振弊，非變法不可。熙寧變法被阻而宋室衰，戊戌變法被阻而清室亡，淮南之政論，千古之至理也。

## 結論

學術之論，儒道合一，並糅以陰陽之說，爲漢朝風氣所使然；而淮南則尤好陰陽方士之術，河間獻王傳云「是時淮南王安亦好書，所招致率多浮辯」。所謂浮辯，卽指其門下「方術之士數千人」而言，其雖談道家之言，然觀其謀反之行爲，何曾有道家思想？旣信陰陽災異之說，又聽游士阿諛之言，乃苦心作謀反之計。然其敗亡係被方士所誤，而其身後之名，亦方士爲之造成。其著述中有神仙黃白之術八卷，凡二十餘萬言，名曰鴻寶苑秘書，其方術如「重道延命方」等，皆失傳，本草云「豆腐之法，始於淮南王劉安」，此術普傳民間，當時其所聚許多方士，燒煉化驗之發明，當不止豆腐一術，必有使民間驚爲神異者，是以其案發自殺，全家罹難，民間謂其舉家飛昇，道教列之爲神仙，謂「淮南王安臨去時，餘藥器置在中庭，雞犬舐啄之，盡得升天」（神仙傳），因此「一人飛昇，雞犬皆仙」之佳話，流傳至今。

## 六、劉向劉歆

漢初、文景以前，爲黃老學盛時期，至武帝之世，董仲舒治公羊春秋，推論陰陽，倡起災異之說。至宣元之世，劉向以名儒俊材，揚其波瀾，以穀梁春秋言禍福，傅以洪範。災異之說至此達於極盛，而亦自此漸趨衰運，其原因卽由劉歆倡起古文經學；歆、向之子也，向治今文穀梁春秋，歆治古文左氏春秋，學雖不同，然「父子俱好古」，歆之學，實源於向也。

向字子政，本名更生，父德，爲楚元王交（高帝之少弟）之曾孫，少修黃老術，昭帝時爲宗正，助霍光立宣帝，賜爵關內侯。更生弱冠爲諫大夫，是時宣帝招選名儒，更生與王褒等並進，獻賦頌數十篇。帝復興神仙方術之事，淮南有枕中鴻寶苑秘書，言神仙使鬼物爲金之術，及鄒衍重道延命方，世人莫見，而更生父德，武帝時治淮南獄，得其書，更生幼而讀誦之，以爲奇，獻之，言黃金可成，上令典尙方鑄作事，費甚多，方不驗，吏劾更生鑄僞黃金，犯法當死，更生兄陽城侯安民上書入國戶半，贖更生罪，帝亦奇其材，以減死論。會初立穀梁春秋，徵更生受穀梁，講經於石渠閣。

元帝初卽位，太傅蕭望之，少傅周堪等薦更生宗室忠直，明經有行，擢爲散騎宗正，與侍中金敞等同輔政，患苦外戚許嘉史高等在位放縱，又有宦官弘恭石顯等弄權，望之、堪、更生，議欲白罷之，未白而語泄，遂被恭顯所譖，堪、更生下獄，望之免官。其春地震，帝感悟，詔賜望之爵關內侯，徵堪更生爲諫大夫。恭顯許史子弟皆側目望之，更生懼，乃使其外親上變謂「此次之地震，殆爲恭等，宜退恭顯以章蔽善之罰，進望之等，以通賢者之路，如此太平之門開，災異之變塞矣」。書奏，恭顯疑其更生所爲，更生又因而下獄，雖免爲庶人，而仍上書以春秋災異之說誡天子「閑群枉之門，遠佞邪之黨」。及成帝卽位，顯等伏辜，更生乃復進用，改名向。時帝舅王鳳爲大將軍秉政專權，王氏勢盛，向復集合上古以來符瑞災異之說，號曰洪範五行傳奏之，帝知向忠精，故爲鳳兄弟而起此論，然不能奪王氏權。

帝營延陵，制度泰奢，向上疏諫，謂「孝文薄葬，不起山墳，黃帝葬橋山，堯葬濟陰，丘壠皆小，葬具甚微。始皇葬于驪山，墳高五十餘丈，棺槨之麗，宮館之盛，不可勝迹，項羽燔其宮室，墳墓被人掘，豈不哀哉！故德彌厚者葬彌薄，知愈深者葬愈微，無德寡知，其葬愈厚，丘壠彌高，宮廟甚麗，發掘必速」。書奏，帝甚感其言，而不能從。

向見俗彌奢淫，而趙皇后，衞婕妤之屬，起微賤，踰禮制，向以爲王敎由內及外，故採取詩書所載賢妃貞婦，興國顯家，可以爲法者，序次爲列女傳，以戒天子，又採傳記行事，著新序、說苑奏之，以勸帝德。

成帝無嗣，政由王氏出，向以爲劉氏必危，乃上封事極諫，引諸呂之亂以爲鑒，謂「歷上古至秦漢，外戚僭貴，未有如王氏者，孝宣帝不與舅平昌侯（王無故）權，所以全之也。夫明者起福於無形，銷患於未然，宜遠黜外戚，勿授以政，皆罷令就第。厚安外戚，全其宗族，如不行此策，田氏復見於今，六卿必起於漢，昭昭甚明，不可不早慮也」！書奏，帝召見向嘆息悲傷，曰「君且休矣，吾將思之」。繼之向又藉當時之災異上奏，力言權在外家之禍，帝信其言，數次欲用向爲九卿，輒爲王氏所排。向歷事宣、元、成三朝，先後居列大夫官三十餘載，年七十二卒，卒後十三年，王氏簒漢。

方士出自陰陽家，以化煉之術造黃金，其事非不可能，然其術或秘而不宣，即著之於書，而技術之細微者，往往非文字所能詳。在學術風尚之中，子政好讀淮南之書，而試造黃金無驗，致罪，蓋自此心有所悟，知陰陽之說，其本旨在乎勸善懲惡，其術未必皆眞，故子政之說災異與董子不同，董子每虛構理想，獨撰奧義，如繁露五行逆順篇謂「如人君惑于讒邪，殺不辜，逐忠臣，棄法令，婦妾爲政，賜予不當，則民病血壅腫。如人君好戰，侵陵諸侯，貪城邑之賂，輕百姓之命，則民病喀咳嗽」。人君作惡，天不降災於其本身，而使百姓患病；此若不加曲解，眞乃不可思議。——子政言災異，則用歷史事實作根據，舉前車之覆，以作後車之戒，例如其述春秋災異，自幽王開始，舉詩經所述正月繁霜及十月之交，日食地震之災，謂皆王政乖舛所致（小雅），自此諸侯背叛而不朝，周室卑微，二百四十二年之間，日食三十六，地震五、山陵崩阤二，彗星三見，夜常星不見，夜中星隕如雨一，火災四十。長狄入三國（齊魯晉），五石隕墜，六鶂退飛……當是時，禍亂輒應，弒君三十六，亡國五十二，諸侯奔走，不得保其社稷者，不可勝數也」。

元帝信任宦官弘恭石顯，子政引小雅角弓篇「雨雪瀌瀌」，幽王信讒之詩，以爲戒。成帝用大將軍王鳳專權，子政引洪範「臣之有作威作福，害于而家，凶于而國」以爲戒。至於五行志所述子政解釋春秋災異之事，如「定公二年五月，雉門及兩觀災」，董子與子政皆以爲「此奢僭過度者也」。凡災異皆爲邪惡所致，此乃陰陽家一貫之論，其用意可知矣。漢志云陰陽家「舍人事而任鬼神」。子政之新序、說苑所稱頌之事，恰爲重人事而舍鬼神，新序云「夫神不勝道，而妖亦不能勝德」。又云：武王勝殷，問俘虜曰「而國有妖乎」？曰「吾國之妖其大者：子不聽父，弟不聽兄，君令不行，此妖之大者也」（卷二）。又云：宋景公時，熒惑在心，子韋曰「熒惑天罰也，心，宋分野，禍當君身。雖然，可移於宰相，或移於人民」。公曰「宰相死，誰與治國？民死，誰以我爲君？寡人願自當也，寧獨死耳」！不納子韋之言，而禍亦未生。故老子曰「能受國之不祥，是謂天下王」也（卷四）。說苑君道篇錄晏子春秋云：齊景出獵，上山見虎，下澤見蛇，歸召晏子而問之曰「今日寡人出獵，上山則見虎，下澤則見蛇，殆所謂不祥也？」晏子曰「

國有三不祥，是不與焉。夫有賢而不知一不祥，知而不用二不祥，用而不任三不祥也，所謂不祥，乃若此者也。今上山見虎，虎之室也；下澤見蛇，蛇之穴也；如虎之室，如蛇之穴，而見之，曷爲不祥也」？又如反質篇云「信鬼神者失謀，信日者失時」。敬慎篇稱孔子之言曰「存亡禍福，皆在己而已，天災地妖亦不能殺也」。「至治之極，禍反爲福，故太甲曰：天作孽，猶可違；自作孽，不可逭」。新序、說苑所述之事，大抵皆此類也，此何曾有陰陽家之意味哉？

子政以名儒俊材，當陰陽學說盛行時期，見漢室漸衰，「身爲宗室」，不忍坐視，欲參與政治，振作朝綱，只得藉災異之說以警人君，是以忠正果敢，直言無隱，排斥外戚權臣，擯黜奸邪宦官，無奈小人道長，君子道消，累次失敗，再次下獄，而氣不餒，心不灰，大將軍王鳳執政，兄弟七人皆爲列侯，王氏勢盛，子政不畏强權，上疏亟諫，謂當黜遠外戚，勿授以政，不然，漢將有危亡之虞，成帝雖感其言，而不能實行，子政歿後，果然王莽篡漢。總觀其所奏：言得失，陳法戒，輕刑罰，重禮樂，前後數十疏，忠懷耿耿，純儒之言也。而其領校中五經秘書，整理典籍，並使諸子之書得以不墜，其功偉矣。

劉歆——字子駿，少以通詩書能屬文，成帝召見，任爲黃門侍郎。按五行志，歆亦曾以災異解春秋。此乃當時風氣使然。及歆受詔與父向領校秘書，見古文春秋左氏傳，大好之，謂左氏親受經義於孔子，公羊、穀梁乃傳聞之學耳。父子爭論，向不能難，其時治左氏傳者如尹咸、翟方進，大抵只傳訓詁而已。歆治左傳，不取陰陽讖緯之說，引傳文以解經，轉相發明，由是章句義理大備，一掃當時「可怪」之論，使經義歸於實際，此乃當時學術思想一大革新也。

成帝時，歆與王莽同爲黃門侍郎，莽重之。哀帝元年，向卒，莽爲大司馬，舉歆宗室有材行，爲光錄大夫，復領五經。當日向校經傳諸子詩賦，每一書輒條其篇目，撮其指意，錄而奏之，哀帝復命歆卒父前業，歆乃總群書而奏七略，又欲將古文經及經說，左氏春秋、毛詩、逸禮、古文尙書立於學官，當時博士極力反對，歆未能勝（詳見本書第五章），及平帝時王莽持政，歆與陳宗等十二人，皆以治明堂封爲列侯，前者歆所提倡之書，皆立博士。莽篡位，尊歆爲國師，封新嘉公，旋因大司空甄豐之子尋、獲罪於莽，莽捕之，辭連歆之子棻、泳、奇三人，皆處死。及莽之末年，衞將軍王涉、大司空董忠引道士西門君惠之讖言、謂劉氏當復興，勸歆起事，歆旣怨莽殺其三子，又聞莽兵敗於昆陽，懼大禍至，遂與涉忠謀欲發，事泄，忠被殺，歆與涉皆自殺。歆受王莽之尊崇，而不避其奸慝，結果如此，甚可惜也！

王莽爲大將軍王鳳二弟之子，少恭儉博學，有賢名，及中年野心政權，不惜殘殺親身子女，以遂其弑君篡位之謀，前後判若兩人。莽旣專政，欲實行儒家之政治，故起明堂，辟雍，爲學者築舍萬區，舉天下異能之士，恢復井田制度，實行土地國有，禁止私人買賣田地、奴隸。又設六筦之令，凡酒鹽、鐵器、鑄錢，及採名山大澤衆物者，皆歸國家管理。歆以治明堂封侯，繼之又被尊爲國師，此時所倡之古文經學始得立於學官。莽所實行之政，當然歆與謀焉。諺云「事在人爲」，繫辭云「苟非其人，道不虛行」，故政令雖善，而以莽之奸僞，徒有其文，故天下叛者群起，終歸敗亡。（以上所述向與歆之事跡，俱見漢書列傳第六及六十九）。

總之，歆提倡古文經傳，撥除災異之說，使六經恢復本來面目；又且總覽群書，條其篇目，分爲輯略、六藝略、諸子略、詩賦略、兵書略、術數略、方技略，名曰七略，並硏其義理，探其源流，證以各家之歷史根據，不雜「可怪」之論，對漢代學術思想，爲功甚鉅也。

## 七、揚雄

揚雄字子雲，蜀郡成都人，少而好學，不爲章句，訓詁通而已矣。博覽無所不見，爲人簡易佚蕩，口吃不能劇談，默而好深沉之思。清靜無爲，少嗜慾，不汲汲於富貴，不戚戚於貧賤。不修廉隅以徼名當世，家無儋石之儲，晏如也。自有大度，非聖賢之書不好也。非其意，雖富貴不事也。成帝時，遊京師，給事黃門，與王莽劉歆立。哀帝之初，又與董賢同官。當成、哀、平間，莽賢皆爲三公，權傾人主，而雄不與流，不受拔擢，故三世不徙官。及莽簒位，談說之士，用符命稱功德，獲封爵者甚衆，雄仍如故，以耆老久次，轉爲大夫。劉歆之子棻，嘗從雄學作奇字（古文之異者）。莽欲震威以懼下，以故殺棻，時雄校書天祿閣，治獄者欲收雄，雄恐不能自免，乃從閣上自投下，幾死，莽聞之曰「雄素不與事，何故如此」？令勿追問。雄用心於內，不求於外，好古而樂道，欲求文章成名於後世。嘗好辭賦，既而小之，曰「壯夫不爲也」！（法言第二）。以爲經莫大於易，故作太玄；傳莫大於論語，故作法言，天鳳（王莽年號）五年卒，時七十一歲。

太玄文辭艱深，當時劉歆謂雄曰「空自苦，今學者有利祿，然不能明易，又如玄何？吾恐後人，用覆醬瓿」也。桓譚特崇其書，謂必傳於後世。（以上俱見漢書列傳第五十七）。王充亦盛稱之云「揚子雲作太玄經，造於助思，極窅冥之深，非庶幾之才，不能成也」（論衡、超奇篇）。張衡曰「吾觀太玄，方知子雲妙極道數，乃與五經相擬，非徒傳記之載」（後漢書、張衡傳）。然太玄至今不如法言之流行，分述如下：

### (一) 太玄

何謂玄？揚子云「玄者，幽攡萬類，而不見形者也，資陶虛無而生乎？規攡神明而定摹，通同古今以開類，攡措陰陽而發氣。一判一合，天地備矣」。「仰而視之在乎上，俯而窺之在乎下，企而望之在乎前，棄而望之在乎後。欲違則不能，默而得其所者、玄也」。「故玄者，用之至也，見而知之者智也，視而愛之者仁也，斷而決之者勇也，兼制而博用者公也，能以偶萬物者通也，無所繫輆者聖也，時與不時者命也，虛形萬物所道之謂也」（太玄卷七、玄離）。「夫玄也者，天道也，地道也，人道也」（太玄卷十、太玄圖）。——由此可知，玄乃宇宙最高之原理，無所不在，妙用無窮，猶老子所謂「道」，猶易所謂「陰陽」。

太玄爲摹仿周易之作，易畫有二，曰陰曰陽，玄畫有三，曰一曰二曰三（天道地道人道）。易以八八爲數，其卦六十有四；玄以九九爲數，其首八十有一，易卦之爻三，玄首之位四，曰方曰部曰州曰家，最上爲方，順而數之至於家。易之爻分陰陽，玄之位分一二三、一爲天、二爲地、三爲人，故有天玄、地玄、人玄、各二十七，玄告曰「善言天地者，以人事，善言人事者，以天地」（太玄卷十一。天地人雖分爲三，而言玄則一也。　玄八十一首，每首有九「贊」，「贊」如易之「爻」，共有七百二十九贊，以此爲宇宙之綱領，萬理咸含在內，將八十一首分配於一歲四時之中，每二「贊」合爲一日，一贊爲晝，一贊爲夜凡三百六十四日半，加以踦贏二贊，成三百六十五日四分日之一。周而復始。

「玄有二道：一、以三起，一、以三生。以三起者、方州部家也，以三生者，參分陽氣以爲三重，極爲九營」。「是故一至九者，陰陽消息之計耶」（太玄卷十、玄圖）。——一玄之總理，分而爲三，名之爲方，有一方二方三方，共爲三方。三方又各分爲三，名之爲州，每方有一州二州三州，共為九州。每州又各分而為三，名之為部，每州有一部二部三部，共為二十七部。每部又各分而為三，名之為家，每部有一家二家三家，共為八十一家。此所謂「方州部家，三位疏成」也（太玄卷一、玄首）。

以一至九，可以推論陰陽消息，故天有九天，地有九地，人有九人，九人者：「一為下人，二為平人，三為進人，四為下祿，五為中祿，六為上祿，七為失志，八為疾瘀，九為極」（卷八）。就人之行事言之，一事亦可分為九段，「故思心乎一，反復乎二，成意乎三，條暢乎四，著明乎五，極大乎六，敗損乎七，剝落乎八，殄滅乎九。生神莫先乎一，中和莫盛乎五，倨劇莫困乎九。夫一也者，思之微者也；四也者，福之資者也；七也者，禍之階者也；三也者，思之崇者也；六也者，福之隆者也；九也者，禍之窮者也。二五八、三者之中也」。「自一至三者，貧賤而心勞；四至六者，富貴而尊高；七至九者，離咎而犯災。五以下作息，五以上作消」（太玄，卷十）。——人有所作為，第一段為起念，第二段為考慮，第三段為意想已完成，第四段為條達流暢而發於行事，第五段為理想計畫實現而得成功，所謂福」也。至第六段為盛大而得「福之隆」，至此發展已至極點，故第七段即「敗損」而為「禍」之階；若再進至第八九段，則「剝落」「殄滅」而為禍之極矣。——此易老通變化知進退之義也。

繫辭云「作易者其有憂患乎」？六十四卦「極深研幾」，以明吉凶悔吝之因。老子當衰周之世，睹列國逞兵鬥強之禍，著五千言，講「知常」「守柔」之道。揚子當奸慝弄權之時，淡如自守，乃仿周易之體，參老子之義，草太玄八十一首，七百二十九贊，引宇宙變化之理，徵人世禍福之事，探賾索隱，誠所謂「深者入黃泉，高者出蒼天，大者含元氣，纖者入無倫」（揚雄傳、解嘲）。太玄即本乎揚老之道而成者也，故揚子自云「觀大易之損益兮，覽老氏之倚伏。省憂喜之共門兮，察吉凶之同域。曒曒著乎日月兮，何俗聖之暗燭？豈愒寵以冒災兮，將噬臍之不及。若飄風之不終朝兮，驟雨不終日。雷隆隆而輒息兮，火猶熾而速滅。自夫物有盛衰兮，況人事之所極」。（楊侍郞集、太玄賦）。——此卽揚老物極必反之義，此太玄之要旨，此全爲道家思想，以自然之理明人生之道，此與當時陰陽災異之說不同。

## (二)法言

太玄爲道家之言，而法言爲儒家之言。謂孔子之道爲人生必由之戶（卷二），對儒家之仁義、孝道、政教，皆言之明切，對於別家之學，皆有指斥，略述其言如下：

正道——或問道，曰「道也者，通也，無不通也」。或曰「可以適他與」？（既無不通，是否尙有他道可以嚮往）？曰「適堯舜文王者爲正道，非堯舜文王者爲他道，君子正而不他」。「道德仁義禮，譬諸身乎！（不可缺一），夫道以導之，德以得之，仁以人之，義以宜之，禮以體之、天也。（五者人之天性）」（卷四）。或問仁義禮智信之用，曰「仁宅也，義路也，禮服也，知燭也，信符也。處宅由路正服明燭執符，君子不動，動斯得矣」（卷三）。或問信，曰「不食其言」，問義曰「事得其宜之謂義」（卷十）。——道爲人生必由之經，堯舜之道爲正道，正道爲仁義，仁義出乎人之本性，無待外求，違背仁義卽危害本性，故君子遵道而行，無入而不自得。

爲學——「學、行之，上也。言之，次也。敎人、又其次也。咸無焉，爲衆人」。或問「世言鑄金，金可鑄與」？曰「吾聞覿君子者、問鑄人，不問鑄金」。或曰「人可鑄與」？曰「孔子鑄顏淵矣」。或人踧爾曰「旨哉！問鑄金，得鑄人」。「學者所以修性也，視聽言貌思，性所有也，學則正，否則邪」。「務學不如務求師，師者、人之模範也」。「人而不學，雖無憂，如禽何？學者所以求爲君子也，求之而不得者，有矣夫；未有不求而得之者也」。「大人之學也爲道，小人之學也爲利」（卷一）。——人而不學，無以自別於禽獸，學者所以修養善性，學爲君子。爲學貴求良師，貴乎實行，小人爲學志在求利，君子學以致其道。此爲學之目的也。

爲政——或問何以治國？曰「立政」，何以立政？曰「政之本、身也；身立則政立矣」。或曰「人君不可不學律令」，曰「君子爲國，張其綱紀，議其教化，道之以仁，則下不相賊；蒞之以廉，則下不相盜；臨之以正，則下不相詐；修之以禮義，則下多德讓；此君子所當學也。如有犯法則司獄在」（卷九）。——孔子云「政者正也，子率以正，孰敢不正」。老子云「以正治國」，爲政者以身作則，其政令方能實行，以德化民，乃爲政之妙道。若夫不可以德化者，始用法治，故「司獄」亦自古所不廢也。

言性——「人之性也，善惡混，修其善則爲善人，修其惡則爲惡人。氣也者，所以適善惡之馬也與」？（卷三）。——張橫渠理窟謂：人性有二元，一曰天地之性，卽善性；一曰氣質之性，卽不能盡善者。程伊川云「氣有善有不善、性則無不善也」。朱子云「性便是理，人之所以有善有不善，只緣氣質之禀各有清濁」，氣清則爲聖賢、氣濁則爲愚惡。此揚子所云「氣者所以通善惡之馬也與」？然則宋儒之說，揚子發之矣。

神——或問神，曰「心」。請問之，曰「潛天而天，潛地而地，天地，神明而不測者也」。「神在所潛而已矣。天神天明，照知四方；天精天粹，萬物作類。人心其神矣乎！操則存，舍則亡，能常操而存者，其惟聖人乎」？（卷五）。或問「趙世多神，何也」？（例如左傳成公八年，晉侯（景公）殺趙朔滅其族，晉侯夢大厲披髮及地，曰「殺余孫，不義」！因驚懼成疾而死，等事），曰「神怪茫茫，若存若亡，聖人曼云（卷十）。——宇宙間一切事物，皆由人心加以分析測驗，而作認識之判定，故人為萬物之靈，靈即指人心而言，「萬法一心」，萬理俱在心中，天地之理，潛藏不顯，內蘊無窮，而人心之靈能闡發之，故天地人心，皆神明莫測者也。天之神明，燭幽照微，無所不至；天之精粹，現於萬物，各成其類；皆由人心察識之，故曰人心其神矣乎！俗人多追逐物欲而失其本心，惟聖人能存身養性，保其靈明。至於世俗所傳神異鬼怪之事，乃茫無實據，為聖人所不語。

仙——或問：人言仙者有諸乎？「吁！吾聞伏羲神農歿，黃帝堯舜，殂落而死，文王畢（葬於畢），孔子魯城之北（葬處），獨子愛其死乎？非人之所及也，仙亦無益于子之彙矣」。或曰：世無仙，則焉得斯語？曰「語乎者，非囂囂也與？惟囂囂能使無為有」。「有生者必有死，有始者必有終，自然之道也」（卷十二）。——自戰國至秦漢，即有方士傳說神仙長生之術，釋名云「老而不死曰仙」。揚子云：人皆愛生而惡死，但非人力所能為，故自古聖賢凡人皆不能無死，生死乃自然之道也。

評議諸子——「老子之言道德，吾有取焉耳；及搥提仁義，絕滅禮學，吾無取焉耳」（卷四）。「莊揚蕩而不法，墨晏儉而廢禮，申韓險而無化，鄒衍迂而不信」（卷八）。或問公孫龍詭辭數萬以為法，法與？曰：斷木為棊，梡革為鞠，亦皆有法焉，不合乎先王之法者，君子不法也」（卷二）。或問：「儀秦學乎鬼谷術，而習乎縱橫言，安中國者，各十餘年，是夫」？曰「詐人也，聖人惡諸」！（卷十一）。——此對於老莊、楊墨、申韓、晏子、鄒衍、名家、縱橫家，皆作非議也。

獨尊儒家——問道篇以堯舜文王之道爲正道。吾子篇謂孔子之道爲人所必由之戶。學行篇贊孔顏之樂趣。淵騫篇贊孟子「勇於義而果於德，不以貧富貴賤死生動其心」。又謂「通天人曰儒」。學行篇謂「天之道不在仲尼乎」？寡見篇謂：魯不用儒，故亡，「如用眞儒，無敵於天下」。——對儒家推崇如此，可知其信仰之篤矣。

儒道合一，爲漢儒之特色，揚子之太玄融合易老之思想，其結構爲象數之學，故講陰陽，亦涉及五行（見玄瑩、玄圖）。法言之尊崇儒學，可見其信仰，然孔子「天下有道，則見；無道則隱」，「可以仕則仕，可以止則止」，而揚子爲大夫，在董賢王莽雙邪權奸威勢之下，淡然自守，既不求進，亦不遁避，其對當時朝廷之惡劣現象，非不厭憎，觀其解嘲，可知其心情，謂「當今縣令不請士，郡守不迎師、群卿不揖客，將相不俛眉。言奇者見疑，行殊者得辟……行非孝廉，舉非方正，獨可抗疏時道。……且吾聞之炎炎者滅，隆隆者絕，位極者宗危，自守者身全。是故知玄知默，守道之極；爰淸爰靜，游神之廷，惟寂惟寞，守德之宅，世異事變，人道不殊」。此純爲道家之言，揚子在奸邪當權之時，能「和光同塵」，有大隱隱市朝之風，爲有得於道家之旨者也，然其謂老子「搥提仁義，絕滅禮學」，謂莊子「蕩而不法」，豈其然乎？未爲知言也。

# 第七章　東漢之儒

王莽之末，天下大亂，四方學士，多懷挾圖書，遁逃林藪，光武好經術，中興即位之初，先訪儒雅，採求闕文，自是學者雲會京師。帝乃修太學，建三雍（明堂、靈台、辟雍稱為三雍），大倡儒學。明帝繼之，親臨辟雍講學，諸儒執經問難於前，冠帶縉紳之人，環門而觀聽者，蓋數萬計，匈奴亦遣其子來學。章帝大會諸儒於白虎觀，詳考五經異同，效宣帝親臨石渠閣，詳決眾論之故事。西漢末年，博士弟子增至七千餘人，及東漢順帝以降，太學生增至三萬餘人。不惟官學盛，私人講學之風亦盛，如宋登、丁恭等，弟子至數千人，而牟長、蔡玄等，前後弟子多至萬人。東漢帝王明儒學，其開國大臣，如鄧禹、耿純、景丹、卓茂等，亦皆為通儒，故其學風甚隆，良有以也。

西漢之末，圖讖之學興，至東漢而大盛，因光武微時，受李通圖讖之鼓勵，而起兵立大志；又受蔡少公「劉秀為天子」之讖語（後漢書鄧晨傳）及彊華「劉秀發兵捕不道」之符文，傳說於民間，人心歸服，光五之成功，受圖讖之助甚大，故即位之後，每用讖文以決事，因此讖學大興，張衡傳云「初、光武喜讖，及顯宗、肅宗、因組述焉。自中興之後，儒者爭學圖緯」，帝王好之，故人多學之。然圖讖只可藉之以警世勸善而已，不可以為典訓也，是以當時桓譚、張衡、尹敏等皆反對之。

陰陽災異之說，含有宗教意味，本為方士之專門學問，儒者借之以諫軍警世，當時曾有作用，故能釀成風氣，儒學與陰陽之說合為一統，繼而演出圖讖之學，愈演愈奇異，方士之奇技異術，隨之而大行其道，如于吉之得神書，以符水治病，三喬能使履化為鳧，高獲能役使鬼神，費長房有縮地術，分身法，後漢書方術傳所載奇異之事頗多，此類幻術特技，儒家視之爲「小道」，不可大用，是以東漢帝王好圖讖，其說雖盛行，大儒如馬融、鄭玄等，雖亦考論圖緯，然只以在其風氣之中，不可不知其術而已，不加非薄，而亦未加重視。蓋世事之敗壞，大抵由人違反正道而致，而且世事變化無常，雖循理而行，亦有意外之失敗，因此陰陽家藉天變災異以警人君，使之惕厲戒愼，崇德除邪，以免損越，故雖聖明之君，亦不至非斥之。儒家採取陰陽之說，其作用亦惟在此而已。是以不通陰陽之術者，亦不妨言災異，天災本不可測，而災患之生，人亦無法制止，只有反求己已，忠於所事，無愧於天而已。周舉爲儒者之宗，並非善言災異，順帝時，舉爲尙書，名重朝廷，陽嘉三年大旱，帝策問舉「朕夙興夜寐，思協大中（大中皇極也），頃年以來，旱災屢應，何由」？舉對曰「陛下處唐虞之位，未行堯舜之政，近廢文帝光武之法，而循亡秦奢侈之欲，所致也」（後漢書列傳第五十一）。李固少好學，究覽墳籍，四方有志之士多慕其風而從學，當時方術之士，多隱居不仕，固謂「處士純盜虛名，無益於用」（方術傳上末段結論），足徵固亦非善言災異者，陽嘉二年，有地震山崩之災，公卿舉固對策，帝又詔問當世之弊，爲政所宜，固對曰「王道得，則陰陽和穆；政化乖，則崩震爲災」，歷言順帝封乳母、重外戚、寵宦官之謬失，此皆有違天心者也。順帝覽其對，多所採納（後漢書列傳第五十三）。——總之凡災異出現，即爲政事有弊所致而已，儒者之借重陰陽家，亦只如此而已。及圖讖愈演愈奇，方士現其奇技神說，進而稱曰道士，與儒家之學顯然不同，於是儒者對陰陽之說，漸趨冷淡。甚至如尹敏竟在光武面前謂：讖書爲「世俗之辭，恐疑誤後生」，又且公然增添讖文曰「君無口，爲漢輔」以示光武，意謂讖書乃前人隨意所造者，不可信也；今我亦隨意造讖，君信之乎？若信之，則當以我爲漢輔也。儒者對圖讖已輕視至此，是以東漢圖讖最盛之時，亦即陰陽學說開始寖衰之時，漢朝結束，災異之說在政治中亦歸沉寂。

然陰陽家警人勸世之說，仍爲社會所需要；占驗圖讖之術，仍爲民間所信仰，道士專其術以行其道，復有品高學博之士，不慕榮利，徵辟禮聘皆不就，而對陰陽之學，富有志趣，故精於其術，如張楷、郎顗（漢書列傳第二十、二十六），皆有弟子數百人從其學，襄楷博古通經，與鄭玄齊名，桓帝時上書言災異斥宦官，而不求利祿，竭力推崇道士于吉之神書，贊美浮屠之絕俗寡欲（列傳第二十）。此派學者與道士合流，其學術、品格、在社會有地位，有信仰，遂與儒者分立，而輔助道教之成立。

自西漢末年，佛教傳來中土，其時只有祭禱誦經之事，對於佛理尚未闡揚，故學術中罕有論者。道士所建立之道教，雖依託老子，然只有以符水治病，及巫祝祈禳之術以行於世，是以當時之人，對佛老作同等觀，楚王英傳及襄楷傳皆佛老並稱，桓帝於宮中設華蓋，佛老並祠，此時佛道二教之表現，大概只是祈福禳災，勸人爲善，故不見於當時學者之著述。

老子雖被道士所爭取而奉爲教主，然儒道不悖，故始終融和，西漢黃老學盛，司馬遷「論大道，則先黃老而後六經」（司馬遷傳），漢志載：劉向著有說老子四篇，老子雖未列於學官，而其道與儒同尊。東漢之儒，贊揚道家，著於言論者尤多，朱穆作崇厚論，孔老之言並重，李固對策，述老子之言以進諫。楊厚范升教授門生，皆以老子與儒書並誦（見後漢書各本傳）。此時莊子亦被提出與老子並稱，馬融困於涼州，思老莊之道（後漢書列傳第五）；班嗣「雖修儒學，然貴老莊之術」，嘗云「若夫莊子者，絕聖棄智，修生保眞，清虛澹泊歸之自然，獨師友造化，而不爲世俗所役者也。漁釣於一壑，則萬物不奸其志；栖遲於一邱，則天下不易其樂；不絓聖人之網，不嗅驕君之餌。蕩然肆志，談者不得而名焉，故可貴也」（漢書敍傳第七十）。此眞能明莊子之超然人生者也。此後老莊之稱代替黃老，爲魏晉老莊哲學之先聲。

總之兩漢哲學思想爲儒道合一，其間經明君之倡導，志士之宏揚，至東漢明章之世，教化達於極盛，誠如班固東都賦所云「四海之內，學校如林」。節義之坊，風俗之美，可與三代比隆，及桓靈無道，小人當政，諸名士或「不在其位，不謀其政」，而超然物外，淸靜自娛；或忠義奮發，與惡勢力鬥爭，前仆後繼，臨難不懼，孔曰成仁，孟曰取義，莊子云「白刃交於前，視死若生者，烈士之勇也」（秋水篇），士人之節行如此，可見當時之風教矣。狂瀾既倒，無法挽回，末朝建安之世，士人惟有文學之表現。茲略擧東漢學術人物如下：

## 一、王充

王充字仲任，會稽上虞人，少孤，鄉里稱孝，嘗受業太學，師事扶風班彪，好博覽，不守章句。家貧無書，常游洛陽市肆，閱所賣書，一見輒能誦憶，遂博通衆流百家之言，後居鄉敎授，以爲俗儒守文，多失其眞，乃閉門潛思，著論衡八十五篇，二十餘萬言，又著譏俗、性書、政務等書，今只存論衡八十四篇。曾兩度應徵出仕，皆自免還家，章帝時特詔公車徵召，以病辭。節嗜欲頤神自守，永元初，卒于家（後漢書列傳第三十九）。

仲任才高而不尙苟作，口辯而不好談對，非其人，終日不言，其論說始若詭異，終有理。淫讀古文，甘聞異言，世書俗說，多所不安，幽居獨處，考論虛實（見後漢書王充傳及論衡自紀篇）。當時災異圖讖之說，瀰漫於上層階級，故民間充滿迷信之風，仲任不苟同於世，毅然起而獨抒己見，乃作論衡，發新穎之論，對世俗時風加以廓清，以自然主義爲本，掃除一切無根之信仰。論衡以文學述理論，非俗人所能喻，故又用當時之白話俗語，寫譏俗一書，使大衆皆易曉悟，自云「充既疾俗情，作譏俗之書。又閔人君之政，徒以治人，不得其宜，不曉其務，愁精苦思，不睹所趨，故作政務之書。又傷僞書俗文，多不誠實，故爲論衡之書。論衡者、論之平也」（自紀篇）。自言論衡之宗旨云「詩三百，一言以蔽之，曰思無邪。論衡以十數，亦一言也，曰疾虛妄」（佚文篇）。其思想亦爲儒道並重，略其言論如下：

## ㈠明自然

宇宙一切，歸本自然，此乃道家之思想，其言云：

「天地合氣，萬物自生，猶夫婦合氣，子自生矣。萬物之生，含血之類，知飢知寒，見五穀可食，取而食之；見絲麻可衣，取而衣之。「天之動行也，施氣也；體動氣乃出，物乃生矣」。「天動不欲以生物，而物自生，此則自然也；施氣不欲爲物，而物自爲，此則無爲也」（自然篇）。—天地爲萬物之總體，萬物生長，各由其性，本來如此，自然而然，故天地之眞性，即爲自然。

「至德純渥之人，禀天氣多，故能則天，自然無爲」。「天地爲鑪，造化爲工，禀氣不一，安能皆賢？賢之純者，黃老是也，黃者、黃帝也；老者、老子也；黃老之操，身中恬澹，其治無爲，正身恭己，而陰陽自和，無心於爲，而物自化；無意於生，而物自成」。「易曰：黃帝堯舜垂衣裳而天下治。垂衣裳者、垂拱無爲也。易曰：大人與天地合其德。黃帝堯舜大人也，其德與天地合，故知無爲也。天道無爲，故春不爲生，而夏不爲長，秋不爲成，冬不爲藏。陽氣自出，物自生長，陰氣自起，物自成藏。故無爲之爲大矣，本不求功，故其功立；本不求名，故其名成。沛然之雨，功名大矣，而天地不爲也，氣和而雨自集」（自然篇）。──天地之性爲自然，得天獨厚者爲聖人，聖人法天，能順天地之理以行事，故能無爲而治。禀性薄者爲不肖，不效天地，不遵道德，故强有所爲，而害人害己。

萬物之生，出乎自然，故萬物身分一律平等：

論衡商蟲篇云『倮蟲三百，人爲之長。由此言之，人亦蟲也。人食蟲所食，蟲亦食人所食，俱爲蟲而相食，物何爲怪之？設蟲有知，亦將非人曰「汝食天之所生，吾亦食之，謂我爲變，不自謂爲災」。凡含氣之類，所甘嗜者，口腹不異，人甘五穀，惡蟲之食；自生天地之間，惡蟲之出，設蟲能言，以此非人，亦無以詰也』。按列子說符篇云『齊田氏祖於庭，食客千人，中坐，有獻魚雁者，田氏視之乃嘆曰「天之於民厚矣，殖五穀，生魚鳥，以爲之用」。衆客和之如響。鮑氏之子，年十二，預於次，進曰「不如君言，天地萬物與我並生，類也。類無貴賤，徒以大小智力而相制，迭相食，非相爲而生之，人取可食者而食之，豈天本爲人生之？且蚊蚋噆膚，虎狼食肉，豈天本爲蚊蚋生人虎狼生肉者哉」？』又，孔叢子第二十三，孔季彥，亦有此論。季彥爲孔僖之子，見後漢書儒林傳上。──自古人類自豪，自居爲萬物之靈，自以爲與天地並列而爲三，名曰三才。而此則言萬物平等；事實顯然，人不能如鳥之凌空，人不能如魚之棲水，人不能如螾蟻生於土壤之內，人不能如松柏立於風雪之中。人能宰殺牛羊，而猛獸毒蛇，亦能致人於死；卽最微小之細菌，亦能竄入人體之中，使人痛苦，害人生命。由此觀之，萬物各有特性，人類亦萬物之一耳，何可自豪？於是陰陽家，以爲天之於人，猶父之於子，用意至厚，董仲舒天人相與之說，皆爲失色矣。

## (二)破除災異之說

論衡譴告篇云：論災異者謂「古之人君爲政失道，天用災異譴告之也。災異非一，復以寒溫爲之效：人君用刑非時，則寒；施賞違節，則溫。天神譴吾人君，猶人君責怒臣下也」。—仲任論之云：「夫天道自然也，無爲；如譴告人，是有爲，非自然也。黃老之家，論說天道，得其實矣」。

明雩篇云「世稱聖人純，純則行操無非，無非則政治無失」。—仲任論之云「世之聖君，莫有如堯湯，堯遭洪水，湯遭大旱，如謂政治所致，堯湯惡君也」！（治期篇亦有此論）。

變虛篇云：傳書曰：「宋景公時，熒惑守心，子韋曰『此天罰也，禍當君，然而可移於宰相，或移於民』，公不聽，誠願自當，因此、火星乃徙而不爲災」。異虛篇云：商高宗時，桑穀俱生於朝，高宗恐駭，側身而行道，桑穀乃亡，高宗享國百年」。—仲任論之云：火星自徙，非景公之善心所能卻。高宗壽長，無關桑穀之存亡。

感類篇云百雨篇云「伊尹死，大霧三日」。感虛篇云：傳書言「鄒衍無罪，見拘於燕，當夏五月，仰天而嘆，天爲隕霜」，「荊軻爲燕太子丹刺秦王，白虹貫日。杞梁之妻，向城而哭，城爲之崩」。—仲任論之云：此皆適逢其時，偶遇其機，非人力所能爲也。

董仲舒申春秋之義，設土龍以招雨，祭女媧以祈晴。又、當時陰陽家有久雨不霽，擊鼓攻社之禮（見亂龍篇、順鼓篇）。—仲任論之云：「人不能以行感天，天亦不能隨行而應人」。「鯨魚死、彗星出、天道自然，非人事也」。（明雩篇、亂龍篇）。

陰陽禁忌，崇信鬼神之風俗，至東漢已達極盛，俗有四大諱：一、宅之西不得增建房舍。此自春秋時，卽有此說。二、被刑之人，父母死，不送葬，不得至先人之丘墓。三、分娩之婦，人見之不吉，須踰月，乃可見人。四、正月五月，所生之子，主尅父母（四諱篇）。又有夫婦相尅之說，「男女早死者，夫賊妻，妻害夫」（偶會篇）。世俗以龍爲神物，以雷鳴爲天怒，謂雷懲惡人（龍虛、雷虛篇）。譏日篇述日禁之書謂：一切事，各有吉凶之日，例如「子日沐，令人愛之。卯日沐，令人白頭」。詰術篇述圖宅術曰：宅有五音，姓有五聲，宅與姓不相宜，則凶。例如商聲之姓，門不宜南向，徵聲之姓，門不宜北向。因商屬金，南方屬火，火尅金；徵屬火，北方屬水，水尅火也。解除篇謂：世以祭祀求福，而祭畢之後，又恐鬼神留連不去，乃用刀杖以驅之。─當時之種種迷信，不勝備述，仲任一一駁之。

## (三)無鬼論

自遠古之世，卽有鬼神之傳說。禮記祭義云「人死曰鬼」。蓋以爲人死之後，其精氣不滅，冥冥之中，必然存在，祭祀之義，蓋卽由此而生。有此設想，因而有此類事故發生，傳曰：周宣王枉殺其臣杜伯，宣王出獵，遇杜伯起於道側，以彤弓射殺宣王。趙簡公枉殺其臣莊子義，簡公將入桓門，子義起於道左，以彤杖捶死簡公（論衡死僞篇）。左傳所記此類事尤多，如齊襄公殺公子彭生，襄公出獵見大豕人立而啼，從者曰「公子彭生也」！襄公懼而返，遇叛臣，遂被殺（莊公八年）。晉世子申生自殺後，惠公無禮，狐突於曲沃遇申生，曰：將予惠公以懲罰。後惠公與秦戰，敗于韓原（僖公十年）。鄭子產當時之哲人也，其論鬼云「强死者能爲鬼」，「强死」，乃被殺而死者也，經傳所述如此，民間所傳之鬼事尤多。─仲任論之云：「世謂：死人爲鬼，有知能害人。以物驗之，物死不爲鬼，人死何故獨能爲鬼」？人之所以生者、精氣也，死而精氣滅。能爲精氣者、血脈也，人死血脈竭。竭而精氣滅，滅而形體朽，朽而成灰土，何以爲鬼？人見鬼若生人之形，人死體朽，何以能現形？自古以來，人死多矣，若死而爲鬼，何處能容此多鬼？人病往往失智能，人死不能有智能，故人死不能復仇。人睡時、旁有談笑之人，尙不能覺，況及死後，而能有知覺乎？世人謂：死人之精神爲鬼，若然，則人見鬼，宜徒見其裸體之形；然而見鬼者，每云見其衣冠服裝，猶如生前，豈衣冠朽滅之後，亦能現形爲鬼乎？（晉阮脩無鬼論謂「衣服亦有鬼耶？」時人服焉，蓋本乎此）。由是足徵火滅光消，人死精亡，安有鬼乎？（論死篇）。

然而典籍所載，民間所傳，人之見鬼者，言之鑿鑿，其故何哉？──仲任云，見鬼者有二因：一爲思想深刻，則幻象出，曰『凡天地之間有鬼，非人死精神爲之也；皆人思念存想之所致也。致之何由？由於疾病，人病則憂懼，憂懼見鬼出。凡人不病，則不畏懼，故得病寢衽，畏懼鬼至，畏懼則存想，存想則目虛見。何以效之？傳曰「伯樂學相馬，顧玩所見，無非馬者。庖丁學解牛，三年不見生牛，所見皆死牛也」。二者用精至矣，思念存想，自見異物也。人病見鬼，猶伯樂之見馬，庖丁之見牛也。伯樂庖丁所見，非馬非牛，則亦知夫病者所見非鬼也』。二爲病人，狂人、精神亂，故幻象出，曰「人之見鬼，目光與臥亂也；人之晝也，氣倦精盡，夜則欲臥，臥而目光反，反而精神見人物之象矣。人病亦氣倦精盡，目雖不臥，光已亂於臥也，故亦見人物象。病者之見也，若臥若否，與夢相似。狂者見鬼也，狂痴獨語，不與善人相得者，病狂精亂也。夫病且死之時，亦與狂等，臥病及狂，三者皆精衰倦，目光反照，故皆獨見人物之象焉」（訂鬼篇）。

然則人死之後，竟寂然而歸於斷滅乎？──仲任謂「人死血脈竭，而精氣滅」。「形須氣而成，氣須形而知，天下無獨燃之火，世間安得有無體獨知之精」？（論死篇）。南史稱范縝創神隨形滅之說，云「神卽形也，是形神也，是形存則神存，形滅則神滅」。豈非受論衡之啓示乎？此說蓋不得謂范縝所首創矣，然仲任之論死，並不落於斷見，謂「人死精神升天」，謂「人未生，在元氣之中，既死復歸于元氣」（論死篇）。此老子「萬物芸芸，各歸其根」，莊子「天地與我並生」之義也。

## (四)定命論

何謂命？子夏云「死生有命，富貴在天」。命卽各種自然條件所構成之環境與遭遇，此確有非人力所能如何者，故曰命。以賈誼之才，而不能容於賢明之朝廷；以鼂錯之忠，而竟死於叛亂者之要求；凡此無可奈何之事，乃固定而不可變更者，故曰定命，論衡之言云：

> 操行有常賢，仕宦無常遇，賢不賢、才也；遇不遇、時也。才高行潔，不可保以必尊貴；能薄操濁，不可保以必卑賤。或高才潔行不遇，退在下流；薄能濁操而遇，進在衆上（逢遇篇）。
>
> 修身正行，不能來福；戰栗戒懼，不能避禍。禍福之至，幸不幸也（累害篇）。
>
> 富貴有命，福祿不在賢哲與辯慧，故曰：富不可以籌筴得，貴不可以才能成。智慮深而無財，才能高而無官。懷銀紆紫，未必稷契之才；積金累玉，未必陶朱之智。才智行操雖高，官位富祿有命（命祿篇）。
>
> 傳曰「說命有三：一曰正命，二曰隨命，三曰遭命」。正命、謂本稟之自得吉也。性然骨善，故不假操行以求福，而吉自至，故曰正命。隨命者，戮力操行而吉福至，縱情施慾而凶禍到，故曰隨命。遭命者，行善得惡，非所冀望，逢遭於外，而得凶禍，故曰遭命。性自有善惡，命自有吉凶，故命吉之人，雖不行善，未必無福，命凶之人，雖勉操行，未必無禍。孟子曰「求之有道，得之有命」，性善乃能求之，命善乃能得之；性善命凶，求之不能得也。文王拘羑里，孔子

阨陳蔡，故曰「命窮、賢不能自續；時厄聖不能自免」（命義篇、定賢篇）。

以上所言，皆有常見之事實，仲任不信卜筮（見卜筮篇）。其所謂定命，非陰陽五行家預知休咎之定命，故曰「雖云有命，當須索之，如信命不求，謂當自至，可不假而得，不作而自成，不行而自至：：有求而不得者矣，未有不求而得之者也」（命祿篇）。或謂仲任之定命論亦近迷信，足以引人之怠惰；此不然也！夫眞理所在，不能因人之誤會而否定之。高談策勵之論，違乎事實，亦不能取信於人，成敗乃自然之遇合，兩巧相遇，謂之命定。「人定勝天」，「打破環境」，乃人類自豪之辭，乃勖勵弱者之語，倘各種自然條件，已構成固定之環境，此卽所謂命定，猶如人之衰老病死，雖有扁鵲亦不能使之返老還童，起死回生。自然之理曰天，自然之道不能違曰命，故天命二字合爲一詞。自然之條件所限，雖妄想亦無用；無才無學徒想高位厚祿，而欲不擇手段以求之，此之謂小人，故孔子曰「不知命，無以爲君子也」！莊子曰「知其不可奈何，而安之若命」，皆定命論之義也。明乎此義知人事命運不可强求，全憑機緣，則成功者不必驕矜，失敗者無所怨尤也。

## (五)論性

論衡本性篇、專論人性，推崇周人世碩之論，謂人性有善有惡（世碩係七十子之徒，戰國時陳人）。本性篇云：

「自孟子以下，至劉子政，鴻儒博生，聞見多矣，然而論情性，竟無定是，惟世碩公孫尼子之徒，頗得其正」。「周人世碩以爲人性有善有惡，舉人之善性，養而致之，則善長；惡性、養而致之，則惡長，如此、則情性各有陰陽善惡，在所養焉，故世子作養書一篇。宓子賤、漆雕開、公孫尼子之徒，亦論情性，與世子相出入，皆言性有善有惡」。「孟子言人性善者，中人以上者也。

荀卿言人性惡者，中人以下者也。揚雄言人性善惡混者，中人也」。─仲任以爲世碩言性有善有惡，足兼三家之義，故特取之。

謂孟、荀、告子之言性，未得其實，而言之有因：

「孟子作性善之篇，謂人生於天地，皆禀善性，長大與物交接者，放縱悖亂，不善日以生矣」。孟子言人在幼小，無有不善，然而微子曰「我舊云孩子，王子不出」（尚書微子篇），紂爲孩子之時，微子睹其不善之性，性惡不出，長大爲亂不變，故云也。羊舌食我初生之時，叔姬視之，及堂，聞其啼聲而還，曰「其聲豺狼之聲也，野心無親，非是莫滅羊舌氏」，遂不肯見。及長，爲亂，果滅羊舌氏（左傳昭公二十八年及國語、晉語）。紂與食我，皆在幼孩之時，其惡性已見，故「孟子之言情性，未爲實也」。「然而善性之論，亦有所緣，一歲嬰兒，無爭奪心，長大之後，或漸利色，狂心得行，由此生也。

告子與孟子同時，其論「性無善惡之分，譬之湍水，決之東則東，決之西則西。夫水無分於東西，猶人無分於善惡也」。「無分於善惡，可推移者，謂中人也；不善不惡，須教成者也。故孔子曰『中人以上，可以語上也；中人以下，不可以語上也』。告子之以決水喻者，徒謂中人，不指極善極惡也。孔子曰『性相近也，習相遠也』。夫中人之性在所習焉，習善而爲善，習惡而爲惡也。至於極善極惡，非復在習，故孔子曰『惟上智與下愚不移』。性有善不善，聖化賢教，不能復移易也。故知告子之言未得實也」。　夫告子之言，亦有緣也，譬猶練絲，染之藍則青，染之朱則赤，決水使之東西，猶染絲之令青赤也。

荀卿反孟子，作性惡之篇，以爲「人性惡，其善者僞也」。然而稷爲兒，以種樹爲戲，孔子能行，以俎豆爲弄。夫荀卿之言，未爲得實。「然而性惡之言，亦有緣也，一歲嬰兒無推讓之心，見食，號欲食之，睹好、啼欲玩之，長大之後，禁情割欲，勉勵爲善矣」。

謂陸賈、董仲舒、劉向言性，皆不得當：

陸賈曰「天地生人也，以禮義之性，人能察己所以受命，則順；順之謂道」。「夫性善者，不待察而自善；性惡者雖能察之，猶背禮畔義。故貪者能言廉，亂者能言治，明能察己，口能論賢，性惡不爲，何益於善？陸賈之言，未能得實」。

董仲舒覽荀孟之書，作情性之說曰「夫天之大經，一陰一陽；人之大經，一情一性，性生於陽，情生於陰，陰氣鄙，陽氣仁。曰性善者，是見其陽也；謂惡者，是見其陰者也」。「若仲舒之言，謂孟子見其陽，荀子見其陰也。處二家各有所見可也；不處人情性，情性有善有惡、未也？夫人情性同生於陰陽，其生於陰陽，有渥有泊，玉生於石，有純有駁，情性生於陰陽，安能純善？仲舒之言，未能得實」。

劉子政曰「性生而然者也在於身而不發；情接於物而然者也，出於形外。形外則謂之陽，不發者則謂之陰」。「夫子政之言，乃謂情爲陽，性爲陰也，惻隱不忍，仁之氣也；卑謙辭讓，性之發也；有與接會，故形出於外，謂性在內，不與物接，恐非其實。且子政之言，以性爲陰，情爲陽，夫人稟情，竟有善惡不也」？——以上俱見本性篇。

謂人性中雖有惡，若用教育化導之功，則可以爲善：

「論人之性，定有善惡，其善者，固自善矣；其惡者，故可教告率勉，使之爲善。凡人君父，審觀臣子之性，善則養育勸率，無令近惡；惡則輔保禁防，令漸於善。善漸於惡，惡化於善，成爲性行」。「人之性、善可變爲惡，惡可變爲善。蓬生麻間，不扶自直；白紗入緇，不練自黑；彼蓬之性不直，紗之質不黑，麻扶緇染，使之直黑。夫人之性，猶蓬紗也，在所漸染，而善惡變矣。傳曰：堯舜之民，可比屋而封，桀紂之民，可比屋而誅。聖主之民如彼，惡主之民如此，竟在化，不在性也」（率性篇）。

孔子言人有上智下愚之分，則人性有善有惡之說，固非自世碩發之也。且孟子言性善，並不否認人有惡性，故曰「逸居而無教，則近於禽獸」（滕文公篇）。荀子言性惡，亦未否認人有善性，故曰「塗之人可以爲禹」（性惡篇）。人性之中有善惡兩端，孟子特擧其善端，勉人修養善性，促導人生向上。荀子則特擧其惡端，使人自知戒惕，而屏惡從善。謂孟子只見善性，荀子只見惡性，仲任之言，亦未爲實也。蓋孟荀皆重後天之教育修養，若人無惡性、何須修養？若人無善性，則根本不能修養，故猛獸本無善性，不可教育，彼亦不能學人爲善。孔子所謂上智不移，下愚不移者，乃指希世之賢人，與冥頑不靈之蠢蚩而言，此爲罕有之例，大多數人爲中材，可以爲善，亦可以爲惡。且上智亦非絕無惡性，下愚亦非絕無善性，惟其性中善惡之成分有厚薄耳。若人性有絕對善惡者，何謂「堯舜之民可比屋而封」，然則其中無下愚乎？「桀紂之民可比屋而誅」，然則其中無上智乎？至所擧陸賈、董仲舒、劉向之言性，其義本細弱而不建實，易於反詰；若夫孟荀之言，未可輕議也。故仲任所謂性惡之人「教導以學，漸漬以德，亦將日有仁義之操」（率性篇），仍不背孟荀之旨也。

### ㈥反對尊古卑今之論

「世稱上世之人，侗長佼好，堅强老壽，百歲左右；下世之人，短小陋醜，夭折早死」。又稱「上世之人，重義輕身，死不顧恨；今世趨利苟生，不相勉以義」。世稱上世之時，聖人德優，而功治有奇，及湯武乃有動兵討伐之事，蓋其德劣而化薄也（齊世篇）。又、當時儒者，推誦詩書，朝夕講習，不見漢書，謂漢劣不若（宣漢篇）。—種種今不如古之論，仲任一一駁之，謂：古今之人，大抵相同，舍生取義，摀殺無辜，古今皆有；堯禪湯伐，因時制宜，非德有優劣。光武之功，不亞湯武，漢之政治、文學，不讓於周，「稱古而毀今」，非公論也（宣漢篇、須頌篇），其言有云：

「夫上世治者聖人也，下世治者亦聖人也。聖人之德，前後不殊，則其治世，古今不異」。

「上古巖居穴處，衣禽獸之皮；後世易以宮室，有布帛之飾，則惟上世質樸，下世文薄矣」。

「畫工好畫上代之人，秦漢之士，功行譎奇，不肯圖。今世之士者、尊古卑今也。貴鵠賤雞，鵠遠而雞近也。使當今說道深於孔墨，名不得與之同；立行崇於曾顏，聲不得與之鈞。何則？世俗之性，賤所見，貴所聞也」（齊世篇）。

夫文景之清簡，豈亞於成康之禮樂？光武之復漢，豈次於宣王之中興？而俗人以爲晚世之文明，不如上古之質樸；今世之顏曾，不若古昔之顏曾；此誠一偏之見也。漢世講經者，師法相承，拘守舊說者，則新說雖有眞理，亦以爲今說總不如古。仲任之反對尊古卑今，誠亦不可以已也。謂「漢家著書，多上及殷周」（須頌篇）。一造論著說之文，發胸中之思，論世俗之事，非徒諷古經、讀古文也。論發胸臆，文成手中，非說經藝之人，所能爲也」（佚文篇）。—蓋論衡即爲發揮思想，評論世事之作，非經藝之人所能爲。守古泥古者，謂後世無聖人，仲任謂「能致太平者聖人也」。先聖後聖，其揆一也，漢時之太平，何異古之太平？高祖、光武，何異湯武？（宣漢篇）。其反駁尊古卑今之說，博辯而持正理。然而在另一方面而言，尊古好古，借以勵今，亦自有其作用：堯舜爲聖人，亦不能無過失，然而當時只傳其善，未傳其過；後世不知其過，而只知其善，故尊之爲聖人，奉之爲師法，孔子未必不逮堯舜，而且孟子云：「自生民以來，未有孔子也」（公孫丑篇）。然而孔子云「加我數年五十，以學易，可以無大過矣」（述而篇），孔子不能無過，子貢以聖人贊孔子，孔子亦不敢當。照理想而言，聖人必無過者也；古聖往矣，其善已著，其過無聞，人皆言其無瑕可指也，後賢既不能無瑕可指，則仍當尊古聖以爲至高之模範；如此，則今人不能無過，即永不能企及聖人，惟力求寡過，始可漸近乎聖人，尊古卑今之論，實含此項作用。較之晚近卑古尊今者，對古人妄加非薄，以古聖先賢皆無足法，而惟以其本身之荒謬乖異爲進步，其影響社會之害，顯然可鑒也。

## (七)文學之哲理

仲任謂：文人之筆，負勸善懲惡之責（佚文篇）。而立論當有根據，「以定實驗」（遭虎篇）。「事莫明於有效，論莫定於有證」，然所取之證，必須確實，倘「信聞見於外，不詮訂於內，是用耳目論，不以心意議也。夫以耳目論，則以虛象爲言」。虛象離乎事實，故當用心判斷淸楚，始敢論定。「苟信聞見，則雖效驗章明，猶爲失實，失實之議難以教。雖得愚民之欲，不合智者之心」（薄葬篇）。故論文貴理，不貴合俗，取材須眞實，引證須正確，言論方有意義，方有價值，此指文學之內容而言。　表達內容，全憑修辭，字句不通，辭不達意，雖有良好之內容，亦無人了解，便不能成爲文學。辭句通達與否，除因作者之程度關係而外，文辭體裁，關係尤大，此一重大關係，即文言與白話兩種體制，當分別爲用是也。

自古白話俗語，各地不同，不能通達，即同一地區，而語調字音代有變異，古今語言皆有隔閡，因此乃有文學出現，確定文辭體制，作共認共守之規律，以文學發表言論，可放之四海而皆準，通乎古今而常存，是以孔子設教、文學與語言分爲兩科。萬不可謂古之經典，即古之白話，語與文自古不能合一爲用。文言宣揚文化，傳導學術，有承先啓後之偉大功用，故中國縱橫數萬里，上下數千年，統風教爲一體，融思想爲一家，皆文言之功也。白話俗語有時空之限制，以字音代替語言，猶如今之錄音帶，只可作臨時之用，不能負文言之偉大任務。仲任爲疾虛妄，破迷信，當時曾用白話作譏俗一書，使時人通曉，又用文言作論衡，供文士閱覽，並傳諸後世，文言非白話所能代替，仲任有高明之見解，精確之言論，略述如下：

或曰「士之論高，何必以文」？答曰「易云『聖人之情，見乎辭』。出口爲言，集札爲文，文辭施設，實情敷烈」（書解篇）。——口語與作文不同，古聖前哲之學問，全憑文辭見示於後人，文辭明而實情顯矣。

「閑居作譏俗節義十二篇，冀俗人觀書而自覺，故直露其文，集以俗言，或譴謂之淺，答曰：以雅言而說丘野，不得所曉，無不逆者。夫不得心意所欲，雖盡堯舜之言，猶飲牛以酒、啖馬以脯也。故鴻麗深懿之言，關於大而不通小，不得已而強聽，入胸者小」（自紀篇）。——以文雅之言，對山野之人談說，彼不能曉，雖強聽亦不能入胸，於是淺白之俗語，乃有用矣。

「充既疾俗情，作譏俗之書。又閔人君之政，作政務之書。又傷偽書俗文，多不實誠，故爲論衡之書」。或曰口辯者其言深，筆敏者其文沉。案經藝之文，賢聖之言，鴻重優雅，難卒曉睹。蓋賢聖之材鴻，故其文語與俗不通。譏俗之書，欲悟俗人，故形露其指，爲分別之文，論衡之書，何以復然？答曰：論衡者、論之平也，口則務在明言，筆則務在露文。高士之文雅，言無不可曉，指無不可睹。觀讀之者，曉然如盲之開目，聆然若聾之通耳。夫文猶語也，或淺露分別，或深迂優雅。口言以明志，言恐滅遺，故著之文字，文字與言同趨，口論以分明爲公，筆辯以茯露爲通。—譏俗之書，欲悟大衆，故用通俗之白話。方言不一，「古今言殊」，白話俗語，異地難曉，後世不懂，故作論衡乃用文言。此即說明文言與白話不同，各有所用也。

孔子云「言之不文，行而不遠」（左傳襄公二十五年），言論若不用文辭表達，如今荒唐之徒所主張「話怎麽說，就怎麽寫」，則其所寫之白話俗語，只能通行於當時之某一地區，時過境遷，則無人通曉，變爲死物，故曰「行而不遠」。仲任對此，言之尤詳，此文學之定理也。今世語文家，謂語言用文字寫出，便爲文，力主語文合一，謂文言難而白話易；故主張以白話打倒文言，致使中國文學因而破產，今後將只有語言而無文學，其所以如此，倘非別有居心，便爲頑鈍不通，此中義理非片言可盡，余曾作文言與白話一書，以說明之。（商務印書館出版）

## (八)結論

譏俗之書，因其爲當時之白話，後人不懂，故早已變爲死文學而歸湮沒。今總觀論衡一書，其疾虛妄而立新論、不沿襲世俗傳說與門戶之見，總在辨明是非，以求眞理，「如心揣度，以求然否」（知實篇）。「留精用心，考實核根」（正說篇），此其所以立論顯明，言辭鋒利，大有影響於當時之學術思想。蔡邕王朗皆以論衡爲秘珍，以至孔融、王粲、曹植、阮籍之文，皆受論衡之啓導。

仲任之思想，崇尚道家之自然主義；而其譴告篇謂當信聖人之言，程材、超奇、狀留諸篇，對於賢儒鴻儒，稱述備至。或以其問孔、刺孟之篇，對於論語、孟子，加以指摘，有非薄儒家之意，此實不然，觀其所舉論、孟中之字句失當，及語意難解之疵，對孔孟之道，並無異語。其用意在矯正經師泥古之弊，故問孔篇明言「世儒學者，好信師而是古」，「聖賢下筆造文，用意詳審，尚未可謂盡得實，況倉卒吐言，安能皆是」？蓋以古者記載孔孟言論之書，其文前後亦有「自相伐」者，況聖賢歿而大義分，學者只憑遙聞傳授，只尊古而不研其實，曷足以明眞理，此亦「疾虛妄」之意也。疾虛妄、闢異說，正所以闡明孔孟之道也。

論衡疾虛妄，雖攻擊陰陽家，然而亦信符瑞之說（見驗符篇）。闢駁神仙之說，然而信骨相之論（見無形、道虛、骨相等篇）。其實符瑞骨相，皆出自陰陽家。一代學術風尙之影響，仲任亦未能擺脫也。

## 二、鄭玄

鄭玄字康成，北海高密人（今山東高密縣），生平不樂爲吏，受業太學，師事第五元，通京氏易、公羊春秋、三統曆、九章算術。又從東郡張恭祖受周官、禮記、左氏春秋、韓詩、古文尙書。以山東無足問者，乃西入關，師事馬融，融之門徒四百餘人，升堂進者五十餘生，康成在門下，三年不得見融，而日夜尋誦，未嘗怠倦。會融集諸生考論圖緯，聞玄善算，乃召見於樓上，康成因從質諸疑，問畢，辭歸，融喟然謂門人曰「鄭玄今去，吾道東矣」！康成自遊學十餘年，乃歸鄉里，家貧，客耕東萊，學徒相隨數百人。及黨事禍起，乃與同郡孫嵩等四十餘人，俱被禁錮。遂隱修經業，杜門不出。時任城何休好公羊，著公羊墨守、左氏膏肓，穀梁廢疾，康成乃著發墨守、鍼膏肓，起廢疾，休見而嘆曰「康成入吾室，操我矛，以伐我乎」！靈帝末，黨禁解，大將軍何進聞而辟之，不得已乃往，進爲設几杖，禮待甚優，康成不受朝服，而以幅巾見，一夕逃去，時年六十。後，將軍阮隗表爲侍中，不就。國相孔融甚敬之，令高密縣爲康成特立一鄉，名曰鄭公鄉。黃巾數萬寇靑州，因尊鄭公，相約不入縣境。大將軍袁紹遣使要康成，大會賓客，衆客多豪俊，並有才說，競以異端百家之學詢難，康成一一辯對，莫不嗟服。袁紹擧康成茂才，表爲左中郞將，皆不就。公車徵爲大司農，以病乞還家。亂世之中，參入政治旋渦，智者所不爲也。

康成生不逢時，而無怨憤之語，自云：當日同時齊名，受公車辟召者，早已顯貴，榮爲宰相，彼等「懿德大雅，克堪王臣，故宜式序。吾自忖度，無任於此，但念述先聖之玄意，思整百家之不齊，亦庶幾以竭吾才，故聞命罔從。吾雖無紱冕之緒，而有讓爵之高」（戒子書）。家居，卒年七十四，遺令薄葬，自郡守以下，嘗受業者，縗絰赴會千餘人（後漢書本傳）。──桓靈無道，小人當權，康成安貧治學，猶被禁錮，亂世不可以有爲，而闡群經之旨，著書百餘萬言，豈惟有讓爵之高，亦有傳道之功焉：

### (一)黜異說而注羣經

兩漢今古文之爭，前於第五章已言之。今古文兩大派，而兩派中又有家法師傳之歧異，解經之作，多以博雅爲能，說五字之文，至於二三萬言，秦近君解釋堯典「曰若稽古」四字，三萬言（漢書藝文志）。碎義巧說，繁雜多端，范曄於鄭玄傳論之云「守文之徒，滯固所稟，異端紛紜，互相詭激，遂令經有數家，家有數說，章句多者，或乃百餘萬言，學徒勞而少功，後生疑而莫正。玄囊括大典，網羅衆家，刪裁繁誣，刊改漏失，自是學者略知所歸」。康成博通今古文，又能貫徹義理，折衷其說，而闡明群經之正義，其所注：周易、尙書、毛詩、儀禮、周禮、禮記、論語、孝經、尙書大傳、中候、乾象歷，又著天文七政論，魯禮禘祫義、六藝論、毛詩譜，駁許愼五經異議、答臨孝存周禮難，答諸弟子問五經者，門人依論語作鄭志八篇，以及與何休辯論公羊所作之發墨守、鍼膏肓、起廢疾等，今全書失傳，惟三禮注、詩譜、詩箋尙完整，其餘雖經後人掇輯，惜乎！不能全矣。

### (二)闡明經義

康成之學，雖不主一家之說，然其注經，思想有中心，言論有體系，不僅精於訓詁也。觀其禮記學記首段注云「所學者聖人之道，在方策」。必曰聖人之道者，謂異端雜說，不足謂之學也；必曰在方策者，謂離判經典、無實之言，亦不足謂之學也。儒行末段注云「不爲天子諸侯卿大夫群吏所困迫而違道」。謂儒者治聖人之學，行聖人之道，不爲帝王權勢所屈服；此言儒者之所學及人格。中庸首段注云「孝經說云：性者、生之質」。禮運「故人者、天地之心也，五行之端也，食味、別聲、被色而生者也」。注云「此言兼氣性之故也」。「生之質」、即自然本體之性，「氣性」即氣質之性，接「食色」之慾，易染於惡；本體之性，則爲純善，詩小雅角弓「毋教猱升木」，箋云「以喻人之心，皆有仁義，教之則進也」。此論人之天性。中庸哀公問政章「仁者，人也」。注云「人也、讀如相人偶之人，以人意相存問之言」。人偶者、仁字從二人，二人相存問，即爲仁之表現。且仁亦必須二人以上，方能顯現，若一人獨處荒島，何以見仁哉？孝經「夫孝德之本也，教之所由生也」。注云「人之行莫大於孝，故爲德本」。孝心出於自然，不孝親，豈能愛人？故曰孝爲德之本。此言孝與仁之本義。六藝論曰『易一名而含三義：易簡、一也，變易、二也，不變、三也。故繫辭云「乾坤其易之蘊耶」！又云「乾坤其易之門耶」！又云「夫乾確然示人易矣，夫坤隤然示人簡矣。易則易知，簡則易從」。此言其簡易之法則也。又云「爲道也屢遷，變動不居，周流六虛，上下無常，剛柔相易，不可爲典要，唯變所適」。此言順時變易，而無滯礙者也。又云「天尊地卑，乾坤定矣；卑高以陳，貴賤位矣；動靜有常，剛柔斷矣」。此言其張設程序，不易者也』。此解釋易之意義。禮記曲禮「毋不敬」，注云「禮主於敬」。孝經「禮者、敬而已矣」。注云「敬者、禮之本也」。此言禮之本義。——鄭注大抵如此，要言不繁。

## ㈢禮法專家

禮運云：孔子曰「夫禮、先王以承天之道，以治人之情，故失之者死，得之者生」。此言無論個人、社會，有禮則能存在，無禮則必滅亡。繼之專講禮學者、爲荀子（荀子修身篇、禮論篇）。荀子將人生立身行事，一切統攝於禮中，故曰「禮義者、治之始也（王制篇）。曰「禮者、法之大分，類之紀綱也」（勸學篇）。由禮而演出法律，諺云「禮治君子，法治小人」，禮爲小康之世致治之本。康成之學尤長於禮，袁宏後漢紀謂「鄭玄造次顛沛，非禮不動」。靈帝時、尙書盧植建議修禮、謂「修禮者、應徵有道之人，若鄭玄之徒」（後漢書、盧植傳），可知康成爲禮學專家，內能躬行實踐，外可爲朝廷定制，其發揮之義理，見於三禮之注。晉書刑法志云「秦漢舊律，後人生意，各爲章句，叔孫宣、郭令卿、馬融、鄭玄諸儒，章句有十餘家，家數十萬言，覽者益難，天子於是下詔（天子爲魏明帝），但用鄭氏章句，不得雜用餘家」。可知康成又曾注律。禮與法本相關聯，禮所以爲教，法所以作戒，荀子云「教而不誅，則姦民不懲」（富國篇），禮教與法律，皆爲治國之大經，是以康成注禮注律。諸葛武侯，常稱昭烈之言曰「吾周旋陳元方（名紀）、鄭康成間，每見啓告治亂之道備矣」。康成所告昭烈治亂之道，必爲治國之大經，惜乎！其語不傳。而昭烈臨終遺詔敕後主謂：可讀漢書、禮記、及六韜商君書（三國志、先主傳注引諸葛亮集）。可知其對于禮與法之重視矣，此或卽康成所告昭烈者歟？

## ㈣結論

經學今古文之爭，至東漢之末，仍在對峙之中，今文家斥古文家爲顚倒五經，變亂家法；古文家斥今文家爲「專己守殘，黨同妬眞」。康成出身寒微，而能「游學周秦之都，往來幽幷兗豫之域，獲覬乎在位通人，處逸大儒，咸從請教（本傳）。博古通今，獨能破除門戶之見，融會諸家之精義，而注群經，畢生致力於經學，作承先啓後之功。且生當亂世，隱居自耕，教授生徒，視富貴如浮雲，而讓爵辭祿，自謂不堪王臣；其謙抑爲何如乎！康成注左傳未竟，聞滎陽服虔所注、其意多與己同，乃以所注讓於服虔，故左傳遂爲虔注，此又「文人相輕」者之所難能也。傳聖賢之道而能實踐，「造次顚沛，非禮不動」，故康成不但爲一代「經師」，亦爲後世之「人師」也。

其五經注行世之後，王粲虞翻等，皆曾有所指摘；夫經典義理廣博，後人續有發現，青出於藍而逾於藍，理所當然，不足爲康成病也。自西漢武帝至桓靈，三百年來，在陰陽讖緯學術風氣中，掃除「可怪之論」而注群經，誠非易事；然今文家亦自有其義理，古書中本有陰陽五行之語，故康成之注，亦不能不涉及緯書，如中庸「天命之謂性」注，以五行證五常，周禮春官小宗伯「兆五帝於四郊」注，亦引緯書之語。總其要義，以緯釋經雖有之，然並非舍經而從緯。至於後來，梁許懋論封禪云「鄭玄有參柴之風，不能推尋正經，專信候緯之書」（梁書列傳第三十四），豈其然乎？其詆前人亦太甚矣。

## 三、張衡

張衡字平子，南陽西鄂人（今河南南召縣），祖父堪，年十六，受業長安，志美行厲，諸儒稱之謂聖童。光武微時，見堪志操，常嘉之。光武破公孫述，全賴其策。任蜀郡太守二年，領驃騎將軍，擊破匈奴於高柳（山西境），拜漁陽太守，匈奴不敢入其境，開田勸農，百姓殷富，民間歌曰「桑無附枝，麥秀兩歧，張君爲政，樂不可支」。當其破公孫述之時，珍寶山積，秋毫無犯，及去職之日，乘折轅車，布被囊而已（後漢書列傳第二十一）。

衡天姿睿哲，少善屬文，嘗自述曰「不恥位之不尊，而恥德之不崇；不恥祿之不夥，而恥知之不博」。和帝永元中，舉孝廉，不行，時天下承平日久，自王侯以下，莫不踰侈，衡乃擬班固兩都作二京賦，以事諷諫，描寫兩漢二京，宮觀苑囿之美，帝王優游之樂，都七千餘言，十年乃成。尤善機巧，致思於天文陰陽曆算，又深於史學，論史遷班固所敍與典籍不合者十餘事。又善地輿之學，所繪地形圖，至唐猶存（唐張彥歷代名畫記卷三）。嘗贊揚雄之太玄爲「妙極道數」。安帝聞衡善學術，公車特徵，拜郎中，再遷爲太史令，旋又遷爲尙書郎，順帝初，復爲太史令，衡以遊都邑已久，不得大用，慨然思歸，乃作歸田賦，遂自去職，稍事遠遊，曾南之衡陽，五年復還，作應間，自述其復職之意。有云「慼三墳之既頹，惜八索之不理，庶前訓之可鑽，聊朝隱乎柱史。且韞櫝以待價，踵顏氏以行止」。按後漢書律曆志第二云「安帝延光二年，尙書郎張衡、周興，皆能曆」。可知衡在延光前爲太史令，至順帝永和初，出爲河間相，約十八年間，前後凡三任太史令。　出爲河間相，時國王驕奢（河間王政，章帝之孫），不尊典憲，又多豪右，共爲不軌，衡下車，治威嚴，整法度，陰知奸黨姓名，一時收擒，上下肅然，稱爲政理」。三年後，徵拜尙書，年六十二卒（漢書列傳第四十九）。

## ㈠科學天才

後漢太史令職，掌天時星曆。平子爲太史令，「乃研覈陰陽，妙盡璇璣之正，作渾天儀，著靈憲、算罔論，言甚詳明」。其科學智慧甚高，今所知者有以下之創造：

㈠渾天儀：此乃測天之儀器，「考步陰陽，最爲詳密」（宋書、天文志），其製造結構，晉書天文志、隋書天文志、太平御覽卷二，俱有記載。平子所製之渾天儀，至東晉安帝時猶存。又著靈憲、述天地現象而解釋之，又有圖一卷，集當時宇宙觀之大成。其謂月光生於日之所照，月蝕由於地之所薇，與近世天文學相同。惟前一事京房已言之（禮記月令鄭注引）；後一說王充論衡說日篇、亦言之，不知爲平子採自前說乎？抑所研與前人冥合乎？

(二)數學：能創製渾天儀，當然必精於天文學所基之數學。算罔篇、即網絡天地而算之，因以爲名（後漢書本傳注），其書久佚，據晉劉徽九章少廣篇注：引平子開立圓術，知平子以圓周率爲十之平方根；此亦當時之新發明也。

(三)候風地動儀：即地震測驗器。以精銅鑄成，圓徑八尺，合蓋隆起，形似酒樽，飾以篆文山龜鳥獸之形。中有都柱，旁行八道，施關發機，外有八龍，首銜銅丸，下有蟾蜍，張口承之，其牙機巧制，皆隱在尊中，覆蓋周密無際。如有地動，尊則振龍機發吐丸，而蟾蜍銜之，振聲激揚，伺者因此覺知，雖一龍發機，而七首不動，尋其方面，乃知震之所在。驗之以事，合契若神，自書典所記，未之有也。嘗一龍機發，而地不覺動，京師學者咸怪其無徵，後數日驛至，果地震隴西，於是皆服其妙」（本傳）。

平子所製機器甚衆，應問云「參輪可使自轉，木雕猶能獨飛」，注：王應麟云三輪自轉，即計里鼓車。案宋書志第八「指南車，其始周公作，張衡始復創造，漢末喪亂，其器不存」。木刻之雕（鷹類），能獨飛天空；廣博物志文士傳云「張衡嘗作木鳥，假以羽翮，腹中施機，能飛數里」。又製土圭（測日影器），太平御覽卷二、義熙起居注云「十四年相國（劉裕）上表陳獲張衡所製渾天儀、土圭」。平子精於天文，故又深於曆法（後漢書、律曆志）。當時崔瑗稱之云「數術窮天地，製作侔造化」。（本傳論曰）。

## (二)闢駁讖緯

光武好讖，明帝章帝，祖述之，自此儒者爭學圖讖，兼復附以訞言。平子上書於順帝，斥其虛妄並推翻其託古之根據。其言云：

讖書始出，知之者蓋寡，自漢取秦，用兵力戰，功成業遂，可謂大事，當此之時，莫或稱讖。若夏侯勝、眭孟之徒，以道術立言，其所述者無一讖言。劉向父子，領校秘書，閱定九流，亦無讖錄。成哀之後，乃始聞之。尚書堯使鯀治洪水，九載績用不成。鯀則殛死，禹乃嗣興，而春秋讖云：共工理水。凡讖皆云黃帝伐蚩尤，而詩讖獨以為蚩尤敗，然後堯受命。春秋元命苞中有公輸班與墨翟，事見戰國，非春秋時也。又言別有益州，益州之置，在於漢世（武帝始置益州）。其名三輔諸陵，世數可知，至於圖中，訖于成帝，一卷之書，互異數事，聖人之言，勢無若是，殆必虛偽之徒，以要事取資。往者侍中賈逵摘讖互異三十餘事，諸言讖者，皆不能說。至於王莽篡位，漢世大禍，八十篇何為不戒（謂河圖五九，六藝四九，共八十一篇也）？則知圖讖成於哀平之際也。且律曆、卦侯、九宮、風角，數有徵效，世莫肯學，而競稱不占之書，譬猶畫工惡圖犬馬，而好作鬼魅，誠以實事難形，而虛偽不窮也。宜收藏圖讖一案絕之，則朱紫無所眩，典籍無瑕玷矣」。（本傳）

在讖緯盛行之時，平子竟作此嚴厲之駁斥，是卓然不同乎流俗者也。然其反對讖緯，而推信卦候、九宮、風角，此亦可異之事也。

## (三)論貢舉之弊

兩漢舉孝廉，皆以孝行為先。順帝陽嘉元年，令郡國舉孝廉，限年四十以上，諸生通章句，文吏牋奏，乃得應選；此外、雖有至孝，不當其科。陽嘉二年五月地震，詔公卿士將「直言厥咎，靡有所諱」（順帝紀），平子乃上疏痛論此制之失，為棄本而趨末，謂「曾子長於孝，然實魯鈍；文學不若游夏，政事不若冉季，今欲使一人兼之。苟外可觀，內必有缺」（袁宏後漢紀卷十八）。又上疏論貢舉云「夫書畫辭賦才之小者，匡國理政，未有能焉。陛下即位之初，先訪經術，聽政餘日，觀省篇章，聊以游藝，當代博弈，非以教化取士之本，而諸生競利，作者鼎沸，其高者頗引經訓風喻之言，下則連偶俗語，有類俳優，或竊成文，虛冒名氏，既加之恩，難復收改，但守俸祿，於義已加，不可復使理民及任州郡」（衡文集）。後世科舉之弊，平子已先言之矣。

## 四藉災異奏劾宦官

政權流於宦官，自和帝始，和帝十歲即位，竇太后秉政，后兄大將軍憲，謀不軌，宦官鄭衆主謀誅之，以功封鄛鄉侯，常與議事，中官用權自此始。安帝時鄧太后封蔡倫為龍亭侯。順帝為太子，被安帝乳母王聖及宦者樊豐所譖，被廢，安帝崩，宦者孫程作謀擁立順帝，以功封浮陽侯，食邑萬戶，自是政權下移，平子見其危機，乃藉災變上疏，痛言其患，歷述自和帝以來宦官之跋扈，謂「前事不忘，後事之師也。頃年雨常不足，思求所失，則洪範所謂「僭、恒暘若」者也。懼群臣奢侈，昏踰典式，自下逼上，用速咎徵。又前年京師地震土裂，裂者威分，震者人擾也。君以靜唱，臣以動和，威自上出，不趨於下，禮之政也。洪範曰：「臣有作威作福玉食，害于而家，凶于而國」。天鑒孔明，雖疏不失，災異示人，前後數矣，而未見所革以復往悔。自非聖人，不能無過，願陛下思惟所以稽古率舊，勿令刑德八柄不由天子。若恩從上下，事依禮制，禮制修，則奢僭息，事合宜，則無凶咎，然後災消不至矣」（本傳）。—平子由史職遷為侍中，順帝引在帷幄，諷議左右，時宦官橫行，平子所上之疏，已明言當黜宦官之權，而帝庸碌寡斷，且問平子「天下所疾惡者，為何等人」？宦官懼平子之言，皆共目之，平子乃詭對而出。宦官終恐其爲患，遂共譖之，平子乃作思玄賦以抒情，謂「私湛憂而深懷兮，思繽紛而不理。願竭力以守義兮，雖貧窮而不改」。「惟天地之無窮兮，何遭遇之無常！不抑操而苟容兮，譬臨河而無航。以巧笑以干媚兮，非余心之所嘗」。可以見其志矣。

### (五)結語

中國學術思想，自古多重人事方面之問題，而不重物質方面之問題，誠如杜威所云「東方對于人事多有研究，西方對于物理多有研究」。試看中國古昔之物質文明，亦有種種發明，然發明家不被重視，故器物之創造者，大抵不知其爲何許人。公輸班造雲梯，造下葬機（禮記檀弓），被阻，未得用，其理遂湮沒；墨子曾製木鳶，飛於天空，三日不下，而墨子並非以科學傳世。科學不被重視，雖有天才之人，亦無所用，是以中國科學不發達。張平子之巧妙天才，倘生當今世，定必爲大有發明之世界科學家，惜乎懷才而不得其用，其科學智慧未得發展，故一生抑鬱，只藉文章辭賦以抒情，其學術遂被其文名所掩，而歷代只賞其文學，以之與蔡伯喈並稱而已。　其思想亦爲儒道兼宗，觀其思玄賦、髑髏賦可知。嘗云「蓬萊太史之秘書，道家之所貴，衡再得當之，竊爲幸矣」（與特進書）。至其斥讖緯而以災異進諫，雖似矛盾；蓋藉陰陽天道警人之義，爲進諫之一道，乃漢朝之慣例也。

## 四、王符

王符字節信，安定臨涇人（今甘肅、鎮原縣），少好學，有志操，與馬融、竇章、張衡、崔瑗等友善。和帝安帝之後，世務游宦，當塗者更相薦引，而符獨耿介，不同於俗，觀潛夫論、本政篇所述當時政府用人之風氣云：

衰世之士，志彌潔者，身彌賤；佞彌巧者，官彌尊也。惟聖知聖，惟賢知賢，今當塗之人，不能昭揀賢鄙，脅以權勢之囑託，請謁闐門，禮贄輻輳，此正士之所獨蔽，而群邪之所黨進也。周公之爲宰輔也，以謙下士，故能得眞賢，祁奚之爲大夫也，擧讎薦子，故能得正人（左傳襄公三年），今世得位之徒，依女妹之寵以驕士，藉亢龍之勢以凌賢，而欲使志義之士，曲躬以事己，諂諛以求親。則貞士採薇凍餒，伏死巖穴之中而已爾，豈肯踐其闕而交其人哉！

由上述之因，符不得升進，志意蘊憤，乃隱居著書三十餘篇，以議當時得失，不欲章顯其名，故號曰潛夫論，指訐時短，討謫物情，足以觀見當時政風（後漢書列傳，第三十九）。節信爲政論家，其思想儒道兼宗，其對當時政治之弊，言之痛切，而對政治之原理，尤有精湛之論，略述如下：

政治之要道，在無爲，在德化，故云：「恬淡無爲，化之本也」（實貢篇）。「人君之治，莫大於道，莫盛於德，莫美於教，莫神於化。道者、所以持之也，德者、所以苞之也，教者、所以知之也，化者、所以致之也。民有性有情，有化有俗，情性者、心之本也；化俗者、行之末也。末生於本，行起於心，是以上君撫世，先其本而後其末，順其心，而理其行，心情苟正，則姦慝無所生，邪意無所載矣。……聖人深知之，皆務正己以爲表，明禮義以爲教。是故上聖不務治民事，而務治民心。故曰「聽訟吾猶人也，必也使無訟乎」！導之以德，齊之以禮，務原其情，而明其義。民親愛，則無相害之意；動思義則無奸邪之心。夫若此者、非法律之所使也，非威刑之所強也，此乃教化之所致也（德化篇）。

人君之職，爲民服役，邦之治亂，全在君身，故云：矯虔之徒，或相陵虐，侵漁不止，爲民巨害，「於是天生聖人，使司牧之，使不失性，四海蒙利，莫不被德，僉共奉戴，謂之天子。故天之立君，非私此人也，以役民，蓋以誅暴除害，利黎元也（班祿篇）。國之所以治者，君明也，其所以亂者、君闇也（明闇篇）。「是故世之善否，俗之薄厚，皆在於君。上聖和德氣以化民心，正表儀以率群下，故能使民比屋可封，堯舜是也。其次躬道德而敦慈愛，美教訓而崇禮讓，故能使民無爭心而致刑錯，文武是也。其次明好惡而顯法禁、平賞罰而無阿私，故能使民避邪僻而趨公正，理弱亂以致治強，中興是也。治天下身處汙而放情，怠民事而急酒樂，近頑童而遠賢才，親諂媚而疏正直，重賦稅以賞無功，妄加善怒以傷無辜，故能亂其政以敗其民，弊其身以喪其國者，幽厲是也（德化篇）。

賢明之君，必選賢才，知人善任，而國始治。故云：「國之所以存者、治也；其所以亡者、亂也」。「國之亂，待賢而治」（思賢篇。）「凡有國之君，未嘗不欲治也，而治不世見者，所任不賢故也（潛嘆篇）。選用人才，不棄卑賤（論榮篇）。「高祖所共取天下者，繒肆狗屠也，驪山之徒，鉅野之盜，皆為名將（灌嬰、樊噲、黥布、彭越等），由此觀之，苟得其人，不患貧賤；苟得其材，不嫌名迹」（本政篇）。不量材而授官，必結怨於民，是故「先王之制，官民必論其材，論定而後爵之，位定然後祿之」（思賢篇）。王者法天而建官「是故明主不敢以私愛，忠臣不敢以誣能。夫竊人之財，猶謂之盜，況偷天官以私己乎？以罪犯人，必加誅罰，況乃犯天，得無咎乎」（忠貴篇）？用人既當，尤須考績以求實效，則「官無廢職，位無非人」（考績篇）。

民為邦本，當順其心，君為民統，當能明察，故云：「凡人君之治，莫大於和陰陽，陰陽以天為本，天心順，則陰陽和；天心逆，則陰陽乖。天以民為心，民安樂，則天心順，民愁苦、則天心逆。民以君為統，君政善，則民和治；君政惡，則民寃亂（本政篇）。「不納卿士之箴規，不受民氓之諷言，國已亂而上不知，禍既作而下不救，此非衆共棄君，乃君自絕於民也（明闇篇）。「人君之取士也，不能參聽民氓，斷之以聰明，反徒信亂臣之說，獨用汙吏之言，此所謂與仇選使，令囚擇吏者也，書云「謀及乃心，謀及庶人」（洪範）。孔子曰『衆好之必察焉，衆惡之必察焉』。故聖人之施舍也，不必任衆，亦不必專己，必察彼己之為，而度之以義（潛嘆篇）

政治貴德化，而刑罰不可廢，而且奸惡之罪，不可輕赦，故云「法令賞罰者，誠治亂之樞機也，不可不嚴行也。昔仲尼有言『政寬則民慢，慢則糾之以猛；猛則民殘，殘則施之以寬。寬以濟猛，猛以濟寬，政是以和』（左傳昭公二十年）。噬嗑之卦，下動上明，其象曰『先王以明罰勑法』。夫積怠之俗，賞不隆，則善不勸；罰不重，則惡不懲。故凡欲變風改俗者，其行賞罰也，必使足驚心破膽，民乃易視」（三式篇）。『文王作罰，刑茲無赦』。 是故先王之制刑法也，非好傷人肌膚，斷人壽命者也；乃威姦懲惡，除民害也。天下本以民不能相治，故立為王者以統治之，天子在於奉天威命，共行賞罰，故經稱『天命有德，五服五章；天罰有罪，五刑五用』（尚書皐陶謨）。詩刺『彼宜有罪，汝反脫之』（瞻印章）。人君配乾而仁，順育萬物，以成大功，非得以養奸活罪為仁，放縱天賊為賢也。今夫性惡之人，居家不孝悌，出入不恭敬，輕薄慢傲，凶悍無辨，以賊殘酷虐為賢，故數陷王法者，此乃民之賊，下愚極惡之人也，雖脫桎梏而出囹圄，終無悔改之心」。「凡民之所以輕為盜賊，吏之所以易作奸慝者，以赦贖而有僥望也。若使犯罪之人，終身被名，得而必刑，則計姦之謀破，而慮惡之心絕矣」。「昔大司馬吳漢，老病將卒，世祖問以遺戒，對曰「臣愚不智，不足以知治，慎勿赦而已矣」！雖云執法當嚴，然刑罰之旨，在乎制止奸惡，保障善人。倘善人吉士，偶有錯誤，先王「原情論意」，亦可宥赦（述赦篇）

，總之刑罰輕重無常，當隨時制宜，「勸善消惡」而已（斷訟篇）。

以上略舉潛夫之政論數則，理明而義深。至其對軍事之要領，邊疆之防衞，亦俱有周密之見解，非空談理論者也（勸將、救邊、邊議諸篇）。潛夫論爲破除世俗之迷信，反對巫、卜，謂：

「妖不勝德，邪不伐正」，「人無釁焉，妖不自作」。「人不可多忌，多忌妄畏，實致妖祥」。作惡爲非，祈禱何益？德義無違，自求多福。故「虢公延神而亟亡（左傳莊公三十二年）趙嬰祭天而速滅（成公五年），此蓋所謂神不歆其祀，民不即其事也（昭公元年）。故魯太史曰『國將興，聽於民；國將亡，聽於神』（莊公三十二年）。楚昭不禳雲（哀公六年），宋景不移咎（呂氏春秋製樂篇），子產拒裨竈（昭公十七年），邾文公違卜吏（文公十三年），此皆審己知道，身以俟命者也」。「孔子曰：天之所助者，順也；人之所助者，信也。履信思乎順，又以尚賢，是以「自天祐之吉，無不利」，此最却凶災而致福善之本也」（巫列篇）。──此言人能順天理，自可却凶致福，故孔子曰「獲罪於天，無所禱也」！

「聖人雖察，不自專，故立卜筮」。「夫君子聞善，則勸樂而進修；聞惡則循省而改尤。故安靜而多福；小人則否，故狂躁而多禍。是故凡卜筮者，蓋所問吉凶之情，言興衰之期，令人修身愼行，以迎福也。且聖王之立卜筮也，不違民以爲吉，不專任以斷事，故洪範之占，大同是尚。書又曰『假爾元龜，罔敢知吉』（西伯既戡黎篇）。聖人雖重卜筮，然不疑之事，亦不問也（左傳桓公十一年）。甚敬祭祀，非禮之祈，亦不爲也」（卜列篇）。──蓋卜以決疑，不疑何卜？卜筮猶如抽籤拈鬮，不能超越事實，此占卜之原理也。

此對祈禱卜筮之義，言之透徹。明乎此義，則我雖祈禱，而係表達心情中之詩意；我雖卜筮，乃係左右兩可之事，藉之以作決定；此皆以事實爲主，而非無端之迷信也。又、如論衡詰術篇，所謂人之姓名聲韻與房舍之吉凶有關，潛夫卜列篇亦加駁斥。又、春秋時卽有占夢之書（晏子春秋內篇雜下），潛夫擯斥巫卜，而對于夢象之吉凶，與骨相之貴賤，亦信其說，然總謂改過遷善，可以化凶爲吉；相貌雖佳，而不修德自勵，亦無應驗（相列篇、夢列篇）。又、對符瑞之說，雖不否認（三式篇），而謂政治清明，天人喜悅，方有吉祥之應，此乃根據陰陽家之原旨，而抨擊末流之迷信也。

## 五、仲長統

仲長統字公理，山陽高平人（今山東、金鄉縣西北），少好學，博涉書記，贍於文辭，年二十餘，游學靑徐幷冀之間，與交者多異之。袁紹之甥高幹爲幷州刺史，素貴有名，招致四方游士，士多歸附，統過幹，幹善待遇，訪以當時之事，統謂幹曰「君有雄志，而無雄才，好士而不能擇人，所以爲君深戒也」！幹雅自多，不納其言，統去後，未幾，幹以幷州叛，卒至於敗。統性俶儻，敢直言，不矜小節，默語無常，人或謂之狂生，每州郡命召，輒稱疾不就。當時獻帝之世，朝綱敗壞，群雄相伐，天下已亂，尙書令荀彧聞統名，擧爲尙書郎，每論說古今及俗行事，恒發憤嘆息，因著論、名曰昌言，凡三十四篇，十餘萬言，今已佚。現存於本傳者：有理亂、損益、法誡三篇，深明政治之理（後漢書列傳第三十九），略述其言如下：

理亂篇略謂：豪傑之當天命者，未始有天下之分者也。無天下之分，故戰爭者競起焉。於斯之時，並僞假天威，矯據方國，擁兵甲角材智程勇力，與我競雌雄，不知去就，遺誤天下，蓋不可數也。及角智皆窮，角力皆負，乃始伏首就我之銜紲。於是普天之下，賴我而得生育，由我而得富貴，安居樂業，天下晏然，皆歸心於我矣。豪傑之心既絕，士民之心已定，貴有常家，尊在一人，當此之時，雖下愚之材居之，猶能恩同天地，威侔鬼神，周孔數千無復角其聖，賁育百萬無所奮其勇矣。　彼後嗣之愚主，見天下莫敢與之違，自謂若天地之不可亡也，乃放其私嗜，騁其邪欲，君臣宣淫，上下同惡，目極角觝之戲，耳窮鄭衞之聲，耽於婦人，馳於田獵，荒廢庶政，信任諂佞，熬天下之脂膏，斵生人之骨髓，於是禍亂並起，土崩瓦解，一朝而去，昔之為我哺乳之子孫者，今盡是飲血之寇讐也，至於運徙勢去，猶不覺悟；豈非富貴生不仁，沉溺致愚疾耶？迭代政亂，從此周復，天道常然之大數也。

損益篇略謂：作有利於時，制有便於物者，可為也；事有乖於數，法有翫於時者，可改也。故行於古有其迹，用於今無其功者，不可不變，變而不如前，易而多敗者，亦不可不復也。漢之初興，分王子弟，委之以士民之命，假之以生殺之權，於是驕逸自恣，意無厭極，魚肉百姓，以盈其欲，上有篡逆不軌之姦，下有暴亂殘賊之害。出於禮制之防，放於嗜欲之域。故宜收其奕世之權，校其縱橫之勢，善者早登，否則早去，使下土無壅滯之士，國朝無專貴之人，此變之善，可遂行者也。　井田之變，豪人貨殖，館舍布於州郡，田畝連於方國，身無半通青綸之命，而竊三辰龍章之服，榮樂過於封君，勢力侔於守令，財賂自營，犯法不坐，刺客死士為之投命，寃枉困窮者不敢自理，雖亦由禁網疏濶，蓋亦分田無限使之然也。今欲張太平之紀綱，立至化之基址，齊民財之豐寡，正風俗之奢儉，非井田實莫由也，此變有所敗，而宜復者也。　又言，當時患刑輕不足以懲惡，則假臧貨以成罪，託疾病以諱殺（假增臧貨以益其罪，託稱疾病令死於獄），科條無所準，名實不相應，是忍於殺人而不忍於刑人也。今令五刑有品，輕重有數，科宜復之善者也。

條有序，名實有正，非殺人逆亂鳥獸之行甚重者，皆勿殺，嗣周氏之秘典，續呂侯之祥刑，此又宜復之善者也。　又言、州縣治區，當更制境界，使遠者不過二百里，明版籍以相數，閱審什伍以相連持，限夫田以斷幷兼，定五刑以救死亡，益君長以興政理，急農桑以豐委積，去末作以一本業，敦教學以移情性，表德行以勵風俗，覈才藝以敍官宜，簡精悍以習師田，修武器以存守戰，嚴禁令以防僭差，信賞罰以驗懲勸，糾游戲以杜奸邪，察苛刻以絕煩暴，審此十六者，以為政務，操之有常，課之有限，安寧勿懈惰，有事不迫遽，聖人復起，不能易也。　又言、理財防災，整理賦稅，安定民生，勿薄官祿等等，而總在有治法，有治人，故君子用法制而至於化，小人用法制而至於亂，均是一法制也，或以之化，或以之亂，行之不同也；苟使豺狼牧羊豚，盜跖主征稅，國家豈能不亂乎？

法誡篇略謂：周禮六典，冢宰貳王，而理天下。春秋之時，諸侯明德者，皆一卿為政，爰及戰國，亦皆然也。秦兼天下，則置丞相而貳之以卿史大夫，自高帝逮於孝成，因而不改，漢之隆盛，是惟在焉。夫任一人，則政專，任數人，則相倚；政專則和諧，相倚則違戾，和諧則太平之所興也，違戾則荒亂之所起也。光武皇帝慍數世之失權，忿强臣之竊命，矯枉過直，政不任下，雖置三公，事歸台閣，自此以來，三公之職，備員而已，然政有不理，猶加譴責，而權移外戚之家，寵被近習之豎，親其黨類，用其私人，內充京師，外布列郡，顚倒賢愚，貿易選擧，疲駑守境，貪殘牧民，撓擾百姓，忿怒四夷，招致乖叛，亂離斯瘼，怨氣並作，陰陽失和，三光虧缺，怪異數至，虫螟食稼，水旱為災，此皆戚宦所致然也。（此下歷述當時母后之黨，宦豎之惡，言之痛切）。——以上俱見本傳。

以上第一篇：言歷代由治而亂，由亂而治，循環之因。第二篇：言應革應興之要政，不但足救當時之弊，亦爲萬世政務之本。第三篇：言皇帝當重用宰相，加重其輔弼之任，以免政事紛歧，更痛斥外戚宦官之結黨釀亂。——然而漢室之運當終，雖有高才之士，睿明之見，不被採納，亦無以救其亡也。

公理實爲一政論家，其以災異之禍歸於戚宦之惡所致，爲在陰陽學說流行之時代中必有之論調；亦爲疾惡如仇、謂天怒人怨，罪有所歸，必然之語，與專講陰陽災異者不同也。公理頗得方外之生活趣味，嘗謂：凡遊帝王者，欲以立身揚名耳，而名不常存，人生易滅，優游偃仰，可以自娛，欲卜居清曠，以樂終身，附錄其短文如下，可以見其志矣：

使居有良田廣宅，背山臨流，溝池環匝，竹木周布，場圃築前，果園樹後。舟車足以代步涉之難，使令足以息四體之役，養親有兼珍之膳，妻孥無苦身之勞，良朋萃止，則陳酒肴以娛之；嘉時吉日，則烹羔豚以奉之，躕躇畦苑，遊戲平林，濯清水，追涼風，釣游鯉，弋高鴻；諷於舞雩之下，詠歸高堂之上。安神閨房，思老氏之玄虛；呼吸清和，求至人之仿佛。與達者數子，論道講書，俯仰二儀，錯綜人物，彈南風之雅操，發清商之妙曲，逍遙一世之上，睥睨天地之間，不受當時之責，永保性命之期，如是則可以陵霄漢，出宇宙之外矣，豈羨夫入帝王之門哉！

## 六、牟融

牟子（融）蒼梧人（今廣西蒼梧縣），博通經傳諸子，靈帝末，天下擾亂，獨交州差安，北方異人咸來此焉，牟子乃將母避世交趾（卽今越南）。——蓋自武帝元鼎五年、南越王趙興初立，其相呂嘉殺漢使者，擧兵反，武帝發兵討之，誅呂嘉，開九郡，設交趾刺史，其處人民漸習漢語。及漢末，中原多故，其處爲避亂之區，亦中國文化新興之地。後漢書列傳第二十七：初平中、沛郡桓曄避地交趾，越人化其節。蜀志汝南許靖，吳志汝南程秉，沛郡薛綜，皆爲當時之學者，皆避亂交趾，牟子至交趾時，士燮爲太守，中國人士往依避難者甚衆（吳志士燮傳）。—牟子年二十六，歸蒼梧娶妻，太守聞其學，謁請署吏，牟子既立志於學，又以世亂，無仕宦意，遂不就。旣而州牧以處士避之，復稱疾不起。會牧弟官豫章太守，爲中郎將笮融所殺，牧遣騎都尉劉彥將兵赴之，恐外界疑難，兵不得進，乃請牟子往零陵、桂陽，假道通路，牟子許之，會母病亡，遂不果行。牟子以時世擾攘，非顯己之秋，乃屛棄人事，務道家修身保眞之道。時佛教漸盛，牟子並崇佛說，而世人以佛教與中土之禮俗相違，多加譏毀，牟子乃爲佛說法，作理惑論三十九篇。弘明集、理惑論序，所述牟子之生平如此；而未言牟子之名字，然歷來所傳，皆言理惑論爲牟融所作，故從之。

### ▲後世對理惑論作者之誤傳

東漢有兩牟融：其一、明帝時有牟融、字子優，北海安丘人（今山東安邱縣），少博學，門徒數百人，名重州里，擧茂才，爲豐令，有政聲，永平五年，爲司隸校尉，嗣後歷任大鴻臚、大司農，經明才高，善議論，朝廷皆服其能，帝數嘆以爲才堪宰相。章帝卽位，以融爲太尉，建初四年卒。其二、則爲著理惑論之牟融，前已述明，爲漢末蒼梧人，與章帝時爲太尉之牟融分明爲二人。

理惑論之書名不一致，南朝齊陸澄法論，只稱曰牟子，梁劉孝標世說文學篇「殷中軍見佛經」條、注亦引牟子曰。三藏記集十二所載：梁僧祐弘明集目錄曰「牟子理惑」，原無「論」字，隋書經籍志子部、有牟子二卷、注云「後漢太尉牟融撰」。現行之弘明集理惑論，有「漢牟融」三字，並於題下附注云「一云蒼梧太守牟子博傳」。因此引起近人之疑惑。

疑惑之原因：爲不察理惑論前序所述牟子之身世，而只據隋志「後漢太守牟融撰」七字，便謂其爲漢朝以後之僞作；何也？太尉牟融後漢書有傳，未言其著有此書，言其以大夏侯尙書教授生徒，未言其談論佛法。理惑論推崇佛教，與時人爭辯甚烈，可見其時佛教已盛；太尉牟融與王充同時，其時浮屠未爲學者所注意，故充之論衡專以批評爲事，而未論及佛法。又、弘明集理惑論附注云「一云蒼梧太守，牟子博傳」，而理惑論前序所述牟子爲蒼梧人，而未言其字子博，亦未言其曾爲太守，由此種種，乃引起近人之疑，遂謂其書爲晉後僞書，甚至謂觀其文體「爲兩晉六朝、鄉曲人不善屬文者所作。又謂其調和三教，亦爲東晉以後之言論，梁任公牟子理惑論辯僞，卽如此云（見佛學研究十八篇）。

總結以上之疑問：理惑論序所述、牟子爲蒼梧人，避難交趾，州牧弟豫章太守，爲中郞將笮融所殺，州牧遣騎都尉劉彥、將兵赴之；皆有史實可考，據後漢書朱儁傳、儁會稽上虞人，子皓有才行，官豫章太守；又、陶謙傳、笮融殺豫章太守朱皓，知牟子所言州牧之弟，卽朱皓也。三國志吳志、士燮傳、「交州刺史朱符，爲夷賊所殺」。又、薛綜傳「故交州刺史會稽朱符、多以鄉人虞褒、劉彥之徒，分作長史，侵虐百姓」，則知牟子所述之州牧，卽朱符，卽朱儁之子姪，朱皓之兄。因朱皓被害，故遣劉彥，赴其弟之難。牟子之事蹟，與正史相對無訛。則知理惑論之作者，確爲靈帝時人，其論早已流傳，故陸澄、僧祐錄之於撰著中，而劉孝標世說文學篇注亦引其說，惟法論目錄只稱曰牟子，弘明集原本稱曰牟子治惑，至唐時因避高宗之諱，乃改「治」爲「理」，又加論字。大藏經弘明集、宋元明本，理惑論題目下，皆無「漢牟融」三字。故知「一云蒼梧太守牟子博傳」亦爲後人所添註，與隋志「後漢太守牟融撰」之注，同爲後世之誤傳，因而引起近世之疑惑。明胡應麟論及牟子，謂其文詞「頗近東京」（少室山房筆叢卷三二），清周廣業刊意林、其附編中稱牟子「實爲佳文」，孫詒讓對牟子之文尤爲贊美（述林卷六），任公之評，未爲當也。

### ▲理惑論爲中國佛教史最早之論文

佛教自西漢之末，傳來華邦，魏書釋老志云「哀帝元壽元年，博士弟子秦景憲，受大月氏王使伊存，口授浮屠經，中土聞之，未之信也」。佛教初傳來華，惟有誦經祈禱之事，與道士之醮祭祝禱相似，故其時佛徒亦有道士之稱，道士祀黃老，世人遂以浮屠與黃老作同等觀，東漢楚王英（光武之子）「誦黃老之微言，尚浮屠之仁慈」（後漢書列傳第三十二），此時佛教，未被學者所重視，故不見於言論著述，批評家王充王符等，皆未嘗言及。及桓帝時佛教漸盛，道教亦成立，故帝於宮中「設華蓋，以祀浮圖老子」（桓帝紀），「永興二年，帝鑄黃金浮屠老子像，覆以百寶蓋，宮中身奉祀之，世人以金銀作佛像，自此始」（釋氏稽古略）。史書所記，此時有言及浮屠之教義者，則爲道士襄楷，桓帝延熹九年，楷上疏云：

　　聞宮中立黃老浮屠之祠，此道清虛，貴尙無爲，好生惡殺，省慾去奢。今陛下嗜欲不去，殺罰過理，既乖其道，豈獲其祚哉！或言老子入夷狄爲浮屠，浮屠不三宿桑下，不欲久生恩愛，精之至也也。天神遺以好女，浮屠曰「此但革囊盛血」，遂不眄之，其守如此，乃能成道。今陛下淫女艷婦，極天下之麗，甘肥飲美，殫天下之味，奈何欲如黃老乎」？（後漢書列傳第二十下）。

牟子與笮融同時，俱爲靈獻時人，據後漢書陶謙傳，及三國志劉繇傳，所述笮融之提倡佛教云：

　　笮融者，丹陽人，聚衆數百往依徐州牧陶謙，謙使督廣陵彭城運漕，放縱擅殺。大起浮圖，以銅爲人，衣以錦采，上累銅槃九重，下爲重樓閣道，可容三千餘人，悉課讀佛經。令界內及旁郡人有好佛者，聽受道，復其他役，以招致之。由此遠近前後，至者五千人。每浴佛，多設酒飯，布席於路，經數十里，來觀及就食者萬人，費以巨億計（劉繇傳）。

由此可知其時佛教之盛，「宗教」教人修行爲善，然中國本有儒家道家合一之教化，修身處世之道，廣大悉備，爲人群固有之信仰。儒、道雖與宗教不同，而東漢之末，佛教漸盛，道士亦託於道家，而建立道教，此時一般人，皆以儒、道、佛三家之說不同，然皆爲啓導人生向善，故往往將三家相提並論，至三國時，已有三教之稱，例如司馬懿「博學洽聞，服膺儒教」（晉書、帝紀第一）。吳主孫權問三教，尙書令闞澤，作三教合論之回答（廣弘明集）。三教之名稱，自東漢之末即有之，三家之爭辯，亦非自晉開端，蓋浮屠爲外來之教，其教規與中土之禮俗不合，漢末佛教漸盛，已有人發疑問而加非難，牟子起初修經傳諸子，因亂世擾攘，乃悟老子「絕聖棄智，修身保眞」之道，繼之而解佛經，雖銳志於佛，然對固有之思想既不背棄，而佛教雖來自異邦，理有可取，何分中外？故世俗之徒，非薄佛法，牟子乃引聖賢之言，以證解之。俗人對佛教之疑問既屬膚淺，牟子之解答，亦無須深奧，理惑論乃最早宣揚佛法之著述，甚可貴也，略述其言如下：

牟子自述其信佛之感想云：吾既讀佛經之說，覽老子之要，守恬淡之性，觀無爲之行，還視世事，猶臨天井而闚谿谷，登高岱而見山邱矣。五經則五味，佛道則五穀矣。吾自聞道以來，如開雲見白日，炬火入冥室焉。

牟子贊頌佛法云：「佛乃道德之元祖，神明之宗緒，佛之言覺也，恍惚變化，分身散體，或存或亡，能小能大，能圓能方，能老能少，能隱能彰，蹈火不燒，履刃不傷，在污不染，在禍無殃，欲行則飛，坐則揚光，故號爲佛也。

佛經前說億載之事，欲道萬世之要，太素未起，太始未生，乾坤肇興，其微不可握，其纖不可入，佛悉彌綸其廣大之外，剖析其寂窈之內，靡不紀之，故其經卷以萬計，言以億數」。

問者曰「佛道至尊至大，子既耽詩書，悅禮樂，奚為復好佛道，喜異術？豈能踰經傳，美聖業哉」？牟子曰『書不必孔丘之言，藥不必扁鵲之方，合義者從，愈病者良，君子博取眾善以輔其身，子貢云「夫子何常師之有」？堯事尹壽，舜事務成，旦學呂望，丘學老聃，亦俱不見於七經也」。

問者曰「若佛經深妙靡麗，子胡不談之於朝廷，論之於君父，修之於閨門，按之於朋友？何復學經傳，讀諸子乎」？牟子曰「子未達其源而問其流也。夫陳俎豆於壘門，建旌旗於朝堂，衣狐裘以當蕤賓，被絺綌以御黃鐘，非不麗也；乖其處，非其時也。故持孔子之術，入商鞅之門，賫孟柯之說，詣蘇張之庭；功無分寸，過有丈尺矣。老子曰『上士聞道，勤而行之。中士聞道，若存若亡。下士聞道，大笑之』（四十一章）。吾懼大笑，故不為談也。渴不必待江河而飲，井泉之水，何所不飽？是以復治經傳耳」。

問者曰「孝經言『身體髮膚，受之父母，不敢毀傷』。今沙門剃頭，違聖人之語，不合孝子之道也」。牟子曰「孔子曰『可與適道，未可與權』。所謂時宜施者也。泰伯斷髮文身，自從吳越之俗，違於身體髮膚之義，然孔子稱之曰『其可謂至德矣』！不以其短髮毀之也。由是而觀，苟有大德，不拘於小。豫讓吞炭漆身，聶政皮面自刑，伯姬蹈火高行；君子謂勇而有義，不聞譏其自毀沒也。今沙門剃除鬚髮，而比之於四人，不已遠乎」？

問者曰「夫福莫踰於繼嗣，不孝莫踰於無後。沙門棄妻子，捐財貨，或終身不娶，何其違福孝之行也」？牟子曰「夫長左者必短右，大前者必狹後。孟公綽爲趙魏老則優，不可以爲滕薛大夫。妻子財物，世之餘也；清躬無爲，道之妙也。許由棲巢木，夷齊餓首陽，孔聖稱其賢，曰『求仁得仁』者也。不聞譏其無後無貨也」。

問者曰「佛道言人死，當復更生，僕不信此言之審也」！牟子曰「人臨死，其家上屋呼之，死已，復呼誰？或曰『呼其魂魄』」；牟子曰「神還則生，不還何之乎」？曰「成鬼神」。牟子曰「是也！魂神固不滅矣；但身自朽爛耳。身譬如五穀之根葉，魂神如五穀之種實，根葉生，必當死，種實豈有終亡，得道身滅耳。老子云『吾所以有大患，以吾有身也；若吾無身，吾有何患』？或曰「爲道亦死，不爲道亦死，有何異乎」？牟子曰「有道雖死，神歸福堂；爲惡既死，神當其殃。愚夫闇於成事，賢智預於未萌，道與不道，如金比草，殃之與福，如白方黑，焉得不異」？

問者曰「王喬赤松，八仙之籙，神書百七十卷，長生之事，與佛經豈同乎」？牟子曰「神仙之書，聽之則洋洋盈耳，求其效，猶握風而捕影，是大道之所不取，無爲所不貴，焉得同哉」？

問者曰「爲道者、或辟穀不食，而飲酒啖肉，亦云老氏之術也。然佛道以酒肉爲上戒，而反食穀，何其乖異乎」？牟子曰「澹泊無爲，莫尚於佛，吾觀老氏上下之篇，聞其禁五味之戒，未睹其絕五穀之語，聖人制七典之文，無止糧之術，老子著五千之文，無辟穀之事」。

問者曰「穀寧可絕不？牟子曰「吾未解夫大道之時，亦嘗學焉。辟穀之法，數千百術，行之無效，爲之無徵，故廢之耳。觀吾所從學師三人，或自稱七百五百三百歲，然吾從其學，未三載間，各自殞沒」。

問者曰「神仙之術，秋冬不食，或入室累旬而不出，可謂澹泊之至也；僕以爲可尊可貴，殆佛道之不若乎？」牟子曰「蟬之不食，君子不貴；蛙蟒穴藏，聖人不重。孔子曰『天地之性，人爲貴』（孝經第九章），不聞尊蟬蟒也」。

問者曰「道家云『堯舜周孔七十二弟子，皆不死而仙』。佛家云『人皆當死，莫能免』；何哉」？牟子曰「此妖妄之言，非聖人所語也。老子曰『天地尚不得長久，而況人乎』？（二十三章）。吾覽六藝，觀傳記，堯舜周公孔子及弟子，皆未嘗不死，經傳有證，世人之言，不亦惑哉」！

## ▲結語

自古儒、道爲教化之本，漢儒之思想，儒道合一，尤爲顯然，牟子修經傳諸子，生當亂世，慕道家之澹泊守靜，故一聞佛家出世之法，便契於心，因而銳志於佛，觀理惑論所述，以孔老之言，申佛家之旨；以三教之義，各有精當；其入人心各有所應，故云「夫見博則不迷，聽聰則不惑，堯舜周孔修世事也；佛與老子無爲志也。仲尼栖栖七十餘國，許由聞禪洗耳於淵；君子之道或出或處，或默或語，不溢其情，不淫其性，故其道爲貴，在乎所用」。此言出世入世，各本其情，各順其性，將三教作同等觀，後世三教歸一之論，亦同此旨。然牟子終爲佛門信徒，爲排斥時人非薄佛教之心理，遂謂佛教高於一切，故云「澹泊無爲，莫尚於佛」，又云「堯事尹壽，舜事務成，旦學呂望，丘學老聃，四師雖聖，比之於佛，猶白鹿之與麒麟，燕鳥之與鳳凰」。雖不貶儒道，而高抬佛教，後來三教互相攻擊，亦因各尊其所宗，各不相下而然；故牟子之言論，實爲佛教初盛時期之代表，理惑論誠佛教史之要籍也。

## 七、荀悅

荀悅字仲豫，潁川人（今河南禹縣），荀卿十三代孫也。年十二能說春秋，性沉靜，美姿容，尤好著述，初辟鎭東將軍，遷黃門侍郎，獻帝好文學，悅與從弟彧、及少府孔融侍講禁中，時曹操擅權，天子恭己而已。悅志在獻替，而謀無所用，乃作申鑒五篇，其首篇自述其著書之意云：

「夫道之本仁義而已矣。五典以經之，群籍以緯之，詠之歌之，絃之舞之，前鑒既明，後復申之。故古之聖王，其於仁義也，申重而已，謂之申鑒」。書奏，帝覽而善之。又以班固漢書，文繁難省，令悅依左氏傳體，爲漢紀三十篇，辭約事詳，論辨多美。—後漢書列傳第五十二。

申鑒之要旨爲講政治之原理，蓋以「立天之道，曰陰與陽；立地之道，曰柔與剛；立人之道，曰仁與義」（易、說卦）。天地萬物，皆有其自然之性，故有其固定之理，人類自然之性，爲求生存；爲安定人生，共存共榮，故有政治；政治之目的，在使人人各遵其道，使群體生活臻於至善；其道爲何？即仁義是也，故曰「立人之道，曰仁與義」。啓發人群之仁義心理，造成社會之仁義風氣，其動力全在乎仁義政治，此政治固定之理，萬古不易者也，故曰「道之本仁義而已」。古聖先哲之經驗，垂教後人，五典群籍所訓，皆爲一理，前鑒既明，後人能本乎前鑒，重新明其原理，以爲行政之圭臬，方可達政治之目的，此申鑒作者之本意也。此書共五篇，其政體、時事二篇，皆論政治大要，及時所當行之務，俗嫌一篇，排斥讖緯之說，雜言一篇，分上下，皆汎論義理，頗似揚雄之法言。仲豫實爲一政論家，略述其要旨如下：

行政之大經—「故凡政之大經，法教而已矣。教者、陽之化也，法者、陰之符也。仁也者、慈此者也；義也者、宜此者也；禮也者、履此者也；信也者、守此者也；智也者、知此者也。是故好惡以章之，喜怒以莅之，哀樂以恤之。若乃二端（教與法）不悖，五德（仁義禮智信）不離，六節（好惡喜怒哀樂）不悖，則三才允序，五事（肅乂哲謀睿）交備，百工惟釐，庶績咸熙」。

政體——「一曰承天，二曰正身，三曰任賢，四曰恤民，五曰明制，六曰立業。承天惟允，正身惟常，任賢惟固，恤民惟勤，明制惟典，立業惟敦」。天子承天命而治天下，一切當本乎至誠，方能獲得人群之信仰。當以身率正，堅持常德，方能領導群倫。當任賢不疑，方能杜絕奸邪。當愛民勤職，方能政通人和。建立制度，當依常道，以合理爲主，不可涉及智巧手段。帝王之業，當德威並施，敦厚崇禮，方能使四海清平，萬邦咸寧，非以武力征服爲事也。——此王道政體也。

政術——「政治之術，先屏四患，乃崇五政。一曰僞、二曰私、三曰放、四曰奢。僞亂俗，私壞法，放越軌，奢敗制。四者不除，則政末由行矣。俗亂則道荒，雖天地不能保其性矣（性、命也）；法壞則世傾，雖人主不能守其度矣；越軌則禮亡，雖聖人不得全其道矣；制敗則慾肆，雖四表不能充其求矣；是謂四患。興農桑以養其生，審好惡以正其俗，宣文教以章其化，立武備以秉其威，明賞罰以統其法，是謂五政」。「在上者，先豐民財以定其志，帝耕籍田，后桑蠶宮，國無游民，野無荒業，財不虛用，力不妄加，以周民事，是謂養生」。「在上者、審則儀道以定好惡，勿作僞詐以蕩衆心，故善無不顯，惡無不彰，俗無姦怪，民無淫風，百姓上下睹利害之存乎己也，故肅恭其心，愼修其行，內不忒惑，外無異望，請謁無所聽，財賂無所用，則民志平矣，是謂正俗」。　「君子以情用，小人以刑用，榮辱者、賞罰之精華也；故禮教榮辱以加君子，化其情也；桎梏鞭朴以加小人，治其刑也。君子不犯辱，況刑乎；小人不忌刑，況辱乎；若夫中人之倫，則刑禮兼焉。教化之廢，推中人而墜於小人之域；教化之行，引中人而納於君子之途；是謂章化」。「小人之情，怨則謀亂，安則思慾；非強威無以懲之；故在上者必有武備，以戒不虞，以遏寇虐，安居則寄之內政，有事則用之軍旅，是謂秉威」。「賞罰者政之柄也，賞以勸功，罰以懲惡，人主不妄賞，非徒愛其才也；賞妄行，則善不勸矣。不妄罰，非徒愼其刑也；罰妄加，則惡不懲矣。賞不勸，謂之止善；罰不懲，謂之縱惡。在上者、能不止下為善，不縱下為惡，則國治矣，是謂統法」。──四患既蠲，五政既立，行之以誠，守之以固，簡而不怠，疏而不失，「無為」為之，使自施之，垂拱揖遜，而海內平矣。（以上俱見政體篇）。

申鑒時事篇所述，大抵為當時政令之利弊，如對用人當試事考績；承平日久，當教民戰，等等。例如：或問祿，曰「夫祿必稱位，一物不稱，非制也。公祿貶，則私利生。私利生，則廉者匱而貪者豐。夫豐貪生私，匱廉貶公，是亂也」。──此段言論，有當審議，古昔盛治之世，官吏之祿，足以代其耕，已感滿足；後世官高俸厚，按階級而定薪額，即依低級品位而言，一官所得，總較一農之收穫豐厚，故俗有「官久自富」之語。倘國家清平，法律嚴明，官吏不但不敢貪婪，且以貪婪為恥。若夫喪亂之秋，紀綱廢弛，上下交征利，賄賂公行，貪官汙吏，營私舞弊，靦顏無恥，職權愈高者，假公濟私，發財愈大；職權之低者，則壓榨人民，巧取妄奪。在此貪汙風盛之時，而曰提高待遇，可以制止貪汙，是猶抱薪而救火，薪不盡，火不滅，官吏富而國庫空人民窮，是舉火自焚也。仲豫所謂「公祿貶，則私利生」，猶如晚近提高待遇，制止貪汙之說相似，官吏之待遇，固當合理優厚，然制止「生私利」，禁貪汙，此必須政治修明，官風廉潔，不在增高公祿也。

俗嫌篇，闢駁世俗之迷信，例如或問時群忌，曰「東方主生，死而不鮮；西方主殺，生者不寡；南方火也，居之不焦；北方水也，蹈之不沉，故甲子昧爽，殷滅周與，咸陽之地，秦亡漢興」。或問神仙之術，曰「誕哉！聖人弗學，非惡生也；終始運也，短長數也，運數非人力之爲也」。論及緯書，曰「世稱緯書，仲尼之作也，臣叔父故司空爽辨之，蓋發其僞也。或曰燔諸？曰：有取焉則可，曷必燔！在上者不受虛言，不聽浮術，不采華名，不興僞事，言必有用，術必有典，名必有實，事必有功」。言緯書雖非孔子作，然苟有可取之點，或於事實有用，則不流於迷信，又何必燔？

雜言篇論性云：或問天命人事，曰『有三品焉，上下不移，其中則人事存焉爾。命相近也，事相遠也，則吉凶殊也。故曰「窮理盡性，以至於命」。（易說卦）。孟子稱性善，荀子稱性惡，公孫子（公孫尼子周人）曰「性無善惡」，揚雄曰「人之性，善惡混」，劉向曰「性情相應，性不獨善，情不獨惡」。曰「問其理」，曰「性善則無四凶，性惡則無三仁人，無善惡，文王之教一也，則無周公管蔡；性善情惡，是桀紂無性而堯舜無情也；性善惡皆渾，是上智懷惡而下愚挾善也；理也，未究也，惟向言爲然』。或曰「仁義性也，好惡情也，仁義常善，而好惡或有惡，故有情惡也」。曰「不然，好惡者，性之取舍也，實見於外，故謂之情爾，必本乎性矣」。或曰「善惡皆性也，則法教何施」？曰「性雖善，待教而成；性雖惡，待法而消。惟上智與下愚不移，其次善惡交爭，於是教扶其善，法抑其惡」。—此與孟荀之注重教化禮法同意。仲豫雖贊稱劉向之言爲然，然漢人論性，大抵爲善惡相混，可以爲善，可以爲不善，當注重人事修善崇德，此自荀孟以來之通論，仲豫亦不例外。所謂上智、下愚、中人，後來韓昌黎性有三品之說，蓋本之此歟？

總之、仲豫乃一通儒，其作申鑒之動機，在乎爲當時進獻替，故其言論之重心，在乎明治道。漢儒與陰陽家合流，對陰陽之學所薰習者，只有淺深之不同，罕有絕不沾染者，此乃時風所使然。故仲豫斥讖緯，而不斥相術（俗嫌篇謂：神氣形容之相，有上中下三品）。不信神仙，而信仙家養性導氣之術（俗嫌篇）。董仲舒云「養生之大者，乃在愛氣，氣從神而成，神從意而出（繁露、循天之道篇），神仙之說，出自陰陽家，董子取仙家之說，固無足異。王充力闢陰陽方術之言，而亦曾作養性之書。蓋仙家養性導氣之方，乃醫學衛生之術，不可抹煞，故流傳至今，而況漢儒躬逢仙家學說盛行之時乎。

## 八、徐幹

徐幹字偉長，北海劇人（今山東壽光縣東南），年未弱冠，五經悉載於口，博覽傳記，言則成章，時靈帝之末，國典頹廢，冠族子弟，結黨權門，交援求名，競尙爵號，而偉長閉戶自守，不與之群，以六經娛心而已，於時董卓作亂，奸雄滿野，營利之士得譽，守貞之賢不彰，故偉長之令聞不振於當時，考其德行文章，實帝王之佐也（中論序）。曹操爲丞相，特加旌命，辭疾不就，後以爲上艾長（今山西平定縣東南），又以疾辭。曹丕與吳質書云「偉長懷文抱質，恬淡寡欲，有箕山之志，可謂彬彬君子者矣」。建安二十三年二月卒，著有中論二十篇。今觀其書之要點，可分爲：士之人格，與爲君之道兩項，略述如下：

### (一)士之人格

治學——此言治學之目的。『昔之君子，成德立行，身沒而名不朽，其故何哉？學也；學也者，所以疏神達思，怡情理性，聖人之上務也。孔子曰「弗學何以行？弗思何以得？小子勉之」！』「馬雖有逸足，而不閑輿，則不爲良駿；人雖有美質，而不習道，則不爲君子；故學者，求習道也」。「凡學者，大義爲先，物名爲後，大義舉而物名從之。然鄙儒之博學也，務於名物，詳於機械，矜於詁訓，摘其章句，而不能統其大義，以獲先王之心，此無異乎女史誦詩，內豎傳令也」（治學篇）。

風度——孔子云「君子不重，則不威，學則不固」。人之風度儀容，足徵個人之修養，有關對人之態度，賈誼新書有容經篇，專講人之言語行動一切禮貌。中論有法象篇，亦專講儀表容貌之重要，謂『夫法象立，所以爲君子，法象者，莫先乎正容貌，愼威儀，是故先王之制禮也，爲冕服采章以旌之，爲珮玉鳴璜以聲之，欲其尊也，欲其莊也，焉可懈慢乎？夫容貌者，人之符表也，符表正，故情性治；性情治，故仁義存；仁義存，故盛德著；盛德著，故可以爲法象；斯之謂之君子矣。君子者無尺寸之封，而萬民尊之；無刑罰之威，而萬民畏之；無羽籥之樂，而萬民樂之；無爵祿之賞，而萬民懷之；其所以致之者一也。故孔子曰「君子威而不猛，泰而不驕」。詩云「敬爾威儀，惟民之則」。若夫墮其威儀，恍其瞻視，忽其辭令，而望民之則我者，未之有也。能盡敬以從禮者，謂之成人』。

藝能——孔子云「吾不試，故藝」（論語子罕）、藝者、技能也，指治事之法術才幹而言。德性雖高，而無藝能，則不能致成己成物之功。中論藝紀篇云『藝者，所以成德者也；德者、以道率身者也。藝者、德之枝葉也；德者、人之根幹也；斯二物者，不偏行，不獨立，木無枝葉，則不能豐其根幹，故謂之瘣；人無藝則不能成其德，故謂之野。若欲爲夫君子，必兼之乎。先王之欲人爲君子也，故立保氏掌敎六藝：一曰五禮，二曰六樂，三曰五射，四曰五御，五曰六書，六曰九數（周禮地官保氏）。既修其質，且加其文，文質著，然後體全。故言貌稱乎心志，藝能度乎德行，美在其中，而暢於四肢，純粹內實，光輝外著。孔子曰「志於道，據於德，依於仁，游於藝」（述而篇）。禮以考敬，樂以敦愛，射以平志，御以和心，書以綴事，數以理煩。敬考則民不慢，愛敦則群生悅，志平則怨尤亡，心和則離德睦，事綴則法戒明，煩理則物不悖，六者雖殊，其致一也，此藝之大體也』。

智慧——有德有能，而處事能見幾燭微，判斷事理，始克決疑解惑，從容中道，此屬於智慧問題。智慧之高低，稟自天然，然亦可修養而加强，故中庸曰「好學近乎智」。中論智行篇云『或問曰「士或明哲窮理，或志行純篤，二者不可兼，聖人將何取」？對曰「其明哲乎！夫明哲之為用也，乃能殷民阜利，使萬物無不盡其極者也。聖人之不可及，非徒空行也，智也。……曾參之孝，有虞不能易，原憲之清，伯夷不能間，然不得與游夏列在四行之科，以其才不如也。……管仲相桓公，九合諸侯，一匡天下，孔子稱之，召忽死難，孔子比之為匹夫之為諒，是故聖人貴才智之特能，立功立事，益於世矣。漢高賴張子房權謀，以建帝業，四皓雖美行，何益夫倒懸？此固不可同日而論矣。……孔子曰「可與立，未可與權」。孟子曰「子莫執中，執中無權，猶執一也」。孔孟可謂達於權智之實者也。……徐偃王知修仁義而不知用武，終以亡國；魯隱公懷讓心而不知佞偽，終以致殺；宋襄公守節而不知權，終以見執；晉伯宗好直而不知時變，終以隕身；叔孫豹好善而不知擇人，終以凶餓；此皆蹈善而少智之謂也。故大雅貴「既明哲，以保其身」。夫明哲之士者，威而不慴，困而能通，決嫌定疑，辨物居方，禳禍於忽杪，求福於未萌，見變事則達其機，得經事則循其常，巧言不能推，令色不能移，動作可觀則，出辭為師表，志行之士，不能比也』。

### ㈡人君之道

務本——「人君之大患，莫大於詳小事而略於大道，察其近物而闇於遠圖，故自古及今，未有如此而不亂者也。……故人君之所務者，其在大道遠數乎！大道遠數者，爲仁足以復幬群生，惠足以撫養百姓，明足以照見四方，智足以統理萬物，權足以變應無端，義足以阜生財用，威足以禁過遏非，武足以平定禍亂。詳於聽受而審於官人，達於興廢之原，通於安危之分，如此、則君道畢矣」。「今使人君視如離婁，聽如師曠，御如王良，射如夷羿，書如史籀，計如隸首，走追駟馬，力折門鍵。有此六者，可謂善於有司之職矣。何益於治乎」？「故人君多技藝，好小智，而不通於大倫者，適足以拒諫者之說，而鉗忠直之口也；祗足以追亡國之迹，而背安家之軌也」（務本篇）。──夏桀有力，能伸鉤索鐵，商紂材力過人，能手格猛獸，陳後主善作曲，隋煬帝善屬文，皆爲亡國之君；非謂其所善之事，足致亡國也，無人君之德能，不行人君之大道，雖有技藝之專長，無益也。元順帝一日覽宋徽宗書畫，稱善，大學士巎巎言「徽宗多能，惟一事不能」，帝問「何事」？對曰「獨不能爲君耳。身辱國破，皆由不能爲君所致，人君貴能爲君，它非所尚也」（元史列傳第三十）。此話誠然，衆技百藝，乃庶人之事，人君當以天下事爲己任，不能負治平之責，又不能選賢讓位，徒藉細事以耀才華，無濟於事也。

審大臣──『大臣者、君之股肱耳目也，所以視聽也，所以行事也，先王知其如斯也，故博求聰明睿哲君子，措諸上位，執邦之政令焉。執政則其事舉，其事舉則百僚任其職，百僚任其職，則庶事莫不治，庶事治，則九牧之民莫不得其所，故書曰「元首明哉，股肱良哉，庶事康哉」。世非唐虞，大道寢矣，邪說行矣，臣已詐矣，民已惑矣，非有獨見之明，專任衆人之譽，不以己察，不以事考，亦何由獲大賢哉？且大賢在陋巷也，固非流俗之所識也』。「昔管夷吾嘗三戰而皆北，人皆謂之無勇；魯人見仲尼之好讓而不爭也，謂之無能。夫以聖人之德，昭明顯融，宜其易知也，且猶若此，而況賢者乎？以斯論之，則時俗之所不譽者，未必為非也；其所譽者，未必為是也；叔世之君，生乎亂，求大臣，置宰相，而信流俗之說，亦必顚蹶矣。故書曰「股肱惰哉，萬事墮哉」！此之謂也』（審大臣篇）。－陶唐盛治之世，四岳舉舜，帝堯詢事考言，試用三載，見其賢能，始畀以重任。故人君當有知人之明，對大臣當審察清晰，方可任用。周公枉遭流言，王莽謙恭下士，苟非明君，徒聽衆人之毀譽，何以辨賢奸哉？亂世賢人隱退，熱心利祿之徒，矜飾干譽，此時輿論之臧否，尤不可據；偉長此論，蓋鑒於漢末貢舉之弊而發也。

愼所從－『人之所常稱曰「明君舍己而從人，故其國治以安；闇君違人而專己，故其國亂以危」。乃一偏之說也，非大道之至論。凡安危之勢，治亂之分，在乎知所從，不在乎必從人也』。「若夫明君之所親任也，皆貞良聰智，其言也，皆德義忠信，故從之則安；不從則危；闇君之所親任也，皆佞邪愚惑，其言也，皆奸回諂諛；從之安得治？不從之安得亂乎」？「夫言或似是而非實，或似美而敗事，或似順而違道，此三者非至明之君，不能察也」（審所從篇）。－此言人君必須知人善任，用賢納諫，與亡國篇所云「凡國之君，其朝未嘗無致治之臣，其府未嘗無先王之書，然而不免乎亡者何也？其賢不用，其法不行也」。兩義相同。

賞罰－『人君明乎賞罰之道，則治不難矣。夫賞罰者、不在乎必重，而在於必行。必行則雖不重而民戒，不行則雖重而民怠，故先王務賞罰之必行，書曰「爾無不信，朕不食言，爾不從誓言，予則孥戮汝，罔有攸赦」（湯誓）。當賞者不賞，當罰者不罰，雖日用斧鉞於市，而民不去惡矣；日錫爵祿於朝，而民不興善矣，是以聖人不敢以親戚之恩而廢刑罰，不敢以怨仇之忿，而廢慶賞』。「賞罰不可以疏，亦不可以數，數則所及者多，疏則所漏者多。賞罰不可以重，亦不可以輕，賞輕則民不勸，罰輕則民無懼，賞重則民徼倖，罰重則民不聊生。故先王思中以平之，而不失其節」（賞罰篇）。賞以勸善，罰以懲惡，盛治之世，亦所必需，然其要領有二：曰信賞必罰，輕重得宜而已。

東漢之末，朝綱陵替，所謂「上無明天子，下無賢諸侯，君不識是非，臣不辨黑白，取士不由於鄉黨，考行不出於閥閱，多助者爲賢才，寡助者爲不肖，序爵聽無證之論，班祿采方國之謠，民見其如此者，知富貴可以從衆爲也，知名譽可以虛譁獲也，乃不修道義，不治德行，講偶時之說，結比周之黨，汲汲皇皇，無日以處，更相嘆揚，迭爲表裏，檮杌生華，憔悴布衣，以欺人主，惑宰相，竊選擧，盜榮寵者，不可勝數也。自公卿大夫，州牧郡守，王事不恤，賓客爲務，冠蓋塡門，儒服塞道。下及小司列城墨綬（縣令），莫不相商以得人，自矜以下士，送往迎來，亭傳常滿，把臂捩腕，扣天矢誓，推託恩好，不較輕重，文書委於官曹，繫囚積於囹圄，而不遑省也。詳察其爲也，非欲憂國恤民也，徒營己治私，求勢逐利而已。有策名於朝，而稱門生於富貴之家者，比屋有之，爲之師而無以教，弟子亦不受業，然其於事也，至乎懷丈夫之容，而襲婢妾之態，或奉貨而行賂，以自固結，求志屬託，規圖仕進，然擲目指掌，高談大語，若此之類，言之猶可羞，而行之者不知恥，嗟乎！王教之敗，乃至於此乎」！（中論譴交篇）。朝政已亂，教化不行，王公大人，各植私黨，互相勾結，狼狽爲奸，虛浮之士，競相趨附，以求倖進，因而節義之士，退避愈遠，世風如此，能不亂乎？中論之作，蓋對時事之感憤而發也，故全書所言爲士之人格，及爲君之道，曹丕贊之云「惟幹著論，成一家言」（典論論文）。偉長論士，以德行才智，立功濟世爲尙，以謹守純正，獨善其身爲次，謂「君子不患道德之不建，而患時世之不遇」（爵祿篇）；時世不遇，亦惟有獨善其身而已。偉長當漢末亂世，

「潛身窮巷，頤志保眞，淡泊無爲，養浩養之氣，習美門之術」（中論序），其識時務，明哲保身，亦深悟儒道兩家之旨者也。

# 第八章 結論

由人生思想，發揚而爲社會文化。思想爲人生之動力、爲文化之樞機。如何解決人生之一切問題，由思想而追尋其理，擬定法則，便爲哲學。人生哲學，實行於生活，生活現象，便爲文化。中國人生思想，以儒家爲主，道家輔之。儒家以人生之重大問題：在乎人類之不和諧，以至於互不相融，以至於互相殘害，是以其人生哲學之要旨，可以四字括之，曰「修己安人」（論語憲問篇）；人人能修己，互不侵犯，故修己卽所以安人，此爲消極之說法；然人類不盡能修己，莠民鉅奸，作惡釀亂，遂使天下不安。於是志士悲天憫人，起而除暴安良，福惠蒼生；能負此重大之責任，非己身健全不可，易言之，卽非先修己不可，故能修己方能安人，儒家之道，以修身、齊家、治國、平天下爲目的；道家則偏於修身之學，蓋修身爲人生之一切根本，不修身，豈能安人，是以儒道兩家，並行不悖。

身不修，不能齊家，豈能治國？卽能修身，而天生蒸民，庸碌者，戢戢皆是也，限於才能，亦非人人皆能負治國之任；能負此任者，爲傑出之賢能，賢能不可多見，故自古秉政權者，爲少數人，非人人皆可干預政事，且賢者在位，能者在職，衆人亦無須干預政事。當政者雖爲賢能，然公務繁鉅，處事難免有失，苟或有失，衆人亦能諒解，而天子下詔罪己，大臣自請處分，衆人鑒於爲政之不易，愈感自身之才短，更不願作過問政治之想，於是上和下睦，國泰民安，此卽儒家之倫理思想、德治主義所實現之清平盛世。如此盛世，三代而下，漢朝爲最著。

漢朝以黃老之術創業，帝王大臣，以儒術爲政，以黃老修身，由儒道合一之思想，而造成兩漢之盛世，其流風餘韻傳至現代，故世界對中國人有「漢人」之稱，對中國學術有「漢學」之稱。夫儒道兩家之學術思想，載在典籍，後世所共鑒，何以其功用特盛於漢朝？此可謂人事，亦可謂天命，何以言之？漢朝君臣能實行其道，故能發揮其功用，此屬於人事，所謂「苟非其人，道不虛行」也（繫辭下）。宇宙本無完全圓滿之事，大體言之，漢朝四百年，除桓靈末世而外，其帝王多爲賢明之君，有賢君，方能用賢臣，賢君輩出，良臣登庸，其君明臣良，風雲際會，故能同心同德，共成其美，豈非天命乎？

漢代而下，唐初貞觀開元之治，可比於漢，然嗣君多爲中下之材，故不如漢代之盛，爲時亦不如漢代之長，凡開國之君，皆爲非常之人，故其當代之功業，皆有可觀，豈不欲子子孫孫繼其盛業，然而子孫之庸愚者，徒行帝王之威，享帝王之福，而無濟世之能，因而物以類聚，被群小所包圍，排除賢良，誤國害民，自造滅亡之運，至死不悟，於是衆怨沸騰，而人心思亂；大亂既起，民不聊生，於是人心思治，擁護大有爲之人，戡亂安民，開創新朝代。儒家之道爲「修己安人」，堯舜以子不肖，不堪爲君，故選賢讓位，致治於未亂，以安天下；湯武以桀紂毒痛四海，製造禍亂，故應天順人，伐暴革命，以安天下；其義一也。儒家以堯舜湯武以勖勵帝王，故每稱先王之道，然而歷代之君，每不能行先王之道，甚者不惟不能「安人」，反而以虐政偪民作亂，於是其朝代乃歸覆亡。如此一治一亂，循環相演，尚書云「元首明哉，股肱良哉，庶事康哉」！庶事康，則由安定而達於郅治；又曰「元首叢脞哉，股肱惰哉，萬事墮哉」！萬事墮，則由腐敗而致變亂；如此一治一亂，循環相演，自古以來，如出一轍。由此可知，政治隆汙，朝代興亡之因，在乎當政者是否能實踐「修己安人」之道。曩年曾作歷代興亡論，茲錄之如下，以作本文之結束。

如此一大題目，眞所謂千頭萬緒，一部二十四史，不知從何說起，儒家之經典，諸子之名言，史書之記述，以及古今學者之宏論，皆談治國之策與弭亂之道，專書巨籍，汗牛充棟，此一問題複雜多端，豈一篇論文所能道其梗概？然而物有本末，事有重心，大風起於蘋末，細泉滙成江流，樞機一發，則全車飛奔；電門一開，則擧室光明；溯本探源，察微硏幾，則歷代興亡，事雖繁賾，必可得其主因所在矣。

孔子云一言可以興邦，一言可以喪邦，周宣王以一受后諫而中興，中山君以一杯羔羹而亡國，細微之事，且有關興亡之道，而況大事乎！國家大事，雖紛紜萬端，而總可以政治二字括之；然政治問題亦錯綜雜沓，不能執一以論成敗，卽不能片言以論興亡。於是不得已再縮小範圍，剝蕉見心，曰天下事莫不在乎人爲，於是國家之興亡，追根究底而總歸於人事焉；此可引尙書皐陶之歌以作興亡之定論，曰「元首明哉，股肱良哉，庶事康哉」！君臣明良，衆事順成，則社會安樂而國興；曰「元首叢脞哉，股肱惰哉，萬事墮哉」！君臣荒怠，萬事頹敗，則憂患交迫而國亡；循此理以推之，歷代興亡莫不如出一轍焉。

無論德治主義，法治主義，任何政治，任何國策，苟行之得當，則皆可以致治；行之而不得其當，則皆歸於淪敗，得當與不得當，皆在乎人爲。宋襄公以仁用兵而全軍敗北；鄭子產以嚴行政而擧國蒙庥；蓋「徒善不足以爲政，徒法不能以自行」，「文武之政布在方策，其人存則其政擧，其人亡則其政息」。秦法密如蛛網，而不能救亡；漢高約法三章，而定天下；擢用忠直，輔弼朝廷，本爲勝擧，而漢桓帝既詔求獨行守正之士，復以李雲之忠諫而置之死；徵賢能，選人才，貢擧本爲良法，而漢靈之世，時人歌當時之選擧云「擧秀才不知書，察孝廉父別居，寒素淸白濁如泥，高第良將怯如雞」

。（抱朴子審學）。清丈土田，杜匿稅，正經界，本爲美政，而宋理宗時，施行此法，適以害民，弊端百出，怨聲沸騰，當時有人題詞於道間曰「氣象蕭條，生靈塗炭，經界從未必然。惟何甚？爲官爲己，不把人憐」。（古杭雜記）。導民採礦，開發資源，亦爲善策，而明神宗時，「礦使之害，幾遍天下」，上下爭利，「礦稅繁興，遂致萬民失業」。（李三才上疏）。歷觀各朝，開國之初，其政綱雖草創疏簡，而執行嚴明，是故治道日隆；衰世末葉，其政令雖設計周密，法良意美，而空爲具文，無濟於事。蓋爲政在人，有治法而無治人，則法歸無用；有治人則自然有治法，而百廢俱興矣。善乎荀子之言曰「君子者，法之原也，故有君子，則法雖省，足以徧矣；無君子，則法雖具，失先後之施矣，不能應事之變，足以亂矣」。（君道）。「故有良法而亂者，有之矣；有君子而亂者，自古及今，未嘗聞也；傳曰：治生乎君子，亂生乎小人，此之謂也」。（王制）。

孔子曰「人能弘道，非道弘人」。治國之大經大法，由於人之創造，亦惟在人之實行，盛世之典章，至今猶存，然而「苟非其人，道不虛行」。大哉聖人之道，待其人而後行，故曰「苟不至德，至道不凝焉」。（中庸）。卽後世所立之法，雖亦至美至善，然而「君信法，則法順行，君欺法，則法委棄」。（潛夫論、本政）。法律禁止作惡，而官吏貪汙，法律不能止，則人民作奸，法律亦不能止，所謂「豺狼當道，安問狐狸」？如此、法有何用？則治亂之權，仍在乎人，而不在乎法，故曰「恃法以爲治，自古及今，未有能治者也」。（王安石上仁宗書）。王符云「夫人治國，固治身之象，疾者身之病，亂者國之病也。身之病待醫而愈，國之亂待賢而治，治身有黃帝之術，治世有孔子之經，然病不愈而亂不治者，非鍼石之法誤而五經之言誣也，乃用之者非其人；苟非其人，則規不圓而矩不方，繩不直而準不平，鑽燧不得火，鼓石不下金，驅馬不可以追速，進舟不可以涉水也」。（潛夫論思賢）。可見庸醫誤人，妙方失靈；偓促誤國，善道無效；不惟失靈無效，反而足以殺人亡國也。董仲舒云「夫周道衰於幽厲，非道亡也；幽厲不由也；至於宣王，思昔先王之德，興滯補弊，明文武之功業，周道粲然復興」。（賢良策對）。可知國家之興亡，全在乎人爲矣。

荀悅謂觀其國風可知興亡，曰「君臣親而有禮，百僚和而不同，讓而不爭，勤而不怨，無事惟職是司，此治國之風也。上多欲，下多端，法不定，政多門，此亂國之風也。以苛爲密，以利爲公，以割下爲能，以附上爲忠，此叛國之風也。上下相疏，內外相蒙，小臣爭寵，大臣爭權，此危國之風也」。（申鑒政體）。一國之風氣何由而起哉？曰由在上位而起也；誠如曾文正公所云「風俗之厚薄，奚自乎？自乎一二人之心之所嚮而已，此一二人者之心向義，則衆人與之赴義；一二人者之心向利，則衆人與之趨利：衆人所趨，勢之所歸，雖有大力，莫之敢逆」。（原才）。此一二人者，即國君與大臣，所謂掌政權者是也。荀子曰「君者民之源也，源清則流清，源濁則流濁」。（君道）。上之所行，下必效之，上有好者，下必有甚者焉，「鄭伯好勇，而國人暴虎，秦穆貴信，而士多從死；陳夫人好巫，而民淫祀，晉侯好儉，而民聚蓄，太王躬仁，邠國貴恕」。（匡衡上政治得失疏）。君子之德風，小人之德草，諺云「人隨王法，草隨風」，王法所倡，人必從之，是以「得失之道，權要在主，是繩正於上，木直於下，故人主誠正，則直士任事，而奸人伏匿矣。人主不正，則邪人得志，忠者隱蔽矣。故靈王好細腰，而民有殺食自飢也；越王好勇，而民皆處危爭死」。（淮南子主術訓）。孔子告爲政者曰「政者正也；子率以正，孰敢不正」？「其身正，不令而行；其身不正，雖令不從」。孟子云「君仁莫不仁，君義莫不義，君正莫不正，一正君而國定矣」。大學云「一家仁，一國興仁；一家讓，一國興讓；一人貪戾，一國作亂」。一家者，王室也；一人者，國君也；是故「堯舜率天下以仁而民從之，桀紂率天下以暴而民從之」。（孟子）。「上明而下清，君聖而臣忠」，（新語、術事），如此、則國興；「上無道揆，下無法守，君子（在位者）犯義，小人（平民）犯刑」，（孟子），如此則國亡；太甲曰「一人元良，萬邦以貞」。是則國之興亡在乎一人而已。

夫以邦家之大，國事之繁，元首一人，何以能勝其任？曰由此可知，元首之責，非常人所敢當也；必也「其仁足以覆幬群生，惠足以撫養百姓，明足以照見四方，智足以統理萬物，權足以變應無端，義足以阜生財用，威足以禁遏奸非，武足以平定禍亂」。（徐幹中論務本）。元首本身具此大德大智，而又有要訣在其中焉，要訣為何？曰選賢與能以為股肱是已。「人君雖明並日月，神鑒未兆，然萬機不可獨統，曲碎不可親總」，必賴賢才以輔治，況庸君乎？「舍輕艘而涉無涯者，不見其克濟也；無良輔而羨隆平者，未聞其有成也；鴻鸞之凌虛者，六翮之力也；淵虬之飛天者，雲霧之偕也；故招賢用才者，人主之要務也」。（抱朴子、審舉、貴賢）。虞不用百里奚而亡，秦穆公用之而霸，燕黜樂毅而遽敗，越用范蠡而復興，人君苟能「任賢不貳」，言聽計從，則國必昌，反之，信任奸慝，阿比相私，則國必亡，此驗諸歷史，絲毫不爽者也。

或曰君雖思用賢才，然而才能著於事功，道德蘊於內性，才能易識，人心難測，臣屬對君，莫不嚴恭祇敬，以求得用，大奸似忠，大詐似信，然則賢奸何以辨哉？曰此又可知一國之主，非常人所敢當也，成王年十五，而能辨周公之被誣；漢昭年十四，而識上官桀之詐；非濬哲睿智者，何能有知人之明？識賢辨奸，誠非易事，然此中有可得而略言者：賢者忠正不阿，難進而易退；奸類要寵營私，易進而難退；是以明君以為「俯首惟命者，偷容之尸素也；違令犯顏，蹇蹇匪躬者，安上之民翰也；先意承旨者，佞諂之徒也；匡過弼違者，社稷之骾也」。「夫佞者鼓珍賂為勁羽，則無高而不到矣；乘朋黨為舟楫，則無遠而不濟矣；持之夙興側立，加之以先意承旨，其利口諛辭也似辯，其道聽塗說也似學，其心險貌柔也似仁，其行汙言潔也似廉，其好說人短也似忠，其不知忌諱也似直」。（抱朴子臣節、名實）。庸君不察，受其愚惑，遂使之居高位而亂天下。昏惡之君，則「直以面譽我者為智，諂諛己者為仁，處姦利者為能，竊祿位者為賢」。（潛夫論、賢難），以佞臣為腹心，則任其指鹿為馬，指賢為奸，顛倒是非，紊亂紀綱，如此焉有不亡者乎？

或曰人君雖能識賢，然以百官之眾，人事之繁，豈能一一詳察，而俱必其為賢？曰此亦有要領在其中焉，賢者固多多益善，即不然，苟得一二賢良，賦予大權，畀以重責，便可開國家之隆運，故舜有五人而天下治，武王有臣十人而周邦興，「仁人在位而仁人來，義士在朝而義士至，文武之朝多賢良，秦王之廷多不祥」，（新語、思務）。舜有天下，選於眾，舉皋陶，不仁者遠矣；湯有天下，選於眾，舉伊尹，不仁者遠矣；舉直錯諸枉，能使枉者直，蓋忠良在位，則奸人斂迹；賢者當政，則邪類循規；君子道長而小人道消矣。反之，則小人道長，君子道消，自古賢奸不兩立，邪正不並存，奸類志在盜權位，享富貴，故嫉賢害能。以遂其私，韓非以權奸比猛狗，謂：宋有莊氏，釀酒甚美，然迄無顧客臨門，遂致酒酸而不得售，何也？以其狗迎人而猛齕，故無敢至其門者，不殺其狗，則其業必敗，「夫國亦有狗，有道之士，懷其術而欲以明萬乘之主，大臣為猛狗，迎而齕之，此人主之所以蔽脅，而有道之士所以不用也」。（韓非子外儲右上）。豈惟不用，甚至禁錮之，殺戮之，以張其淫威，於是賢者或甘犯鼎鑊而以身殉道，或遯世隱名而老死於巖穴，故比干梅伯毅然視死如歸，徐穉姜肱悠然不受祿位。即奸類對賢者或有所藉重而姑予容納，然而志士仁人，明禮義，重廉恥，欲使之同流合汙，諂容附惡，豈可得哉？亦惟有潔身引退而已，故郭欽、蔣詡，燭王莽之奸，而稱疾去官；馬廷，鸞、葉夢鼎，避似道之禍，而罷相歸里。「忠賢之士棄於野，則佞臣之黨存於朝，則下不忠於君，下不忠於君，則上不明於下，上不明於下，是故天下所以傾覆也」。（新語資質）。暴君昏君之朝，既不能容賢，賢者卽欲委曲潛隱於其中，冀乘機以盡忠，然在惡勢壓迫之下，幸而不遭陷害，終亦枉費苦心，故桀有終古龍逄，紂有微子、箕子，厲王有召公、芮伯，煬帝有高熲、蘇威，而皆未能救亡。庸君則雖知賢者可貴，然好善而不能用，惡惡而不能去，賢者終亦有懷莫展，是以「楚有伍舉、左史倚相、右尹子革、白公子張，而靈王喪師；衞有太叔儀、公子鱄、蘧伯玉，而獻公出奔；晉有趙宣子、范武子、太史董狐，而靈公被殺；魯有子家羈、叔孫婼，而昭公野死；齊有晏平仲、南史氏，而莊公不免；虞、虢有宮之奇、舟之僑，而二公絕祀」。（徐幹中論、亡國）。故失敗之主，亡國之君，其朝未必無賢臣也，有賢而不能用，則賢者亦無如之何矣。

國家之興亡，既在乎君與一二大臣，故觀其近臣，卽可預知其興亡，晉文公云「吾聞上君所與居，皆其所畏也；中君之所與居，皆其所愛也；下君之所與居，皆其所侮也」。（韓非子外儲左下）。所畏者，必才德兼隆，忠直不阿者也；若武王尊呂尙曰尙父，桓公尊管仲曰仲父是也。所愛者必狡獪諂媚，善悅君心者也，如魯平公之與臧倉，楚懷王之於靳尙是也。所侮者，必善柔便佞，駑駘無能，只知服從者也，若漢哀帝之於董賢，陳後主之於江總是也。諺云「物以類聚」，鸞鳳不與鴟鴞同枝，麟虞不與豺狼連群，清源不與濁潦混流。仁者不與凶闇共處，先哲有言「上君以師爲友，中君以友爲友，下君以奴爲友」。師者，品高才弘，足以爲法以匡不逮者也；友者，知能相等，取其易於牢籠也；奴者，卑鄙愚劣，取其易於控制也。嫉忌賢能，而專用庸才奴才，則其國焉有不亡者乎?

賢者抱窮則獨善其身，達則兼善天下之志。苟違道義，雖萬鍾之祿弗受也，得志則鞠躬盡瘁，戮力爲國，卽人事有所不協，亦不以意氣之爭而影響國是，故廉頗相如，敵外患而釋私仇；寇恂賈復，體時艱而罷私鬥；卽唐有李吉甫牛僧孺之黨爭，宋有王安石司馬光之黨爭，而皆以國事爲重，不傷大體。若夫奸類則不然，己身無能，則願人皆敗事；己身失位，則望政府顚覆；爲私忿則不擇手段以報復，爲私利則不惜賣國以求榮，故王子帶爲奪襄王之位，而結狄寇以入叛；石敬塘不念唐主之恩，反引契丹以滅國；梁冀疾李固之廉明，而逼之死於獄中以散人心；司馬彤嫉周處之忠勇，而陷之死於敵手以喪王師，賢者公而忘私，進亦愛國，退亦愛國；奸類有私無公，進亦害國，退亦害國，郭泰陸機歎末世之亂，皆引詩云「人之云亡，邦國殄瘁」，皆言賢人被黜，則邦家必至危亡也。

管子云「賢人進而奸民退」，「賢人退而奸民進」，（五輔）。賢者當局，則登庸賢類，倡起謇謇忠國之風，奸人卽混入其中，亦無所施其奸；奸人當局，則結集奸類，構成赫赫欺世之勢，賢者卽周旋其中，亦難克展其賢；所謂國之興亡在乎一二人者，歷史昭昭可鑒焉：吳王殺一伍員而國滅，項羽去一范增而楚亡，漢之興也，興於三傑；漢之亡也，亡於五侯；（漢桓帝封宦官單超等爲五侯，宦官自此開始盜權）。諸葛一人支持蜀漢之祚，謝安一人挽救東晉之危，太宗釋私恨而用魏徵，乃有貞觀之治；明皇以私愛而用楊釗，遂有天寶之亂；有一郭令公，足退大敵；有一李邦彥，足滋外患；黜却岳武穆，而宋之長城壞矣；殺却袁崇煥，而明之國防毀矣；迫忠臣去職，逼武將叛變，謂南宋亡於賈似道一人可也；挾君王以行亂政，結逆黨以害賢良，謂南明亡於阮大鋮一人可也；國運已摧，大勢已去，故雖有文天祥史可法之忠，亦不能挽日回天，只有以身殉國而已。

歷史事實，無須詳舉，興亡之道，千古一例，其樞機總在乎國君是否能修身用賢，管子曰「賢人不至，謂之蔽；忠臣不用，謂之塞」；（法法）。「毋以私好惡害公正，察民所惡以自爲戒，黃帝立明臺之議者，上觀於賢也；堯有衢室之問者，下聽於人也；舜有告善之旌，而主不蔽也；禹立諫鼓於朝，而備訊唉；湯有總街之庭，以觀人誹也；武王有靈臺之復，而賢者進也」。（桓公問）。用賢攻錯，亦即所以自修，不惟三代而上之聖君皆本此道，即三代而後之明主亦胥由此道。蓋進賢納諫，君臣同德，修己安人，勵精圖治，而萬民風從矣；反之，則崇信奸回，敗德妄爲，製造禍亂，毒痡四海，而天下畔之矣。歷朝大一統之局，其興亡固如此，卽偏安一隅之局，其興亡亦莫不如此。茲擧前人興亡之論，足見一斑，陸機辯亡論，述東吳興國之因云：

我大皇帝，以奇踪襲於逸軌，叡心因於令圖，從政咨於故實，播憲稽乎遺風，而加之以篤固，申之以節儉，疇咨俊茂，好謀善斷，束帛旅於丘園，旌命交於塗巷，故豪彥尋聲而響臻，志士希光而景騖，異人輻輳，猛士如林。其求賢如不及，恤民如稚子，接士盡盛德之容，親仁罄丹府之愛。推誠信士，不恤人之我欺；量能授器，不患權之我逼。卑宮菲食，以豐功臣之賞；披懷虛己，以納謨士之算。是以忠臣競盡其謨，志士咸得肆力。……地方幾萬里，帶甲將百萬，其野沃，其兵練，其器利，其財豐，東負滄海，西阻險塞，長江制其區宇，峻山帶其封域，國家之利，未見有弘於茲者矣。

可見吳之興也，在乎孫仲謀之虛心用賢，其創業已成，國勢之雄，據陸機云「借使中才守之以道，善人御之有術，敦率遺典，勤民謹政，循定策，守常險，則可以長世永年，未有危亡之患也。再觀葛洪吳失篇，述東吳亡國之因云：

吳之晚世，賢者不用，滓穢充序，紀綱弛紊，貢擧以厚貨者在前，官人以黨强者爲右，匪富匪勢，窮年無冀，德淸行高者，懷英逸而抑淪；有財有勢者，躡雲物以官躋；主昏於上，臣欺於下，不黨不得，不競不進，背公之俗彌劇，正直之道遂廢。秉維之佐，牧民之吏，非母后之親，則阿諛之人也，進無補過拾遺之忠，退無聽訟之幹，虛談則口吐氷霜，行己則濁於泥潦，莫愧尸祿之刺，莫畏致戎之禍。叱吒疾於雷霆，禍福速於鬼神，勢利傾於邦君，儲積富乎公室。或有不閑律令之卷篇，而竊大理之位；不識几案之所置，而處機要之職；不知五經之名目，而饗儒官之祿；不閑尺紙之寒暑，而坐著作之地；筆不狂簡，而受駁議之榮；低眉垂翼，而充奏劾之選；不辨人物之精粗，而委以品藻之政；不知三才之軍勢，而軒昂節蓋之下；屢爲敗北之辱將，而不失前鋒之顯號。……吳主不加夕惕，佞諂凡庸，委以重任，危機急於彍弩，亡徵著於日月，而自謂安於峙嶽，唐虞可仰也。

可見吳之亡也，由於主昏於上，臣欺於下，闒茸當政，故有上述之黑暗情形，用人如此，安得不亡乎？故雖有堅甲利兵，金城湯池，而長江天塹，敵人竟可飛渡，晉兵一至，州郡望風送印綬，將軍張象率舟師萬人，望旗而降，而吳主孫皓，亦甘自面縛輿櫬，向晉請囚，於是而吳亡矣。以吳國之强，所謂中人守之，卽不至危亡者，皓非不及中人也，乃其「粗暴驕盈」，信任姦邪，自取滅亡耳。「國必自伐而後人伐之」，因而晉將王濬遂建議云「孫皓荒淫凶逆，宜速征伐，若皓死，更立賢主，則强敵也」，於是晉始伐而滅之。皓在位十六年，卽斷送國運，蜀之地區，遠不如吳，而以後主劉禪之愚懦，猶能守帝業四十餘年者，以其初能用賢也，及孔明與其所薦之諸賢蔣琬董允等相繼凋零，而後主寵信嬖人黃皓，始亡國矣。吳蜀之興亡如此，歷代興亡亦莫不如此，諸葛出師表論漢之興亡云「親賢臣，遠小人，此先漢之所以興隆也；親小人，遠賢臣，此後漢之所以傾頹也」。孟子云「不用賢則亡」，千古興亡同一轍也。如此，則可一言以蔽之曰「國之興亡，在乎人事而已」。有治人自然有治法；

無治人，則任何良法皆屬無用；故管子云「古之聖王所以取明名廣譽厚功大業，顯於天下，不忘於後世，非得人者，未之嘗聞。暴王之所以失國家，危社稷，覆宗廟，滅於天下，非失人者，未之嘗聞」。（五輔）。最後仍引臯陶之歌以結此文，曰「元首明哉，股肱良哉，庶事康哉！」「元首叢脞哉，股肱惰哉，萬事墮哉」！

中華哲學叢書
# 漢代哲學

作　　者／周紹賢　著
主　　編／劉郁君
美術編輯／中華書局編輯部

出 版 者／中華書局
發 行 人／張敏君
行銷經理／王新君
地　　址／11494 台北市內湖區舊宗路二段181巷8號5樓
客服專線／02-8797-8396　　傳　真／02-8797-8909
網　　址／www.chunghwabook.com.tw
匯款帳號／兆豐國際商業銀行　東內湖分行
067-09-036932　中華書局股份有限公司

法律顧問／安侯法律事務所
印刷公司／維中科技有限公司　海瑞印刷品有限公司
出版日期／2015年7月再版
版本備註／據1983年2月初版復刻重製
定　　價／NTD 280

國家圖書館出版品預行編目（CIP）資料

漢代哲學 / 周紹賢著. — 再版. — 台北市 :
中華書局, 2015.07
面 ; 公分. — (中華哲學叢書)
ISBN 978-957-43-2543-6(平裝)

1.秦漢哲學

122　　104010318


*NO.B0027*
*ISBN 978-957-43-2543-6*（平裝）